刘守君不动产登记实务系列丛书

不动产登记
典型案例剖析

刘守君 ○ 编著

西南交通大学出版社
·成 都·

图书在版编目（CIP）数据

不动产登记典型案例剖析／刘守君编著. —成都：西南交通大学出版社，2019.2（2023.11 重印）
（刘守君不动产登记实务系列丛书）
ISBN 978-7-5643-6779-4

Ⅰ. ①不… Ⅱ. ①刘… Ⅲ. ①不动产–产权登记–案例–中国 Ⅳ. ①D923.25

中国版本图书馆 CIP 数据核字（2019）第 035610 号

刘守君不动产登记实务系列丛书

不动产登记典型案例剖析

刘守君　编著

责 任 编 辑	孟秀芝
封 面 设 计	何东琳设计工作室
出 版 发 行	西南交通大学出版社 （四川省成都市二环路北一段 111 号 西南交通大学创新大厦 21 楼）
营销部电话	028-87600564　028-87600533
邮 政 编 码	610031
网　　　　址	http://www.xnjdcbs.com
印　　　　刷	四川煤田地质制图印刷厂
成 品 尺 寸	170 mm × 230 mm
印　　　　张	17.75
字　　　　数	231 千
版　　　　次	2019 年 2 月第 1 版
印　　　　次	2023 年 11 月第 5 次
书　　　　号	ISBN 978-7-5643-6779-4
定　　　　价	48.00 元

图书如有印装质量问题　本社负责退换
版权所有　盗版必究　举报电话：028-87600562

作者简介

刘守君，男，1969年9月出生，党校大学文化，高级经济师职称。中国注册房地产估价师和中国注册房地产经纪人资格。乐山市首批学术和技术带头人。

原全国房屋登记官考试命题专家库成员，参加2011年全国房屋登记官考试命题，参加2012年、2013年全国房屋登记官考试审题。

1993年9月至2014年5月，在犍为县房地产管理所从事房屋登记工作，现从事不动产登记研究、咨询和教学。

主要学术兼职：北京城市学院众城智库中国不动产（自然资源）登记研究院研究员。

主要荣誉：四川省优秀人民陪审员、乐山市社会科学优秀成果三等奖、"无锡产监杯"《物权法》与房地产权属管理知识竞赛二等奖、乐山市房地产管理先进个人。

主要研究兴趣：民法物权，不动产登记。出版专著《〈不动产登记暂行条例实施细则〉条文理解与适用》《不动产登记典型问题解析》《不动产登记收件实务》等5部。有135篇有关不动产登记的论文、案例剖析文章发表在《中国国土资源报》《中国不动产》《中国房地产》《房地产权产籍》《四川房地产》等专业报刊上。

"刘守君不动产登记实务系列丛书"
修订说明

自 2017 年 2 月起,"刘守君不动产登记实务系列丛书"陆续出版。出版以来,因其能够让不动产登记实务人员在不长的时间内系统学习不动产登记的基础理论和操作技能,尽快熟悉、掌握不动产登记实务,以满足工作需要而深受他们的喜爱,更有清华大学、北京大学、复旦大学、中国政法大学等高校订购为馆藏图书。该丛书共 5 辑,即《不动产登记典型问题解析》《不动产登记收件实务》《不动产登记典型案例剖析》《不动产登记中的民法原理与实务》与《不动产登记典型判例解析》。其中,《不动产登记中的民法原理与实务》系根据《民法典》等最新实施或修订后实施的法律的规定撰写,现根据《民法典》等最新实施或修订后实施的法律的规定对本丛书作修订。

丛书第一辑《不动产登记典型问题解析》出版于 2017 年 2 月,是在笔者与全国各地不动产登记一线人员交流、探讨的上千个问题解析中,精心挑选的 130 个问题解析汇编而成。2017 年《民法总则》实施后,笔者进行了第一次修订,但只是将书中引用《民法通则》的条文调整为引用《民法总则》的条文。本次修订中,一是书中的问题或案例中,没有出现时间节点的,直接用《民法典》的条文替换原来引用的《民法总则》《物权法》《担保法》等在《民法典》实施后废止的法律的条文,同时也将书中引用的《土地管理法》等法律的条文调整为其修订后实施的条文。二是书中的问题或案例中,出现时间节点的,能调整到 2021 年 1 月 1 日

（《民法典》实施的时间节点）后的，调整后，用《民法典》的条文替换原来引用的《民法总则》《物权法》《担保法》等在《民法典》实施后废止的法律的条文；不能调整的，在原法律规定后加括号，括号内注明《民法典》与原法律的规定是否一致，或引用《民法典》中与之对应的条文。三是用新的问题解析替换了不合时宜的原第79问、第90问解析。四是更新了对一些问题的看法或认识。

丛书第二辑《不动产登记收件实务》出版于2018年4月，主要解决登记实务人员办理不动产登记时的收件问题。撰写体系上，以不动产登记簿应当记载的权利或事项为章；章内，以权利或事项的首次（设立）登记、变更登记、转移登记和注销登记为节；节内，以不同原因导致的登记为目；目内，区分不同类型的申请人（或嘱托人）启动的登记类型，以清单的方式列出申请人（或嘱托人）应当提交的登记材料。同时，对申请人该怎样提交这些材料、为什么要提交这些材料、这些材料应该具备哪些内容等相关问题，或以理由阐述，或做必要说明。本书为不动产登记实务人员的工具书。本次修订中，一是用《民法典》的条文替换原来引用的《民法总则》《物权法》《担保法》等在《民法典》实施后废止的法律的条文，同时也将书中引用的《土地管理法》等法律的条文调整为其修订后实施的条文；二是更新了对一些问题的看法或认识。

丛书第三辑《不动产登记典型案例剖析》出版于2019年2月，由笔者多年来发表在《中国房地产》《中国不动产》和《房地产权产籍》上的不动产登记实务案例剖析文章中精选的105个典型案例剖析组成。为契合不动产登记形势，在成书之际，笔者做了必要的修正，以期为读者提供一本有价值的不动产登记实务参考书。本次修订中，一是书中的问题或案例中，没有出现时间节点的，直接用《民法典》的条文替换原来引用的《民法总则》《物权法》《担保法》等在《民法典》实施后废止的法律的条文，同时也将书中引用的《土地管理法》等法律的条文调整为其修订后实施的条文。二是书中的问题或案例中，出现时间节点的，能调整到 2021 年 1 月 1 日（《民法典》实施的时间节点）后的，调整后，用《民法典》的条文替换原来引用的《民法总则》《物权法》《担保法》等在《民法典》实施后废止的法律的条文；不能调整的，在原法律规定后加括号，括号内注明《民法典》与原法律的规定是否一致，或引用《民法典》中与之对应的条文。三是更新了对一些问题的看法或认识。

丛书第四辑《不动产登记中的民法原理与实务》出版于 2020 年 10 月，主要解决不动产登记中必须掌握的民法知识问题。不动产登记是国家法定的登记机关依照法定程序，将申请人申请登记的不动产权利或其他相关事项记载在登记簿上的行为，即不动产登记不是对不动产权利和其他相关事项的确认，而是将申请人基于民事活动产生的不动产权利和其他相关事项依法记载在登记簿上，在保护权利人自己合法利益的同时，供与之相关的当事人查阅、知晓，抉择是否就该不动产权利或其他事项产生交易。因此，要想做好不动产登记，登记人员须具备扎实的民法基础。如前所述，本书系根据《民法典》等最新实施或修订后实施的法律的规定撰写而成。

丛书第五辑《不动产登记典型判例解析》出版于 2019 年 11 月，由笔者对人民法院生效的 50 个典型判例的解析组成，主要从不动产登记实务的视角，认识、思考人民法院对不动产登记实务问题的看法、裁决，为依法依规做好不动产登记提供参考、借鉴。《民法典》实施后，笔者若用新的判例重新撰写一本判例解析书，但收集人民法院基于《民法典》的规定对不动产登记案件作出的生效判例尚需时日，且本书中的判例对不动产登记实务仍有重要的参考、借鉴价值，故根据《民法典》等最新实施或修订后实施的法律的规定对本书作修订，由于该书中的判例产生于《民法典》实施前，在本次修订中，在引用原法律条文后加括号，括号内注明《民法典》与原法律的条文是否一致，或引用《民法典》中与之对应的条文，便于读者及时了解新旧法律的规定。同时，更新了对一些问题的看法或认识。

本丛书修订后，延续了其法理分析透彻，法条阐释准确，实务处理建议具有可操作性的特点，另外，本丛书语言通俗易懂，结构严谨，理论与实务相结合，读者更易阅读，更易理解，更易使用。

刘守君

二〇二一年一月，犍为

前 言
PREFACE

《房地产权产籍》杂志自 2012 年第 1 期起，陆续刊发我撰写的《房屋登记疑难问题剖析》系列文章。不动产统一登记后，自 2017 年第 5 期起，将《房屋登记疑难问题剖析》更名为《不动产登记疑难问题剖析》继续刊发。每篇文章由两个或三个案例剖析组成。截止到本书编撰出版时，共刊发《房屋登记疑难问题剖析》系列文章 31 篇，《不动产登记疑难问题剖析》系列文章 7 篇，共计 112 个案例剖析。

据悉，《房屋登记疑难问题剖析》系列文章和《不动产登记疑难问题剖析》系列文章的刊发，为解决不动产（房屋）登记中的很多问题提供了参考，深受不动产（房屋）登记一线人员的喜爱，有不少不动产登记一线人员在和我交流中，希望我能将这些案例剖析结集成书出版，便于不动产登记一线人员收执、参考。为此，我结合当前不动产登记的制度环境和实务状况，将这些案例剖析进行了认真的比较、筛选，从中选取了 102 个案例剖析，再从我在《中国不动产》《中国房地产》杂志上发表的案例剖析文章中选取了 3 个案例剖析，共计 105 个案例剖析，组成了您手中的《不动产登记典型案例剖析》。

本书中的 105 个案例，或来源于我的房屋登记实务经历，或来源于不动产登记一线人员与我的交流，绝非我凭空杜撰。为了契合当前的不动产登记形势，这些案例选入本书时，我进行了必要的修正，让您读起来不感到老旧。本书没有使用《不动产登记疑难案例剖析》的名称，是因为一些案例并不难，但不动产登记一线人员在

QQ群和微信群中多次重复交流、讨论，意见得不到统一，或多人于不同的时间点与我交流、讨论。我当时撰写并发表之，一是为解决实务问题适时提供参考；二是作抛砖引玉之用，以期有更好、更准确的指导意见出现。因此，我认为，这些案例更具有代表性、典型性，故汇集成书时书名定为《不动产登记典型案例剖析》。

为了便于您查阅和关联理解，我按不动产登记类型，对这些案例进行了分类。在方法上，我通过法理分析、法条阐释和实务处理建议对这些问题进行剖析，其中的很多案例更是通过对正反观点的对比论证进行剖析。剖析中，虽然也引用法学家们的经典理论，但更多的还是根据自己研习民法物权、不动产登记理论和曾经从事二十余年房屋登记实务的体会、经验以及与朋友们交流探讨中学到的新知识，提升的新认识来说法理，讲法条，提建议。我此举，希望能为您呈上一本有价值的业务参考书。当然，限于我的能力和水平，书中的谬误在所难免，望您不吝赐教！

谢谢《房地产权产籍》《中国不动产》和《中国房地产》杂志社的领导和老师们长期的关照和支持。本书在编撰过程中，得到了我亲爱的妻子范晓容女士的真情陪伴和倾心相助，谨以此书向她致敬。在本书撰写过程中，我的女儿刘默涵同学已经在四川大学华西临床医学院开始她第二年的研究生生活，谨以此书与之共勉，祝她生活、工作愉快，课题研究顺利并学业有成。

刘守君

二〇一九年一月，犍为

主要法律规范性文件缩略语

1.《中华人民共和国民法典》——《民法典》

2.《中华人民共和国城市房地产管理法》——《房地产管理法》

3.《中华人民共和国土地管理法》——《土地管理法》

4.《中华人民共和国民事诉讼法》——《民事诉讼法》

5.《中华人民共和国行政诉讼法》——《行政诉讼法》

6.《中华人民共和国公证法》——《公证法》

7.《中华人民共和国仲裁法》——《仲裁法》

8.《中华人民共和国立法法》——《立法法》

9.《中华人民共和国公司法》——《公司法》

10.《中华人民共和国母婴保健法》——《母婴保健法》

11.《中华人民共和国涉外民事关系法律适用法》——《涉外民事关系法律适用法》

12.《中华人民共和国居民身份证法》——《居民身份证法》

13.《中华人民共和国证券法》——《证券法》

14.《中华人民共和国未成年人保护法》——《未成年人保护法》

15.《最高人民法院关于贯彻执行〈中华人民共和国民法通则〉若干问题的意见（试行）》——《民法通则司法解释》

16.《最高人民法院关于适用〈中华人民共和国合同法〉若干问题的解释（一）》——《合同法司法解释（一）》

17.《最高人民法院关于适用〈中华人民共和国物权法〉若干问题的解释（一）》——《物权法司法解释（一）》

18.《最高人民法院关于适用〈中华人民共和国担保法〉若干问题的解释》——《担保法司法解释》

19.《最高人民法院关于贯彻执行〈中华人民共和国继承法〉若干问题的意见》——《继承法司法解释》

目录

CONTENTS

第一部分 首次登记

案例 1　未经登记的房屋可否由继承人直接申请首次登记/...1

案例 2　被预查封的房屋竣工后可否办理首次登记/...4

案例 3　权利人放弃房屋所有权并办理了注销登记后,收归国家所有的房屋应当申请什么登记/...6

案例 4　人民法院生效的判决书只确认了房屋套内建筑面积的归属,登记机构可否只为申请人登记套内建筑面积/...9

案例 5　旧房屋所有权未办理注销登记,拆除该旧房后新建的房屋可否办理首次登记/...12

案例 6　非法修建的房屋合法化后,投资人自何时起对该房屋享有所有权/...13

案例 7　城市居民在村民时代取得的宅基地使用权及地上房屋所有权可否申请首次登记/...15

第二部分 转移登记

案例 8　夫妻对将来取得的财产作出的约定,登记机构可否用作登记的证据/...17

案例 9　离婚协议对婚前取得的房屋约定归属的,当事人应当申请什么登记/...20

案例 10　离婚协议约定的共有房屋的归属是否因复婚后又离婚而改变/...22

案例 11　夫妻共同购买的办理了预购商品房预告登记和预购商品房抵押预告登记的房屋被判决归配偶一方的，权利人该怎样申请登记/...25

案例 12　离婚时约定原夫妻共有的房屋归成年女儿所有，在基于离婚民事调解书产生的转移登记未办理前，原夫妻共同转让此房屋申请的转移登记，登记机构可否办理/...28

案例 13　离婚协议中没有关于夫妻共有房屋的处理约定，登记权利人转让房屋的，可否由其单独与受让人一起申请转移登记/...31

案例 14　夫妻共有的房屋可否是按份共有/...32

案例 15　婚前签订商品房买卖合同，婚后登记为夫妻共有后，当事人持配偶一方声明房屋归对方单独所有的证明申请登记时，适用更正登记，还是转移登记/...34

案例 16　办理基于预购商品房预告登记产生的转移登记时，共有情形是否以预告登记的为准/...35

案例 17　离婚协议中关于房屋所有权将来归儿子继承的约定，是否限制离婚转移登记后权利人对房屋的出卖/...37

案例 18　共同共有的房屋产生的继承登记，当事人该如何申请/...39

案例 19　继承人在继承发生后死亡产生的房屋继承转移登记，登记机构该如何办理/...41

案例 20　登记机构可否办理有抵押权负担的房屋的遗赠转移登记/...45

案例 21　若干人共同继承若干房屋产生的转移登记，登记机构该如何办理/...47

案例 22　继承人凭人民调解协议可否单方申请房屋登记/...50

案例 23　已亡赠与人遗留的房屋可否直接转移登记给受赠人/...53

案例 24　继承人申请因生效的判决书取得但未转移登记到被继承人名下的房屋所有权产生的登记，登记机构该如何办理/...56

案例 25　转让方去世且无继承人，受让方单方申请的转移登记，登记机构可否办理/...59

目 录

案例 26　无民事行为能力人因履行民事义务处分房屋申请的转移登记，登记机构可否受理/...61

案例 27　继承人遗嘱处分其继承取得的未经登记的房屋产生的登记，登记机构应当怎样办理/...62

案例 28　赠与人死亡后，其生前与他人签订的赠与合同可否自动转化为遗嘱/...64

案例 29　因法定继承申请房屋所有权及房屋分摊取得的国有建设用地使用权转移登记时，继承人的配偶可否作为共有人申请登记/...68

案例 30　继承人放弃继承权是否须经其配偶同意/...69

案例 31　部分继承人申请继承转移登记，登记机构可否办理/...71

案例 32　当事人未经预售许可签订的商品房预售合同，登记机构可否用作办理转移登记的材料/...72

案例 33　基于商品房预售合同设立的权利可否作赠与标的/...75

案例 34　凭人民法院要求办理预购商品房预告登记转移登记的协助执行通知书，登记机构可否为当事人办理预购商品房预告登记转房屋所有权转移登记/...78

案例 35　基于预购商品房预告登记产生的房屋转移登记，登记的权利人是否以预购商品房预告登记的权利人为准/...81

案例 36　登记机构可否直接办理因人民法院生效的判决书产生的划拨土地上的房屋抵债转移登记/...83

案例 37　有居住权约定的赠与房屋，当事人可否申请转移登记/...86

案例 38　非监护人委托的人可否代未成年人申请转移登记/...90

案例 39　监护人可否代胎儿申请房屋所有权转移预告登记/...93

案例 40　无身份证明的未成年人，可否凭出生医学证明替代身份证明申请继承转移登记/...97

案例 41　办理出卖被监护人房屋产生的转移登记时，登记机构可否要求当事人在买卖合同中注明"为被监护人的利益"/...99

案例 42　仅由父或母代为申请处分未成年人的房屋产生的转移登

记，登记机构可否办理/...101

案例 43 尼姑可否作其未成年儿子的监护人/...102

案例 44 权利人凭确认权属的生效判决书取得他人预购的商品房申请的登记，登记机构该怎样办理/...104

案例 45 将发起人名下的房屋登记到股份有限公司名下，适用变更登记，还是转移登记/...106

案例 46 基于确认权属的仲裁裁决书产生的房屋登记，可否由权利人单方申请/...107

案例 47 因房地产买卖合同被人民法院判决无效而返还的房屋，适用更正登记，还是转移登记/...109

案例 48 买卖合同解除后，已经完成转移登记的房屋所有权和房屋分摊的国有建设用地使用权可否"恢复原状"/...112

第三部分 注销登记

案例 49 权利人放弃所有权是否只适用注销登记/...115

第四部分 抵押权登记

案例 50 登记机构可否凭委托受托人向银行办理抵押担保的手续为其办理抵押权登记/...119

案例 51 保证的保证债权可否设立抵押权保障其实现/...121

案例 52 住房公积金管理中心委托银行贷款产生的抵押权登记中，登记簿上记载的抵押权人是否是受托银行/...124

案例 53 外国公司与境外银行签订的贷款合同可否作抵押权登记材料/...127

案例 54 保证函可否作抵押权登记的权源材料/...130

案例 55 一般抵押权担保的可否是将要发生的债权/...134

案例 56 无民事行为能力的自然人，可否作登记簿上记载的抵押权人/...137

目录

案例 57 最高额抵押权担保的债权中，债务人是否须是同一人/...139

案例 58 抵押权可否由权利人共同享有/...142

案例 59 为公司发行债券作抵押担保，当事人可否申请抵押权登记/...144

案例 60 执行担保产生的抵押，登记机构可否办理抵押权登记/...150

案例 61 抵押人变动产生的登记，适用抵押权变更登记，还是抵押权首次登记/...153

案例 62 两处以上的房屋为同一债权作抵押担保时，申请人该申请几个抵押权登记/...154

案例 63 抵押人以抵押期间届满为由单方申请抵押权注销登记的，登记机构可否受理/...157

案例 64 登记机构可否为违法记载的抵押权办理抵押权变更登记/...159

案例 65 抵押权转移登记后是否影响其顺位/...161

案例 66 抵押房屋被生效的判决书变更权属产生的登记，登记机构该如何办理/...164

案例 67 未办理转移登记的抵押权，受让人可否直接申请注销登记/...166

第五部分　更正登记

案例 68 凭失效的身份证办理的转移登记，当事人可否申请更正登记/...169

案例 69 登记机构因程序瑕疵所作登记是否构成登记错误/...171

案例 70 登记机构可否撤销错误的登记/...174

案例 71　错误登记的房屋可否直接更正登记给继承人/...177

案例 72　继承权公证书被撤销后，权利人应当通过什么登记将其应当享有的房地产权利登记到自己名下/...180

第六部分　异议登记

案例 73　当事人申请异议登记是否须以更正登记不能为前提/...182

案例 74　当事人以保障债权清偿为由申请的异议登记，登记机构可否受理/...185

案例 75　配偶一方擅自转让夫妻共有房屋，完成转让转移登记后，利益受到损害的对方配偶可否对受让人申请异议登记/...187

案例 76　在不知道异议人是否已起诉或被驳回诉讼请求的情形下，登记机构可否径为注销失效的异议登记/...189

第七部分　预告登记

案例 77　监护人代未成年人申请的预购商品房抵押预告登记，登记机构可否办理/...191

案例 78　当事人应当怎样申请因离婚产生的预购商品房预告登记和预购商品房抵押预告登记/...194

案例 79　当事人以延长期限为由申请的房屋所有权转移预告登记变更登记，登记机构可否受理/...196

案例 80　预购商品房预告登记的权利人死亡后，继承人可否申请预购商品房预告登记转移登记/...199

第八部分　协助执行

案例 81　协助执行中，未经首次登记的房屋可否直接首次登记给执行申请人/...201

案例 82　协助执行通知书与同时送达的法律文书不匹配产生的转移

登记，登记机构可否办理/...204

案例83　对人民法院送达协助执行通知书要求办理的抵债产生的房屋转移登记，登记机构是否作询问笔录和收取契税凭证/...208

案例84　轮候查封法院处分被查封房屋产生的转移登记，登记机构可否办理/...210

案例85　之前生效的民事判决可否对抗现时的查封登记/...212

案例86　被查封的房屋可否办理因展期产生的抵押权变更登记/...214

案例87　登记机构凭人民法院送达的要求撤销担保协议的协助执行通知书，可否注销记载在登记簿上的抵押权/...217

案例88　查封期内作出的处理被查封房屋的有效判决书可否在查封期届满后执行/...219

案例89　登记机构办理再续封产生的查封登记时是否收取高级法院的批准手续/...222

案例90　房屋所有权转移预告登记记载于登记簿上后，登记机构可否协助人民法院执行对该预告登记的预查封/...225

案例91　登记机构可否基于协助执行通知书公告不动产登记证明作废/...228

第九部分　其　他

案例92　未办理离婚转移登记的房屋因被拆迁取得的还房产生的登记，登记机构该如何办理/...230

案例93　被继承人在继承人离婚前死亡，遗留房屋没有办理继承转移登记，继承人离婚时，该遗留房屋是否应当作为夫妻共同财产分割/...233

案例94　代理人代委托人申请不动产登记后，不动产登记被记载于登记簿上前，可否代委托人撤回登记申请/...234

案例95　被代理人丧失民事行为能力后，代理人持被代理人有民事行为能力时出具的委托书申请的房屋登记，登记机构可否办理/...236

案例96　代理人超越代理权签订的房屋买卖合同在被代理人未追认

前，可否用作转移登记的证据/...238

  案例 97 隐名共有人去世后产生的遗失补证，登记机构可否直接办理/...239

  案例 98 他人以不动产权属证书未遗失为由可否阻止已经启动的遗失补证程序/...243

  案例 99 权利人声明不动产权属证书遗失后，在登记机构于登记簿上作补证记载前，重现的不动产权属证书是否无效/...246

  案例 100 预购商品房抵押预告登记转房屋抵押权登记，是否受预查封登记的限制/...248

  案例 101 登记申请撤回权可否被继承/...251

  案例 102 村民委员会可否作登记簿记载的房地产权利人/...253

  案例 103 仲裁机构是否是房屋所有权和房屋分摊的国有建设用地使用权的确认机构/...255

  案例 104 小区配套公建房屋具体该怎样登记/...257

  案例 105 登记机构尽到了合理审慎注意义务的，产生诉讼时可否免责/...259

  主要参考书目/...264

第一部分 首次登记

案例1 未经登记的房屋可否由继承人直接申请首次登记

甲于2020年2月在其因出让取得的国有建设用地上合法修建了一幢2层的小楼,建筑面积280平方米。房屋竣工后,申请首次登记前,甲意外死亡。甲的继承人乙欲凭国有土地使用权证书、建设工程规划许可证、房屋竣工证明、继承权公证书等材料申请房屋登记。试问:乙应当怎样申请房屋登记?

观点一认为,乙应当凭国有土地使用权证书、建设工程规划许可证、房屋竣工证明、继承权公证书等材料申请房屋所有权首次登记,将房屋直接登记到自己名下。

观点二认为,按连续登记原则,应当由继承人乙代被继承人甲先行申请房屋所有权首次登记,将房屋登记在甲名下后,再由乙申请因继承产生的转移登记,将房屋转移登记到乙名下。

观点三认为,应当由乙先申请因继承产生的国有土地使用权转移登记,待土地使用权登记到乙名下后,乙再申请建设工程规划许可事项变更,将规划许可证上的被许可人由甲变更为乙,然后申请房屋所有权首次登记,将房屋所有权人登记为乙。

笔者支持观点一。

一、已经死亡的人为无民事权利能力人,不能成为登记簿上记载的新的权利人

《民法典》第十三条规定,自然人从出生时起到死亡时止,具有民事权利能力,依法享有民事权利,承担民事义务。质言之,只有有生命的

自然人才有民事权利能力，才具有享有民事权利的资格，换言之，只有有生命的自然人才能成为民事权利的主体。《民法典》第二百一十六条规定，不动产登记簿是物权归属和内容的根据。据此可知，作为不动产物权的房屋所有权的归属，以登记簿上记载的所有权权利主体为准。在不动产登记实务中，《不动产登记暂行条例实施细则》第二条规定，不动产登记应当依照当事人的申请进行，但法律、行政法规以及本实施细则另有规定的除外。质言之，一般情形下，当事人不申请，不动产登记不启动，登记机构更不得为当事人办理不动产登记。概言之，只有有生命的自然人，才能由自己申请或其代理人（监护人）代为申请作为不动产的房屋登记，经登记机构核准后成为登记簿上记载的所有权主体。本案中，甲虽然合法修建了房屋，但其已经死亡，没有民事权利能力，不能自己申请房屋登记，也不能委托他人代为申请房屋登记，亦没有资格成为登记簿上记载的新的房屋所有权主体。故观点二中由继承人乙代被继承人甲先行申请房屋所有权首次登记，将房屋登记在甲名下的认识不正确。

二、建设工程规划许可中的被许可人变动不属于可以申请变更的事项

按《城乡规划法》第四十三条规定，建设单位应当按照规划条件进行建设；确需变更的，必须向城市、县人民政府城乡规划主管部门提出申请。变更内容不符合控制性详细规划的，城乡规划主管部门不得批准。质言之，只有规划许可文件中载明的规划条件，才属于可以申请变更的内容。规划许可中的被许可人，是申请规划许可的主体，不是规划许可中的规划条件，故被许可人变动不满足申请规划许可变更的要求。换言之，规划许可中的被许可人变动不可以申请规划许可变更。本案中，建设工程规划许可的被许可人甲死亡后，其继承人乙不能向规划行政主管机关申请将被许可人由甲变更为乙。

按《民法典》第二百一十七条规定，不动产权属证书是权利人享有该不动产物权的证明。据此可知，甲生前持有国有土地使用权证书，表

明其取得的国有建设用地使用权已经记载在登记簿上。国有建设用地使用权是《民法典》第二编第三分编规定的用益物权，属于《民法典》规定的可以由继承人继承的财产性权利。《民法典》第三百五十七条规定，建筑物、构筑物及其附属设施转让、互换、出资或者赠与的，该建筑物、构筑物及其附属设施占用范围内的建设用地使用权一并处分。该法第三百九十七条规定："以建筑物抵押的，该建筑物占用范围内的建设用地使用权一并抵押。以建设用地使用权抵押的，该土地上的建筑物一并抵押。抵押人未依据前款规定一并抵押的，未抵押的财产视为一并抵押。"据此可知，我国《民法典》的规定确立了建筑物、构筑物所有权主体与其占用范围内的建设用地使用权主体一致的原则，换言之，我国《民法典》确立了房屋所有权主体与其占用范围内的建设用地使用权主体一致的原则，简言之我国《民法典》确立了"房地权利主体一致原则"。在不动产登记实务中，《不动产登记暂行条例》第二条第二款规定，房屋等建筑物、构筑物和森林、林木等定着物应当与其所依附的土地、海域一并登记，保持权利主体一致。据此可知，房地权利主体一致也是不动产登记的原则。本案中，甲死亡后，其继承人乙可以申请因继承产生的土地使用权转移登记，但土地使用权转移登记到乙名下后，规划许可中的被许可人不能同步由甲变更为乙，若乙申请房屋登记时，则用地、规划主体不同一，有悖于前述房地权利主体一致的不动产登记原则，由此申请的房屋登记，登记机构不予受理。因此，观点三中由乙先申请因继承产生的土地使用权转移登记，待土地使用权登记到乙名下后，乙再申请建设工程规划许可事项变更，将规划许可上的被许可人变更为乙，然后申请房屋所有权首次登记的认识不可取。

三、合法修建并竣工的房屋，也可以由继承人继承并直接申请首次登记

《民法典》第二百三十一条规定，因合法建造、拆除房屋等事实行为设立或者消灭物权的，自事实行为成就时发生效力。据此可知，合法修

建的房屋，自竣工时起，权利人无须登记即依法、即时享有该房屋的所有权。《民法典》第一千一百二十二条第一款规定，遗产是自然人死亡时遗留的个人合法财产。据此可知，合法建造的房屋，权利人自此房屋竣工时起非经登记便依法、即时享有所有权，在该权利人死亡后，此非经登记而具有法律效力的房屋所有权因是其遗留的合法财产，可以由其继承人继承。本案中，甲合法修建并竣工的房屋虽然未办理房屋所有权首次登记，但甲死亡后，其继承人乙仍可基于继承取得此房屋的所有权。

按《民法典》第二百三十二条规定，因生效的法律文书、人民政府的征收决定、继承、合法建造等非法律行为取得的不动产权利，非经登记又再处分的，不发生物权效力。质言之，基于非法律行为取得的不动产权利记载于登记簿上前再处分的，不产生物权效力。申言之，房屋所有权首次登记是其他房屋登记的前提，房屋所有权首次登记未办理，后续的变更登记、转移登记、抵押权登记等原则上不能办理。但是，本案中，继承人乙基于继承取得甲遗留的非经登记而具有法律效力的房屋所有权后，申请的是房屋所有权首次登记，不是基于继承产生的房屋所有权转移登记，则与《民法典》第二百三十二条规定不抵触，反而遵循了此规定，只是此首次登记中有继承转移登记的元素，换言之，此首次登记是一种含有继承转移登记元素的复合登记。因此，观点一中乙凭国有土地使用权证书、建设工程规划许可证、继承权公证书等材料申请房屋所有权首次登记，将房屋直接登记到乙名下的认为是正确的。

案例2 被预查封的房屋竣工后可否办理首次登记

A公司修建了10幢厂房，房屋竣工前，因债务纠纷，债权人在起诉前，申请人民法院对该公司实施财产保全措施，人民法院遂对此在建中的10幢厂房实施预查封。预查封期间，10幢厂房竣工，A公司持用地、规划、竣工等手续向登记机构申请房屋所有权首次登记。试问：登记机构可否应A公司的申请，为其办理房屋所有权首次登记？

第一部分　首次登记

有观点认为，预查封的效力等同于查封，被查封的房屋属于登记机构不予登记的情形。所以，本案中，A 公司为 10 幢被预查封的厂房申请的房屋所有权首次登记，登记机构不应当办理。笔者不支持此观点。

一、查封、预查封对因处分房屋产生的登记起限制作用

依《民事诉讼法》第一百零一条规定和第一百零三条规定，利害关系人因情况紧急，为了使自己的合法权益得到充分保障，在起诉前，可以申请人民法院对对方实施财产保全。据此可知，查封或预查封是财产保全措施。在司法实务中，《最高人民法院、国土资源部、建设部关于依法规范人民法院执行和国土资源房地产管理部门协助执行若干问题的通知》（法发〔2004〕5 号）第二十二条第一款规定，国土资源、房地产管理部门对被人民法院依法查封、预查封的土地使用权、房屋，在查封、预查封期间不得办理抵押、转让等权属变更、转移登记手续。概言之，为了保护利害关系人的合法权益，因人民法院采取诉前财产保全措施而被查封或预查封的房屋，当事人申请因处分房屋产生的抵押权登记、房屋所有权变更（转移）登记时，登记机构不能办理。本案中，按《民法典》第二百三十一条规定，A 公司合法修建的 10 幢厂房，自厂房竣工时起，A 公司无须登记即依法、即时取得了此 10 幢厂房的所有权，该公司申请的是房屋所有权首次登记。《不动产登记暂行条例实施细则》第二十四条第一款规定，不动产首次登记，是指不动产权利第一次登记。据此可知，房屋所有权首次登记，是指登记机构应权利人的申请，将满足登记条件的房屋所有权第一次记载在房屋登记簿上的行为。因此，首次登记不是处分房屋所有权产生的抵押权登记、所有权变更（转移）登记，故 A 公司为 10 幢被预查封的厂房申请的房屋所有权首次登记不受预查封的限制。

二、被预查封的房屋竣工后，应权利人的申请，登记机构可以为满足登记要求的房屋办理首次登记

《最高人民法院、国土资源部、建设部关于依法规范人民法院执行和

国土资源房地产管理部门协助执行若干问题的通知》(法发〔2004〕5号)第十六条第二句规定，土地、房屋权属在预查封期间登记在被执行人名下的，预查封登记自动转为查封登记，预查封转为正式查封后，查封期限从预查封之日起开始计算。质言之，即使登记机构在登记簿上做了预查封登记的，在预查封期间，房屋竣工后，应权利人的申请，在满足登记条件的前提下，登记机构也可以为其办理房屋所有权登记，房屋所有权登记完成后，登记簿上记载的预查封登记自动转为查封登记。在不动产登记实务中，《不动产登记操作规范（试行）》4.8.2条之9规定，不动产被依法查封期间，权利人处分该不动产申请登记的，不动产登记机构不予登记。据此可知，不动产被查封期间，申请人申请因处分不动产产生的登记的，登记机构不予支持。申言之，一般情形下，不动产被预查封期间，申请人申请非处分不动产产生的登记的，登记机构应当支持。概言之，未竣工的房屋虽然被人民法院预查封，但房屋竣工后，权利人申请的首次登记，满足登记要求时，登记机构应当办理。因此，本案中，A公司为10幢被预查封的厂房申请的房屋所有权首次登记，在满足登记条件时，登记机构应当办理。

案例3　权利人放弃房屋所有权并办理了注销登记后，收归国家所有的房屋应当申请什么登记

林某因种种原因，分别向登记机构和民政机关提交了放弃登记在自己名下的房屋所有权及房屋占用范围内的国有建设用地使用权的书面决定，但没有向登记机构申请办理注销登记。市国有资产经营管理公司持市国有资产管理局、市民政局关于收归此房屋归国家所有但登记在该公司名下的文件，向登记机构申请将林某放弃所有权的房屋登记到其名下。试问：对市国有资产经营公司申请的房屋所有权及房屋占用范围内的国有建设用地使用权登记，登记机构可否办理？

有观点认为，林某放弃登记在自己名下的房屋所有权，是对自己享

第一部分　首次登记

有的房屋所有权及房屋占用范围内的国有建设用地使用权的处分，按我国相关法律的规定，林某书面决定放弃房屋所有权及房屋占用范围内的国有建设用地使用权后，此房屋所有权及房屋占用范围内的国有建设用地使用权属于无主财产，应当收归国家所有。市国有资产经营管理公司持市国有资产管理局、市民政局关于收归此房屋所有权及房屋占用范围内的国有建设用地使用权归国家所有并登记给市国有资产经营管理公司的文件，向登记机构申请将林某放弃的房屋所有权及房屋占用范围内的国有建设用地使用权登记到其名下，登记机构应当将该房屋所有权及房屋占用范围内的国有建设用地使用权从林某名下转移登记到市国有资产经营管理公司名下。笔者不支持此观点。

一、权利人放弃房屋所有权及房屋占用范围内的国有建设用地使用权非经注销登记不生效力

从法理上看，权利人放弃不动产所有权，是对其享有的不动产所有权作处分，权利人作出的放弃不动产所有权的决定，只是消灭不动产所有权的原因行为，此原因行为属于权利人单方作出的民事法律行为。权利人须向不动产登记机构申请因放弃所有权产生的注销登记，并被记载于登记簿上后，放弃不动产所有权才产生法律上的效力。

在法律规范上，《民法典》第二百一十四条规定，不动产物权的设立、变更、转让和消灭，依照法律规定应当登记的，自记载于不动产登记簿时发生效力。据此可知，一般情形下，基于民事法律行为产生的不动产物权的消灭，自记载于不动产登记簿上时起发生效力。在不动产登记实务中，《不动产登记暂行条例实施细则》第二十八条第一款第（二）项规定，权利人放弃不动产权利的，应当申请注销登记。据此可知，权利人放弃不动产权利的，应当申请注销登记，且自注销登记记载于登记簿上时起产生法律上的效力。笔者据此认为，本案中，林某作出放弃房屋所有权及房屋占用范围内的国有建设用地使用权的书面决定后，没有向登

记机构申请办理注销登记手续，放弃行为没有产生法律上的效力，房屋所有权及房屋占用范围内的国有建设用地使用权仍然属于林某所有，而非无主财产，不能收归国有，市国有资产经营管理公司申请的房屋所有权及房屋占用范围内的国有建设用地使用权登记，登记机构应当不予办理。

二、权利人基于人民法院的判决取得他人放弃的房屋所有权及房屋占用范围内的国有建设用地使用权，应当申请首次登记

《民事诉讼法》第一百九十一条规定，申请认定财产无主，由公民、法人或者其他组织向财产所在地基层人民法院提出。该法第一百九十二条规定，人民法院受理申请后，经审查核实，应当发出财产认领公告。公告满一年无人认领的，判决认定财产无主，收归国家或者集体所有。据此可知，无主财产由人民法院以判决书的方式确认。本案中，即使林某因放弃房屋所有权及房屋占用范围内的国有建设用地使用权导致的注销登记记载于登记簿上后，此房屋所有权及房屋占用范围内的国有建设用地使用权并不当然归国家组织或集体经济组织所有，而是处于权利待定状态，欲得到房屋所有权及房屋占用范围内的国有建设用地使用权的国家组织或集体经济组织可基于此注销登记，申请人民法院认定此房屋所有权及房屋占用范围内的国有建设用地使用权无主并确认权属。因此，本案中，如果市国有资产经营管理公司欲取得原属于林某的房屋所有权及房屋占用范围内的国有建设用地使用权，应当持人民法院生效的认定此房屋所有权及房屋占用范围内的国有建设用地使用权无主并确认权属的判决书申请登记。

如果权利人放弃房屋所有权及房屋占用范围内的国有建设用地使用权产生的注销登记记载于登记簿上后，国家组织或集体经济组织基于人民法院生效判决取得此房屋所有权及房屋占用范围内的国有建设用地使用权，属于房屋所有权及房屋占用范围内的国有建设用地使用权的原始

取得。所谓原始取得，是指根据法律的规定，取得新物、无主物的所有权，或者不以原所有人的权利和意志为根据而取得原物的所有权①。基于人民法院的判决书取得此房屋所有权及房屋占用范围内的国有建设用地使用权的国家组织或集体经济组织，不以权利人的意志为根据，而直接取得，属于房屋所有权及房屋占用范围内的国有建设用地使用权的原始取得，由此应当申请的是首次登记，而非转移登记。本案中，如果市国有资产经营管理公司持人民法院认定房地产无主并确认房屋所有权及房屋占用范围内的国有建设用地使用权归国家所有的生效判决书申请登记，登记机构应当按首次登记办理。

三、以放弃方式处分房屋所有权及房屋占用范围内的国有建设用地使用权的，不适用转移登记

按现时法律的规定，登记在权利人名下的房屋所有权及房屋占用范围内的国有建设用地使用权要登记到国家组织或集体经济组织名下，只能是基于权利人以转移所有权为目的的处分行为，由此产生的登记类型才适用转移登记。本案中，权利人处分房屋所有权及房屋占用范围内的国有建设用地使用权的行为是放弃，而非转移房屋所有权及房屋占用范围内的国有建设用地使用权，且权利人放弃房屋所有权及房屋占用范围内的国有建设用地使用权，非经注销登记不生效力，故注销登记被记载于登记簿上后，原来记载的房屋所有权及房屋占用范围内的国有建设用地使用权失去法律上的效力，即转移登记失去前提，故不适用转移登记。

案例 4 人民法院生效的判决书只确认了房屋套内建筑面积的归属，登记机构可否只为申请人登记套内建筑面积

甲、乙合建楼房一处，按合建协议，乙应当分得该楼上的一套住房。房屋完工后，甲、乙发生纷争诉至法院，法院根据建房手续、合建协议、测绘成果报告等材料，判决其中一套 82 平方米的住房归乙所有，但 82

---

① 彭万林：《民法学》，中国政法大学出版社 2002 年版，第 238 页。

平方米系该住房的套内建筑面积，即乙是否对过道、楼梯等应分摊部分享有权利，判决书没有作出认定。判决书生效后，乙持此判决书申请首次登记。试问：登记机构是只为乙登记房屋的套内建筑面积？还是为乙同时登记套内建筑面积和应当分摊的建筑面积？

有观点认为，按《国土资源部关于启用不动产登记簿证样式（试行）的通知》（国土资发〔2015〕25号）附《不动产登记簿样式及使用填写说明》规定，建筑面积属于登记簿记载的房屋基本状况的内容，且区分所有建筑物的建筑面积包括专有建筑面积和分摊建筑面积。据此可知，本案中的房屋系甲、乙合建，人民法院的判决也表明，房屋由甲、乙区分所有，因此，登记机构应当同时为乙登记套内建筑面积和应当分摊的建筑面积。笔者不支持此观点。

一、登记机构只能按人民法院生效的判决书为乙登记套内建筑面积

按《民法典》第二百二十九条规定，基于人民法院生效的法律文书取得的不动产物权，自法律文书生效时起，权利人无须登记即依法、即时享有该不动产的物权。据此可知，人民法院生效的确认物权归属的法律文书，是权利人享有物权的权利凭证，而非权利人享有物权的权源凭证。该法第二百一十二条第一款第（三）项规定，如实、及时登记有关事项是登记机构应当履行的职责。笔者据此认为，本案中，登记机构只有按照人民法院生效的法律文书确定的内容登记，即只为乙登记82平方米的套内建筑面积，才是履行法定的如实登记职责，否则不然。

二、登记机构不能为乙登记应当分摊的共有建筑面积

本案中，如果乙提交的登记申请书中，申请登记的内容中除了82平方米的套内建筑面积外，还有应当分摊的共有建筑面积，登记机构不能为乙登记此应当分摊的共有建筑面积：一是此应当分摊的共有建筑面积，不是人民法院生效的法律文书确定的内容，若登记机构将其记载于

登记簿上,违反前述《民法典》第二百一十二条第一款第(三)项规定,即没有履行如实登记有关事项的法定职责,属于作不实登记,超越法定职责登记。二是《不动产登记操作规范(试行)》4.8.2条之4规定,申请登记的事项与权属来源材料或登记原因文件不一致的,不动产登记机构不予登记。笔者据此认为,申请登记的事项与权属来源材料或登记原因文件不一致的,登记机构作不予登记处理,那么,申请登记的事项与权利凭证不一致的,登记机构更应当作不予登记处理。因此,本案中,如果乙提交的登记申请书中,应当分摊的共有建筑面积是申请登记的内容,与人民法院生效的判决书确定的事实不一致,即申请登记的内容与权利凭证载明的内容不一致,登记机构应当作不予登记处理。

三、登记机构若为乙登记应当分摊的共有建筑面积可能面临的后果

《最高人民法院关于审理房屋登记案件若干问题的规定》(法释〔2010〕15号)第二条规定,房屋登记机构根据人民法院、仲裁委员会的法律文书或者有权机关的协助执行通知书以及人民政府的征收决定办理的房屋登记行为,公民、法人或者其他组织不服提起行政诉讼的,人民法院不予受理,但公民、法人或者其他组织认为登记与有关文书内容不一致的除外。据此可知,若登记机构按人民法院生效的法律文书办理相关登记后,他人因此而提起诉讼的,人民法院不予受理,否则不然。本案中,登记机构若为乙登记应当分摊的共有建筑面积,与人民法院生效的判决书确定的事实不一致,甲或其他当事人认为其利益因此受到损害时,可以诉请人民法院撤销登记机构为乙作的登记,即登记机构可能承受房屋登记被人民法院撤销及由此产生的后果。

因此,本案中,登记机构只能按人民法院生效的判决书为乙登记套内建筑面积。至于人民法院生效的法律文书没有确认的应当分摊的共有建筑面积,登记机构不能为乙登记,甲、乙可以通过协商解决确认其归属,也可以另案诉请人民法院判决确认其归属,还可以通过设立地役权保证乙的通行问题等方式解决问题。

案例 5　旧房屋所有权未办理注销登记，拆除该旧房后新建的房屋可否办理首次登记

甲公司破产拍卖资产，乙公司通过拍卖取得甲公司厂区的国有建设用地使用权及地上 20 栋厂房的所有权。随后，甲公司因清算终结被注销。在地方政府的支持下，乙公司"特事特办"，只办理了原甲公司 20 栋厂房占用范围内的国有建设用地使用权转移登记，并领取了不动产权属证书。尔后，乙公司在没有办理 20 栋厂房所有权转移登记的前提下，根据自己的需要，拆除了 20 栋旧厂房，新建了 13 栋新厂房。竣工后，乙公司持载明国有建设用地使用权的不动产权属证书、建设工程规划许可证、竣工验收备案表等材料申请房屋所有权首次登记。登记人员告知：《不动产登记操作规范（试行）》4.8.2 条之 5 规定，申请登记的事项与不动产登记簿的记载相冲突的，不动产登记机构不予登记。甲公司原来的 20 栋厂房的所有权没有注销，乙公司拆除旧厂房后新建的厂房，系在同一宗土地的空间上又加载了新的房屋所有权，与前述《不动产登记操作规范（试行）》4.8.2 条之 5 规定相悖，故应当不予登记。试问：登记机构作出的不为乙公司新建的厂房办理所有权首次登记的决定正确吗？

笔者认为，登记机构作出的不为乙公司新建的厂房办理所有权首次登记的决定不正确。

按《民法典》第一百一十四条第二款规定，物权是权利人依法对特定的物享有直接支配和排他的权利，包括所有权、用益物权和担保物权。据此可知，物权的客体须特定，以确定物权对应的是此物，而非彼物。《不动产登记暂行条例》第八条规定，不动产以不动产单元为基本单位进行登记。不动产单元具有唯一编码。质言之，凡不动产登记，均以不动产单元为基本单位，且不动产单元的编码是唯一的，不动产消灭，此编码亦随之消灭，不能被其他不动产单元沿袭使用。《不动产登记暂行条例》

的规定贯彻了《民法典》第一百一十四条第二款规定的精神,将不动产物权客体具体化、独立化。本案中,甲公司登记的旧厂房,在登记簿上有相应的唯一的编码,乙公司新建的厂房有别于甲公司原有的旧厂房,申请登记时,也会被登记机构新赋予相应的唯一的编码,不会沿用甲公司的旧厂房的编码,故与登记簿记载的事项不冲突。因此,只要乙公司申请首次登记的手续齐全,登记机构就应当予以登记。

按《民法典》第二百三十一条规定,因拆除房屋的事实行为消灭物权的,自事实行为成就时发生效力。质言之,自房屋被整体拆除完毕时起,该房屋的所有权消灭。在不动产登记实务中,《不动产登记暂行条例实施细则》第二十八条第一款第(一)项规定,不动产灭失的,当事人可以申请办理注销登记。但是,本案中,登记簿上记载的所有权人甲公司已经因清算终结而注销,无法再申请注销登记。虽然按《不动产登记暂行条例实施细则》第十七条第一款第(四)项规定,登记机构可以依职权办理注销登记,但该实施细则却没有规定登记机构依职权办理注销登记的情形。《不动产登记操作规范(试行)》对此也没有作规定。笔者认为,在现行制度环境下,登记机构依职权办理注销登记不具有可操作性。因此,基于前述情形,只能维持登记簿上记载的甲公司的房屋登记状况。当然,笔者建议,《不动产登记暂行条例实施细则》《不动产登记操作规范(试行)》修订时,增加登记机构依职权办理注销登记的情形,使登记机构依职权办理注销登记具有可操作性。

案例6 非法修建的房屋合法化后,投资人自何时起对该房屋享有所有权

王某、李某是夫妻,2007年8月,二人未取得用地和规划手续,在某建制镇的镇乡接合部修建了1栋2层的楼房。2009年6月,王某死亡。2021年1月,李某取得了该楼房的用地和规划手续。李某持用地、规划、竣工证明及其他材料申请国有建设用地使用权及地上房屋所有权首次登记,登记人员告知李某:该楼房由王某、李某夫妻共同修建,属于夫妻共同财产,李某的配偶王某死亡后,其中一半属于王某的遗产,应当产生继承,李某应当补充继承材料后再申请。试问:登记人员对李某的告知是否正确?

笔者认为,登记人员对李某的告知不正确。

房屋竣工时适用的《物权法》第三十条规定,因合法建造、拆除房屋等事实行为设立或者消灭物权的,自事实行为成就时发生效力(现时的《民法典》第二百三十一条做了同样的规定)。按该法第一百三十九条规定,设立建设用地使用权的,应当向登记机构申请建设用地使用权登记。建设用地使用权自登记时设立(现时的《民法典》第三百四十九条做了同样的规定)。质言之,合法建造的房屋,自房屋竣工时起,权利人无须登记即依法、即时享有该房屋的所有权,但国有建设用地使用权则自记载于登记簿上时起,权利人才享有该国有建设用地使用权。申言之,非法建造的房屋竣工后,当事人对其不享有合法的所有权,即非法建造物不产生权利。未经登记,权利人不享有国有建设用地使用权。因此,本案中,王某、李某共同建造的房屋在取得用地和规划手续前,属于非法建造的房屋,他们对该房屋不享有合法的所有权。房屋占地属于非法占地,王某、李某也不享有国有建设用地使用权。

王某死亡时适用的《继承法》第二条规定,继承从被继承人死亡时开始(现时的《民法典》第一千一百二十一条第一款做了同样的规定)。按该法第三条规定,遗产是公民死亡时遗留的个人合法财产(现时的《民法典》第一千一百二十二条规定,遗产是自然人死亡时遗留的个人合法财产)。质言之,自被继承人死亡时起,继承人能够继承的是被继承人遗留的合法财产。本案中,房屋虽然是王某和李某共同建造,但在王某死亡时尚未取得合法的用地、规划手续,属于非法建造的房屋。房屋占地也属于非法占地。因此,王某非法占有的土地和非法建造的房屋,不能成为被其继承人继承的遗产。在王某死亡后,李某取得了房屋的用地和规划手续，土地及地上房屋转换成合法用地和合法建造物，笔者认为，当事人之一的李某完善了土地、房屋由非法转换成合法的手续，即成就了合法用地、合法建造房屋的事实行为，按《民法典》第二百三十一条规定和第三百四十九条规定，自合法用地、合法建造房屋的手续完善时起，应当是李某独自无须登记即依法、即时享有该房屋的所有权，自登记时起独自享有房屋占用范围内的国有建设用地使用权，该房屋的所有权及房屋占用范围内的国有建设用地使用权与已经死亡的王某无关。因此，登记人员对李某的告知不正确。

在土地、房屋未完善合法手续前，王某、李某虽然不能依法对土地和房屋享有权利，但作为非法占地和非法建造物的当事人，可以成为承担非法占地、非法建造房屋法律后果的当事人。至于王某在土地、房屋建造中的投资，应当作为债权债务关系处理，与国有建设用地使用权及地上房屋所有权登记无关。

案例 7　城市居民在村民时代取得的宅基地使用权及地上房屋所有权可否申请首次登记

1988 年，原村民张某经相关部门批准取得宅基地使用权后，自建楼房 2 间、平房 1 间。1993 年土地初始登记时，张某领取了集体土地建设使用证。后因张某到某市做生意并定居，房屋交给亲戚管护。1995 年，张某将户口从农村迁入该定居的城市转为非农户口。1996 年农村房屋产权普查登记时，张某因不知晓未登记。现张某已年老，欲回家乡原房屋内居住，于是 2021 年 1 月提交建设工程许可证、集体土地建设使用证等材料向登记机构申请宅基地使用权及地上房屋所有权首次登记。试问：对张某申请的宅基地使用权及地上房屋所有权首次登记，登记机构可否办理？

笔者认为，对张某申请的宅基地使用权及地上房屋所有权首次登记，登记机构应当办理。

房屋竣工时适用的《物权法》第三十条规定，因合法建造、拆除房屋等事实行为设立或者消灭物权的，自事实行为成就时发生效力（现时的《民法典》第二百三十一条做了同样的规定）。据此可知，因合法建造的房屋，自竣工时起，权利人无须登记即依法、即时取得该房屋的所有权。本案中，张某凭建设工程许可证建造的房屋，系合法建造的房屋，自竣工时起，张某无须登记即依法、即时享有该房屋的所有权。《国土资源部关于进一步加快宅基地和集体建设用地确权登记发证有关问题的通知》（国土资发〔2016〕191号）第八条第二款规定，农民进城落户后，其原合法取得的宅基地使用权应予以确权登记。据此可知，城市居民在村民时代合法取得的宅基地使用权仍然有效，可以申请登记。本案中，张某凭集体土地建设使用证取得的宅基地使用权合法、有效，可以申请登记。《不动产登记暂行条例实施细则》第四十条第二款规定，依法利用宅基地建造住房及其附属设施的，可以申请宅基地使用权及房屋所有权登记。据此可知，当事人在依法取得的宅基地上合法建造并竣工的房屋，就可以一并申请宅基地使用权及地上房屋所有权登记。本案中，如前所述，张某的宅基地使用权是合法取得的，地上的房屋也是合法建造并竣工的，满足申请宅基地使用权及地上房屋所有权登记的条件。因此，对张某申请的宅基地使用权及地上房屋所有权首次登记，登记机构应当办理。

第二部分　转移登记

案例 8　夫妻对将来取得的财产作出的约定，登记机构可否用作登记的证据

甲、乙是夫妻。2021年1月4日，甲、乙签订夫妻财产约定：婚姻关系存续期间购买的房屋归甲单独所有。2021年1月7日，甲、乙共同购买了丙的房屋，但以甲的名义与丙签订了房屋买卖合同。现甲、丙持夫妻财产约定、房屋买卖合同等手续向登记机构申请转移登记，欲将房屋登记为甲单独所有。试问：登记机构可否应甲、丙的申请将房屋登记为甲单独所有？

观点一认为，作为合同的标的必须明确，否则，合同无效。本案中，甲、乙签订的夫妻财产约定属于合同，但作为合同标的的是将要购买的房屋，即甲、乙签订夫妻财产约定时，作为约定标的的房屋并不存在，换言之，夫妻财产约定的标的不确定，该夫妻财产约定无效，不能用作登记的证据。登记机构不能应甲、丙的申请将房屋登记为甲单独所有。

观点二认为，按《民法典》第一千零六十五条规定，夫妻只能对婚姻关系存续期间或其中一方婚前已经取得的财产约定其归属。本案中，甲、乙对婚姻关系存续期间未取得的财产约定其归属，不符合《民法典》第一千零六十五条规定，因此，甲、乙签订的夫妻财产约定无效，不能用作登记的证据。登记机构不能应甲、丙的申请将房屋登记为甲单独所有。

笔者不支持此两种观点。

一、作为合同的标的不等于标的物

《民法典》第四百七十条规定："合同的内容由当事人约定，一般包括下列条款：（一）当事人的姓名或者名称和住所；（二）标的；（三）数量；（四）质量；（五）价款或者报酬；（六）履行期限、地点和方式；（七）违约责任；（八）解决争议的方法。当事人可以参照各类合同的示范文本订立合同。"据此可知，标的是一切合同的主要条款[①]。标的是合同的主要内容之一。标的是合同权利义务指向的对象，也是当事人通过订立合同所要完成的行为。标的不同于标的物，标的物是指根据合同应当在当事人之间移转的财产或当事人所应交付的物。人的行为可以成为合同的标的，但不能称为标的物[②]。本案中，甲、乙签订的夫妻财产约定，虽然与将要取得的房屋相关，但该约定的标的不是移转或交付明确、具体的房屋，而是乙不得就将要取得的房屋主张享有权利的行为，该行为是甲、乙意思表示一致后载入夫妻财产约定的，是已经确定的。因此，观点一片面理解了合同标的的含义，即混淆了标的与标的物。

二、夫妻对将来取得的财产作出的约定不是合同无效的条件

《民法典》第一百四十三条规定："具备下列条件的民事法律行为有效：（一）行为人具有相应的民事行为能力；（二）意思表示真实；（三）不违反法律、行政法规的强制性规定，不违背公序良俗。"据此可知，一般情形下，作为法律行为之一的合同，其生效条件满足《民法典》第一百四十三条规定即可。当事人基于真实意思表示成立的合同，在遵守法律、行政法规的规定的情形下，合同目的合法，且不损害国家利益、社会公共利益或他人合法利益的，合同就有效。据此可知，本案中，甲、乙签订的对将要取得的房屋约定归属的夫妻财产约定，是甲、乙真实意思的表示，约定的目的是让甲单独取得夫妻在婚姻关系存续期间取得的财产，体现了夫妻间的和谐，且不损害国家利益、社会公共利益或他人合法利益，现时法律、行政法规也没有对此作出禁止性规定，"法无禁止则可为"。

[①] 崔建远：《合同法》，法律出版社2007年版，第79页。
[②] 王利明：《民法学》，复旦大学出版社2004年版，第613页。

因此，甲、乙签订的夫妻财产约定合法有效，登记机构应当采用作为登记的证据材料。

三、夫妻现时对将来取得的财产作出约定并不违反《民法典》第一千零六十五条规定

按《民法典》第一千零六十五条规定，夫妻可以约定婚姻关系存续期间所得的财产以及婚前财产归各自所有、共同所有或部分各自所有、部分共同所有。约定应当采用书面形式。笔者对其中"婚姻关系存续期间所得的财产"作文义解释和社会学解释。

1. 文义解释

文义解释，又称语义解释，指按照法律条文用语之文义及通常使用方式，以阐释法律之意义内容[①]。因此，笔者对"婚姻关系存续期间所得的财产"作文义解释：一是从登记结婚到现时，夫妻已经共同取得的财产；二是夫妻在整个婚姻关系存续期间取得的全部财产，包括将要取得的财产。

2. 社会学解释

社会学解释，须以文义解释为基础，在文义解释得出复数解释结果的情形下，才能进行社会学解释。即预测不同解释结果将产生的社会效果，选择其中产生有利于社会、经济、道德秩序和公序良俗的社会效果的解释结论，摈弃其中将产生不利于社会、经济、道德秩序和公序良俗的解释结论[②]。因此，笔者对"婚姻关系存续期间所得的财产"作社会学解释：夫妻在真实意思表示一致的前提下，对婚姻关系存续期间已经取得的财产和将要取得的财产约定其归属，约定的目的是固定相关法律关系，以定纷止争，便于财产的管理、使用和处分，有利于夫妻间的和谐，且不损害国家利益、社会公共利益或他人合法利益，也不违反法律、

---

① 梁慧星：《民法总论》，法律出版社2001年版，第284页。
② 梁慧星：《民法总论》，法律出版社2001年版，第288页。

行政法规的规定。因此,"婚姻关系存续期间所得的财产"应当包括夫妻将要取得的财产。

本案中,甲、乙对其将来取得的财产作出的约定并不违反《民法典》第一千零六十五条规定。

结论:登记机构应当应甲、丙的申请将房屋登记为甲单独所有。

案例 9 离婚协议对婚前取得的房屋约定归属的,当事人应当申请什么登记

甲、乙婚前共同购买了一套住房,登记为按份共有,各占 50% 份额。之后,二人结婚。后来,甲、乙离婚,离婚协议约定此房屋归甲所有。试问:甲应当申请离婚分割转移登记,还是申请赠与或转让转移登记?

笔者认为,甲应当申请赠与或转让转移登记。

一、离婚时,婚前取得的房屋不能作为夫妻共同财产分割

按《民法典》第一千零六十二条规定,一般情形下,夫妻在婚姻关系存续期间取得的财产属于夫妻共同财产。质言之,一般情形下,非婚姻关系存续期间取得的财产,不属于夫妻共同财产,而属于当事人各自的婚前财产。本案中,甲、乙虽然是夫妻,但其按份共有的房屋是在他们婚前共同购买的,不是婚姻关系存续期间取得的,换言之,形成按份共有的基础不是婚姻关系,而是其婚前基于彼此的意思表示建立的共有关系。按《民法典》第一千零八十七条第一款规定,离婚时,夫妻的共同财产由双方协议处理。质言之,离婚协议只能约定处理婚姻关系存续期间取得或形成的夫妻共同财产,反之不然。本案中,如前所述,甲、乙对房屋各享有的 50% 份额不是基于婚姻关系产生的,换言之,甲、乙约定乙享有的 50% 份额属于甲,是乙对其婚前单独所有的财产作处分,不能作为夫妻共同财产约定分割给甲,若约定了的,应当视为乙将其单独享有的 50% 份额赠与或转让给甲,若离婚协议约定房屋归甲是有偿的,为转让,反之为赠与。因此,甲应当申请赠与或转让房屋产生的转移登

记，而非离婚分割产生的转移登记。

二、将婚前取得的房屋约定为夫妻共有，应当在完成转移登记后才生效

按《民法典》第一千零六十五条第一款规定，男女双方可以约定婚姻关系存续期间所得的财产以及婚前财产归各自所有、共同所有或者部分各自所有、部分共同所有。约定应当采用书面形式。按法第二百一十四条规定，不动产物权的设立、变更、转让和消灭，依照法律规定应当登记的，自记载于不动产登记簿时发生效力。质言之，婚后，夫或妻可以将其婚前取得的属于其单独所有的不动产约定为夫妻共有，但自基于该约定申请的不动产转移登记记载于登记簿上时起，该不动产属于夫妻共有才产生法律上的效力。据此可知，本案中，如前所述，甲、乙虽然是夫妻，但他们对房屋按份共有的基础不是夫妻关系，婚后，甲、乙可以约定此房屋为夫妻共有，既可以约定为共同共有，也可以约定为按份共有，其中，按份共有时，即使甲、乙约定仍然各占50%的份额，但此按份共有的基础是婚姻关系，与婚前各占50%份额的按份共有相比较，具有不同的法律意义，存在彼此将其婚前享有的份额处分给对方的元素，因此，如果甲、乙约定此房屋为夫妻共同财产时，应当申请处分房屋产生的转移登记，且自转移登记记载于登记簿上时起，房屋才是甲、乙的夫妻共同财产。若如此，甲、乙离婚时，才可以协议处理该房屋，由此产生的登记才适用离婚分割产生的转移登记。

三、延伸思考：若甲、乙当初是按揭购买的房屋，抵押权未注销，甲申请的赠与或转让转移登记可否办理？

有观点认为，若甲、乙当初是按揭购买的房屋，抵押权未注销，甲申请的赠与或转让转移登记仍然可以办理，转移登记完成以后，登记机构将抵押权记载在房屋上便是。笔者支持此观点。

按《民法典》第四百零六条第一款规定，抵押期间，抵押人可以转

让抵押财产。当事人另有约定的，按照其约定。抵押财产转让的，抵押权不受影响。据此可知，一般情形下，抵押人可以转让抵押财产，但抵押权不因抵押财产的转让而受影响，即抵押财产的受让人承接抵押财产上既有的抵押权负担。申言之，转让抵押不动产既然不影响抵押权，由此产生的转移登记，登记机构可以办理。在不动产登记实务中，《不动产登记操作规范（试行）》4.8.2 条之 5 规定，申请登记的事项与不动产登记簿的记载相冲突的，属于不予登记的情形。如前所述，受让人受让被抵押的不动产后，该不动产上存在的抵押权负担，由受让人承接，因此，受让人申请的受让抵押不动产产生的转移登记，与登记簿上记载在该不动产上的抵押权并不冲突，故受让人申请受让抵押不动产产生的转移登记不属于不予登记的情形。本案中，如前所述，甲、乙以离婚协议的方式，由乙将其单独享有的 50% 份额处分给甲，由此产生的登记是转移登记，不受该房屋上既有的抵押权的排除，因此，如果房屋上的抵押权没有注销，甲申请的赠与或转让转移登记，登记机构也可以办理。

案例 10　离婚协议约定的共有房屋的归属是否因复婚后又离婚而改变

甲、乙于 2015 年 4 月 10 日签订离婚协议，约定登记在夫妻名下的房屋属乙所有，并在婚姻登记机关办理了离婚手续，但甲、乙没有向登记机构申请离婚转移登记。2016 年 4 月 13 日，甲、乙在婚姻登记机关办理了复婚登记手续。2016 年 4 月 15 日，为担保乙向银行贷款，甲、乙共同向登记机构申请房屋抵押权登记，被核准后记载于登记簿。2021 年 1 月 5 日，甲、乙又在婚姻登记机关办理了离婚登记手续，但没有重新约定仍然登记在夫妻名下的房屋的归属。抵押权注销后，甲、乙持 2021 年 1 月 5 日颁发的离婚证和 2015 年 4 月 10 日签订的离婚协议，向登记机构申请离婚转移登记。试问：对甲、乙持 2021 年 1 月 5 日颁发的离婚证和 2015 年 4 月 10 日签订的离婚协议，向登记机构申请的离婚转移登记，登记机构可否办理？

有观点认为：甲、乙提交的是 2021 年 1 月 5 日颁发的离婚证和 2015 年 4 月 10 日签订的离婚协议，二者不对应，且离婚转移登记完成前，甲、乙共同申请过抵押权登记，此行为表明甲、乙变更了离婚协议中房屋属于乙所有的约定，恢复了甲、乙共同享有房屋所有权的原状。故对甲、乙申请的离婚转移登记，登记机构应当不予办理。

笔者认为，在甲、乙提交的 2021 年 1 月 5 日颁发的离婚证和 2015 年 4 月 10 日签订的离婚协议间建立对应关系后，登记机构可以为其办理离婚转移登记。

一、相互对应的离婚协议和离婚证才可以用作离婚转移登记的申请材料

甲、乙 2015 年 4 月离婚时适用的《婚姻法》第三十九条规定，离婚时，夫妻的共同财产由双方协议处理（现时的《民法典》第一千零八十七条第一款做了同样的规定）。在司法实务中，《最高人民法院关于适用〈中华人民共和国婚姻法〉若干问题的解释（三）》第十四条规定，当事人达成的以登记离婚或者到人民法院协议离婚为条件的财产分割协议，如果双方协议离婚未成，一方在离婚诉讼中反悔的，人民法院应当认定该财产分割协议没有生效，并根据实际情况依法对夫妻共同财产进行分割。据此可知，当事人签订的离婚协议中分割原夫妻共有财产的内容，以办理离婚登记或凭人民法院生效的解除婚姻关系的法律文书为生效前提。本问中，甲、乙于 2015 年 4 月 10 日签订了约定原夫妻共有房屋属乙所有的离婚协议，并及时办理了离婚手续，约定原夫妻共有房屋属乙所有的离婚协议已经生效，可以作为当事人申请离婚转移登记的材料。本案中，甲、乙离婚后又复婚，复婚后再离婚，但均未对该房屋的归属再作约定，故甲、乙持有的于 2021 年 1 月 5 日颁发的离婚证，与前述离婚协议不对应。若甲、乙出具婚姻情况变更说明，将离婚、复婚、再离婚情况载明，便能建立起此离婚证与彼离婚协议间的对应关系，若如此，对甲、乙持 2021 年 1 月 5 日颁发的离

婚证和 2015 年 4 月 10 日签订的离婚协议，向登记机构申请的离婚转移登记，登记机构可以办理。

二、离婚转移登记完成前，甲、乙共同申请抵押权登记不表明其变更了离婚协议的内容

《民法典》生效前适用的《物权法》第十四条规定，不动产物权的设立、变更、转让和消灭，依照法律规定应当登记的，自记载于不动产登记簿时发生效力（现时的《民法典》第二百一十四条做了同样的规定）。质言之，基于法律行为设立、变更、转让和消灭的不动产物权自记载于登记簿上时起生效。据此可知，本问中，虽然甲、乙于 2015 年 4 月 10 日签订了约定原夫妻共有房屋属乙所有的离婚协议，但没有申请离婚转移登记，将房屋从甲、乙名下转移登记到乙名下，故甲、乙仍然是法律意义上的房屋的共同所有权人。因此，2016 年 4 月 15 日，为担保乙向银行贷款，甲、乙共同向登记机构申请房屋抵押权登记，甲只是行使其作为所有权人的权利，如前所述，甲、乙离婚后复婚，复婚后再离婚，均未重新约定仍然登记在夫妻名下的房屋的归属，故不能表明甲、乙以共同申请抵押权登记的行为变更了前述离婚协议中关于房屋属于乙的内容。

三、延伸思考：甲、乙于 2021 年 1 月 5 日办理离婚手续时，又重新约定该房屋归属的协议，可否用作登记材料

甲、乙于 2021 年 1 月 5 日办理离婚手续时，又重新约定该房屋归属的协议，可否用作登记材料？笔者认为是可以的。《民法典》第一百三十六条规定，民事法律行为自成立时生效，但是法律另有规定或者当事人另有约定的除外。行为人非依法律规定或者未经对方同意，不得擅自变更或者解除民事法律行为。质言之，已经生效的民事法律行为，双方当事人协商一致后可以予以变更。据此可知，本案中，甲、乙于 2015 年 4 月 10 日签订了约定原夫妻共有房屋属于乙的离婚协议，属于民事法律行

为，且因甲、乙办理离婚登记已经生效，甲、乙可以协商对其进行变更，换言之，甲、乙于 2021 年 1 月 5 日办理离婚手续时，又重新约定该房屋归属的协议，可以视为其对 2015 年 4 月 10 日签订的约定原夫妻共有房屋归属的离婚协议的变更协议，申言之，甲、乙重新约定该房屋归属的协议，虽然变更了甲、乙于 2015 年 4 月 10 日签订的离婚协议的内容，但该协议合法有效，且与现时持有的离婚证书匹配、对应，甲、乙可以用作申请离婚转移登记的材料。

案例 11 夫妻共同购买的办理了预购商品房预告登记和预购商品房抵押预告登记的房屋被判决归配偶一方的，权利人该怎样申请登记

甲、乙是夫妻，以按揭方式购买了一套商品住宅。2019 年 8 月，甲、乙共同作为买方与某房地产开发企业签订商品房预售合同，支付了首付款。随后，甲、乙共同与某银行签订抵押合同，将此预购商品房抵押给银行，以获得贷款作为购买房屋的后续资金。分别办理了预购商品房预告登记和预购商品房抵押预告登记。房屋竣工交付后，申请买卖转移登记前，甲、乙经人民法院判决离婚。2021 年 1 月，终审离婚判决书载明此预购商品房归乙所有。试问：现时，乙该怎样申请房屋登记？

有观点认为，人民法院的终审离婚判决书将原来属于甲、乙共有的预购商品房确认归乙单独所有，此商品房已经办理了预购商品房预告登记和预购商品房抵押预告登记，乙应当凭房地产开发企业和银行同意的证明，向登记机构申请预购商品房预告登记转移登记和预购商品房抵押预告登记变更登记，将预告登记的权利人转移为乙、抵押人变更为乙后，再由乙分别和房地产开发企业、银行共同申请预购商品房预告登记转房屋转移登记和预购商品房抵押预告登记转房屋抵押权登记。

笔者认为，此观点是解决问题的一种办法，但不是最佳办法。

一、权利人可以凭生效的确认权属的终审离婚判决书申请房屋登记

甲、乙办理预购商品房预告登记和预购商品房抵押预告登记时适用的《物权法》第二十条第一款规定，当事人签订买卖房屋或者其他不动产物权的协议，为保障将来实现物权，按照约定可以向登记机构申请预告登记。预告登记后，未经预告登记的权利人同意，处分该不动产的，不发生物权效力（现时的《民法典》第二百二十一条第一款做了同样的规定）。质言之，预告登记并不是使不动产物权设立、变更、转移和消灭的登记类型，而是使预告登记的权利人在将来确定地取得基于协议取得或设立的不动产物权的保护措施。换言之，预告登记保护的是以取得或设立不动产物权为目的的债权，即预告登记保护的是取得或设立不动产物权的原因，其保护的不是不动产物权。《民法典》第二百二十九条规定，因人民法院、仲裁机构的法律文书或者人民政府的征收决定等，导致物权设立、变更、转让或者消灭的，自法律文书或者征收决定等生效时发生效力。质言之，基于人民法院的法律文书取得物权的，自法律文书生效时起，权利人无须登记即依法、即时取得该不动产的物权。本案中，人民法院的终审离婚判决书，已经将甲、乙共同购买的已竣工房屋判决归乙单独所有，自此终审离婚判决书生效时起，乙已经依法享有此房屋的所有权，换言之，此终审离婚判决书是乙享有房屋所有权的权利凭证，而非权源凭证。因此，乙可凭此终审离婚判决书直接向登记机构申请房屋登记：一是在房地产开发企业办理首次登记后，乙持此判决书、商品房预售合同等材料单方向登记机构申请转移登记，将房屋所有权从房地产开发企业名下转移登记到乙名下。此方式可以利用既有的商品房预售合同，清晰、完整地反映房屋所有权的取得、变更情况。二是因基于生效的确认权属的法律文书取得的权利是无任何负担的原始取得，乙可以凭此终审离婚判决书、房屋权籍调查成果报告等材料向登记机构申请首次登记，直接将房屋登记在自己名下。当然，此首次登记中也有商品房

买卖转移登记的元素，是一种由转移登记和首次登记构成的复合登记。此情形下，登记机构为房地产开发企业办理首次登记时，应当核减该部分房屋。房屋所有权登记在乙名下后，与甲、乙之前和银行签订的借款合同、抵押合同不对应，在申请房屋抵押权登记时有障碍。因此，甲、乙应当持离婚终审民事判决与银行协商，签订借款合同变更协议、抵押合同变更协议，将借款人、抵押人变更为乙后，先行申请预购商品房抵押预告登记变更登记，将预告登记的义务人由甲、乙变更为乙后，再申请房屋抵押权登记。

二、当事人基于离婚协议取得的预售商品房所有权的申请

甲、乙签订商品房预售合同时适用的《合同法》第八十条第一款规定，债权人转让权利的，应当通知债务人。未经通知，该转让对债务人不发生效力（现时的《民法典》第五百四十六条第一款规定，债权人转让债权，未通知债务人的，该转让对债务人不发生效力）。该法第八十四条规定，债务人将合同的义务全部或者部分转移给第三人的，应当经债权人同意（现时的《民法典》第五百五十一条第一款规定，债务人将债务的全部或者部分转移给第三人的，应当经债权人同意）。据此可知，由于合同或协议中权利义务的对应关系，在发生合同债权或协议债权转让时，权利人应当通知债务人，债务人欲转让其债务则须得到债权人的许可。本案中，甲、乙分别与房地产开发企业、银行签订了商品房预售合同、贷款合同和抵押合同，通过这些合同取得了相应的债权，同时也设立了相应的债务，甲、乙若通过离婚协议将商品房预售合同、贷款合同和抵押合同中的债权债务转让给乙，甲、乙须告知房地产开发企业、银行或取得房地产开发企业、银行的许可，具体的方式是甲、乙凭离婚协议与房地产开发企业签订商品房预售合同变更协议，与银行签订贷款合同变更协议和抵押合同变更协议。这些变更协议签订后，如果甲、乙已经办理了预购商品房预告登记和预购商品房抵押预告登记，甲、乙共同

向登记机构申请预购商品房预告登记转移登记，乙与银行共同向登记机构申请预购商品房抵押预告登记变更登记，将预购商品房预告登记的权利人和预购商品房抵押预告登记的义务人变动为乙。基于此，房屋首次登记完成后，乙就可以与房地产开发企业一起申请房屋所有权转移登记了，之后，再与银行一起申请房屋抵押权登记。

案例 12　离婚时约定原夫妻共有的房屋归成年女儿所有，在基于离婚民事调解书产生的转移登记未办理前，原夫妻共同转让此房屋申请的转移登记，登记机构可否办理

2021年1月5日，甲、乙经人民法院调解离婚，离婚时，在民事调解书中约定，登记在甲和乙名下的一套住房赠与22岁的女儿丙所有，甲、乙、丙没有申请基于离婚民事调解书产生的转移登记。后来，甲、乙共同将该房屋转让给丁，甲、乙、丁持不动产权属证书、离婚民事调解书、房地产转让合同等材料共同申请转让转移登记。试问：甲、乙、丁共同申请的转让转移登记，登记机构可否办理？

观点一认为，按《民法典》第二百二十九条规定，因人民法院的法律文书导致物权设立、变更、转让或者消灭的，自法律文书生效时发生效力。据此可知，离婚民事调解书属于人民法院解除当事人婚姻关系，对原夫妻共同财产进行分配的法律文书，基于此离婚民事调解书取得的财产，自此离婚民事调解书生效时起，权利人享有具有法律意义的财产物权。本案中，甲、乙的女儿丙，基于离婚民事调解书取得原属于甲、乙的房屋，自此民事调解书生效时起，丙取得了房屋的所有权，甲、乙无权转让该房屋，故对甲、乙、丁共同申请的转让转移登记，登记机构不予受理。

观点二认为，按《民法典》第二百二十九条规定，自甲、乙的离婚民事调解书生效时起，丙依法取得了房屋的所有权，但房屋却登记在甲、乙名下，申请人提交丙书面同意转让的材料后，可以办理甲、乙、丁共同申请的转让转移登记。

笔者不支持此两种观点。

一、当事人基于非分割共有财产的民事调解书不能直接取得房屋所有权

按《民法典》第二百二十九条规定,因人民法院的法律文书导致物权设立、变更、转让或者消灭的,自法律文书生效时发生效力。笔者据此认为,权利人基于人民法院的法律文书取得不动产物权的,自法律文书生效时起无须登记即依法、即时享有该不动产的物权,但是,根据该条规定,法院、仲裁委员会的生效法律文书导致物权变动,必须是人民法院的生效的判决或仲裁委员会的生效的裁决,必须是针对物权设立和变动作出的判决和裁定①。《民事诉讼法》第九十七条规定,调解达成协议,人民法院应当制作调解书。质言之,民事调解书虽然属于法律文书,但本质上仍然是协议。换言之,民事调解书本质上是一种民事法律行为。在司法实务中,按《物权法司法解释(一)》第七条规定,人民法院在分割共有不动产等案件中作出并依法生效的改变原有物权关系的民事调解书,应当认定为物权法第二十八条所称导致物权设立、变更、转让或者消灭的人民法院的法律文书。该解释第二十二条规定,本解释自2016年3月1日起施行。质言之,最高人民法院根据法律赋予的权力对《物权法》第二十八条规定做了扩张解释,即自2016年3月1日起立案的案件,人民法院在分割共有不动产等案件中作出并依法生效的改变原有物权关系的民事调解书与相应的判决、裁定具有同等效力。本问中,甲、乙的离婚民事调解书载明的是甲、乙将其共有的房屋赠与女儿丙,不是该房屋在甲、乙间进行分割。因此,甲、乙的离婚民事调解书与相应的判决、裁定不具有同等效力,仍然是协议。通过协议明确房屋所有权归属,反映的是当事人间的房屋所有权的流转关系,是一种动态的财产性

---

① 王利明、尹飞、程啸:《中国物权法教程》,人民法院出版社2007年版,第81页。

权利，即协议债权。债权人实现这种债权的目的，就是要把动态的财产性权利转换成静态的财产性权利，即房屋物权——房屋所有权，但此情形下取得的房屋物权属于《民法典》第二百一十四条规定的记载于登记簿上时才生效的物权。要将该物权记载在登记簿上，须由债务人甲、乙履行协助办理转移登记义务，将原属于债务人的房屋所有权转移登记到债权人丙名下后，债权人丙才能取得具有法律意义的房屋所有权。《民法典》第二百一十六条规定，不动产登记簿是物权归属和内容的根据。该法第二百四十条规定，所有权人对自己的不动产或者动产，依法享有占有、使用、收益和处分的权利。据此可知，本案中，甲、乙、丙没有申请基于离婚民事调解书产生的转移登记，并将房屋登记到丙名下。因此，甲、乙仍然是法律意义上的房屋所有权人，有权转让登记在其名下的房屋，由此而申请的转让转移登记，登记机构应当办理。

二、在被赠与的权利转移前，赠与人可以撤销赠与

按《民法典》第一千零八十七条第一款规定，离婚时，夫妻的共同财产由双方协议处理。据此可知，本案中，甲、乙将登记在自己名下的房屋，通过离婚民事调解书的方式赠与丙，于法有据。但是，《民法典》第六百五十八条规定，赠与人在赠与财产的权利转移之前可以撤销赠与。经过公证的赠与合同或者依法不得撤销的具有救灾、扶贫、助残等公益、道德义务性质的赠与合同，不适用前款规定。据此可知，本案中，甲、乙基于离婚民事调解书将房屋赠与丙，如前所述，此离婚民事调解书本质上仍然是协议，丙取得的房屋所有权，应当自房屋所有权在登记簿上记载于其名下时起才产生法律上的效力。但登记簿上没有将此房屋的所有权记载到丙的名下，即没有完成受赠房屋所有权的转移。甲、乙共同将房屋转让给丁，并与丁一起申请转让转移登记，应当视为甲、乙对赠与丙房屋的行为予以撤销。但是，丙若认为甲、乙撤销赠与的行为损害了其利益，可以向人民法院提起维权诉讼，当然，这属于别的法律关系。

三、权利人处分登记在其名下的房屋所有权，无须他人同意

《民法典》第一百一十四条第二款规定，物权是权利人依法对特定的物享有直接支配和排他的权利，包括所有权、用益物权和担保物权。该法第二百四十条规定，所有权人对自己的不动产或者动产，依法享有占有、使用、收益和处分的权利。据此可知，房屋所有权属于不动产物权，权利人可以依自己的意思表示支配其房屋所有权。本案中，丙只是基于甲、乙的离婚民事调解书取得协议债权，没有取得房屋所有权，房屋所有权还登记在甲、乙的名下，即甲、乙才是具有法律意义的房屋所有权人，甲、乙将房屋转让给丁，是行使房屋所有权中的处分权能，无须取得丙的同意。

案例 13　离婚协议中没有关于夫妻共有房屋的处理约定，登记权利人转让房屋的，可否由其单独与受让人一起申请转移登记

甲、乙是夫妻，婚姻关系存续期间的 2018 年 6 月，他们购买了两处房屋，一处登记在甲名下，另一处登记在乙名下，且登记簿和不动产权属证书的共有情况栏均保留空白（即没有填写共有情况）。2020 年 10 月，甲、乙离婚时，离婚协议中也没有关于夫妻共同财产的处理约定。2021 年 1 月，乙因故转让房屋，申请转移登记时，乙提交无夫妻共同财产处理约定的离婚协议，证明房屋属于其单独所有，有权自行转让，并单独与受让方一起申请转移登记。然而，离婚协议显示的甲、乙结婚时间表明，登记在乙名下的房屋，取得于甲、乙婚姻关系存续期间。试问：该件转移登记可否仅由乙与受让方一起申请？

有观点认为，甲、乙办理房屋所有权登记时适用的《物权法》第十六条第一款规定，不动产登记簿是物权归属和内容的依据（现时的《民法典》第二百一十六条第一款做了同样的规定）。质言之，登记簿上记载的权利人，依法享有法律意义上的不动产物权。申言之，本案中，乙是登记簿上记载的权利人，依法享有该房屋的所有权，有权依自己的意思

转让房屋。甲、乙的离婚协议中，没有关于夫妻共有房屋处理的约定，表明甲、乙对登记在各自名下的房屋归各自所有无异议。概言之，乙对登记在自己名下的房屋享有充分的所有权，无须他人同意，依其意思自行转让，并可单独与受让方一起申请转让转移登记。笔者不支持此观点。

按甲、乙离婚时适用的《婚姻法》第十七条规定，在夫妻婚姻关系存续期间取得的财产，属于夫妻共有，且夫妻对共有财产有平等的处理权（现时的《民法典》第一千零六十二条做了同样的规定）。质言之，夫或妻基于婚姻关系，对其婚姻关系存续期间取得的财产共同享有权利，对该共有财产有平等的处理权。申言之，夫妻基于婚姻关系共同享有房屋的所有权，也应当受到法律的保护。故本案中，房屋虽然登记在乙名下，但该房屋系甲、乙于婚姻关系存续期间取得的，且登记簿和不动产权属证书的记载没有显示该房屋归乙单独所有，因此，应当是甲与乙依法共同享有该房屋的所有权。乙在未经甲许可的前提下，无权单独转让该房屋。换言之，乙不能单独与受让人一起申请转让转移登记。

至于甲、乙离婚协议中没有关于夫妻共有房屋处理的约定，应当理解为甲、乙离婚时不对共有的房屋作处理或暂时不作处理，继续维持既存的共有状态。若如此，无论甲还是乙，欲转让登记在其名下的房屋，均须征得对方的同意，并共同作为转让方与受让方一起申请转移登记。

案例 14　夫妻共有的房屋可否是按份共有

甲、乙二人购买了存量住房一套，申请转移登记时，登记申请书载明：按份共有，甲占 60% 份额，乙占 40% 份额。登记人员经询问得知甲、乙系夫妻关系，遂告知：夫妻共有的房屋只能是共同共有，不能是按份共有，须将共有情况更正为共同共有后再申请。试问：夫妻共有的房屋不能是按份共有吗？

笔者认为，夫妻共有的房屋可以是按份共有。

从理论上看，共有是指两个或两个以上的民事主体对同一物共同享有所有权的状态①。共有分为按份共有和共同共有。按份共有是指共有人对共有的财产按份额享有所有权；共同共有是指共有人对共有的财产共同平等地享有所有权。共有的发生，一是基于法律的直接规定；二是基于当事人的意思表示。据此可知，无论按份共有还是共同共有，其发生原因均如此。基于法律直接规定产生的共有自不必说，但基于当事人的意思表示产生的共有，是指当事人对某财产达成共同享有所有权的意思表示，此意思表示包括共有情况可以是按份共有，也可以是共同共有。因此，本案中，共有人甲、乙虽然是夫妻关系，但其基于自己的意思表示，选择房屋的共有情况为按份共有，并明确各自享有的份额，此举与法理并不相悖。

从法律规范上看，《民法典》第三百零八条规定，共有人对共有的不动产或者动产没有约定为按份共有或者共同共有，或者约定不明确的，除共有人具有家庭关系等外，视为按份共有。据此可知，共有人在协商一致的情形下，对共有的不动产，可以约定为按份共有，也可以约定为共同共有。因共有人对共有的不动产的共有情况约定不明或没有约定，而产生争执的情形下，申请仲裁、提起诉讼时，若共有人间具有家庭关系的，仲裁机构、人民法院可能会确认为共同共有；若共有人间不具有家庭关系的，仲裁机构、人民法院则可能会确认为按份共有。据此可知，甲、乙是夫妻关系，夫妻关系是《民法典》中规定的最重要的家庭关系之一，甲、乙对属于夫妻共有的房屋，依自己的意思表示明确约定为按份共有，并具体约定了各自享有的份额，于法有据。因此，登记人员对甲、乙的告知不正确。

在不动产登记实务中，《不动产登记操作规范（试行）》1.8.3.2条规定，共有的不动产，申请人应当在不动产登记申请书中注明共有性质。按份共有不动产的，应明确相应具体份额，共有份额宜采取分数或百分数表示。该规范2.1.3条第一款规定，共有不动产的登记，应当由全体

---

① 王利明：《民法学》，复旦大学出版社2004年版，第309页。

共有人共同申请。按《国土资源部关于启用不动产登记簿证样式（试行）的通知》（国土资发〔2015〕25号）附《不动产登记簿样式及使用填写说明》规定，共有情况填写单独所有、按份共有或共同共有。属于按份共有的，还要填写共有的份额。据此可知，本案中，共有人甲、乙共同申请登记，登记机构受理后，满足登记要求的，应当在登记簿上记载共有情况为按份共有，并注明甲占60%份额、乙占40%份额。

案例15 婚前签订商品房买卖合同，婚后登记为夫妻共有后，当事人持配偶一方声明房屋归对方单独所有的证明申请登记时，适用更正登记，还是转移登记

2018年3月，甲一次性付款购买商品住房一套，签订了商品房买卖合同。2019年6月，甲、乙登记结婚。2020年3月，房屋竣工交付后，甲、乙凭商品房买卖合同、夫妻财产约定等材料，在房地产开发企业的配合下，共同申请转移登记，将房屋登记为甲、乙共同共有。2021年1月，甲、乙咨询相关人士后，乙公证声明：登记在本人和甲名下的房屋系甲婚前独资购买，房屋属甲单独所有，与我无关。房屋更正登记事宜由甲自行办理。甲持该公证声明及其他材料申请更正登记，欲将房屋由共同共有更正登记为甲单独所有。试问：甲申请的房屋登记适用更正登记，还是转移登记？

《民法典》第二百二十条第一款规定，权利人、利害关系人认为不动产登记簿记载的事项错误的，可以申请更正登记。不动产登记簿记载的权利人书面同意更正或者有证据证明登记确有错误的，登记机构应当予以更正。质言之，权利人、利害关系人申请更正登记后，登记机构核准更正登记须具备两个条件：一是登记簿记载的事项有错误；二是登记簿上现时记载的权利人书面同意更正。

本案中，乙是登记簿记载的房屋共有人之一，其公证声明房屋归甲单独所有，且房屋更正登记手续由甲自行办理，可以视为乙书面同意更

正登记。但是，2020年3月，甲、乙办理房屋登记时适用的《婚姻法》第十九条规定，夫妻可以约定婚姻关系存续期间所得的财产以及婚前财产归各自所有、共同所有或部分各自所有、部分共同所有。约定应当采用书面形式（现时的《民法典》第一千零六十五条第一款做了同样的规定）。《物权法》第十四条规定，不动产物权的设立、变更、转让和消灭，依照法律规定应当登记的，自记载于不动产登记簿时发生效力（现时的《民法典》第二百一十四条做了同样的规定）。据此可知，婚前建立的以取得不动产物权为目的的合同权利，可以通过夫妻财产约定的方式部分转让（赠与）给配偶成为夫妻共同财产，但基于该部分合同权利取得的不动产物权，自记载于登记簿上时起生效。本案中，作为房屋所有权权源基础的商品房买卖合同，虽然由甲一人于婚前签订，但基于甲、乙签订的夫妻财产约定，甲将其基于商品房买卖合同建立的部分债权转让（赠与）给乙，且甲、乙在房地产开发企业的配合下，申请完成了房屋所有权转移登记，将房屋所有权登记为甲、乙共同共有。质言之，甲对乙的转让（赠与）行为终结，乙取得甲于婚前购买房屋的共有权于法有据，登记簿的记载与甲、乙申请转移登记时提供的证明材料记载一致，并无错误，因此，甲申请更正登记的前提不成立。

在不动产登记实务中，按《不动产登记暂行条例实施细则》第二十七条第（六）项规定，共有人减少，属于当事人申请转移登记的情形。本案中，在甲、乙将房屋登记为共同共有的前提下，乙声明房屋归甲单独所有而退出共有关系，属于共有人减少的情形，故乙欲将现时登记在自己名下的房屋所有权登记到甲名下，系权利主体发生变动，应当适用转移登记，而非更正登记。

案例16　办理基于预购商品房预告登记产生的转移登记时，共有情形是否以预告登记的为准

2019年10月，江某以按揭方式购得商品住房一套，与房地产开发企业签订了商品房买卖合同。2019年11月，办理了预购商品房预告登记。2020年1月，江某与田某登记结婚。2021年1月，房屋交付使用。江某、田某向登记机构咨询：办理转移登记时，房屋所有权应当登记为江某单独所有，还是江某与田某共同所有？

笔者认为，办理转移登记时，房屋所有权原则上应当登记为江某单独所有。

2019年11月，江某办理预购商品房预告登记时适用的《物权法》第二十条第一款规定，当事人签订买卖房屋或者其他不动产物权的协议，为保障将来实现物权，按照约定可以向登记机构申请预告登记（现时的《民法典》第二百二十一条第一款做了同样的规定）。质言之，预告登记的目的，是保证买卖房屋或其他不动产物权的协议的目的实现，使权利人确定地取得期望中的房屋权利或其他不动产物权。在不动产登记实务中，《不动产登记暂行条例实施细则》第八十五条第三款规定，预告登记后，债权未消灭且自能够进行相应的不动产登记之日起3个月内，当事人申请不动产登记的，不动产登记机构应当按照预告登记事项办理相应的登记。据此可知，基于预告登记申请的不动产登记，登记机构在登记簿上记载的内容应当以预告登记时固定的内容为准。本案中，江某通过办理预购商品房预告登记，将其婚前基于商品房买卖合同欲取得的房屋所有权的共有情况固定下来，即江某未来对该房屋所有权系单独所有，并具有排他的效力，以保证自己将来最终取得预告登记情形下的单独所有的房屋所有权。因此，登记机构办理转移登记时，房屋所有权的共有情况原则上应当基于预购商品房预告登记，登记为江某单独所有。

但是，预购商品房预告登记后，该预告登记保障的仍然是基于商品房买卖合同建立的债权，而非物权——房屋所有权。2021年1月，江某、田某向登记机构咨询时《民法典》已经实施，该法第一千零六十五条第一款规定，男女双方可以约定婚姻关系存续期间所得的财产以及婚前财产归各自所有、共同所有或者部分各自所有、部分共同所有。约定应当采用书面形式。据此可知,婚前建立的以取得不动产物权为目的的合同权利,可以通过夫妻财产约定的方式部分转让(赠与)给配偶成为夫妻共同财产。本案中,在办理房屋所有权转移登记前,债权人江某可以基于夫妻财产约定将自己婚前基于商品房买卖合同取得,且办理了预告登记的债权之一部分转让(赠与)给田某,即增加田某为该房屋的共同购买人。当然,在合同关系中,债权债务是相对应的,故江某转让(赠与)部分合同债权给田某,亦须合同的另一当事人房地产开发企业的协助、配合。在不动产登记实务中,按《不动产登记暂行条例实施细则》第二十七条第(六)项规定,共有人增加,属于当事人申请转移登记的情形。本案中,江某、田某基于夫妻财产约定增加田某为预告登记的权利的共有人后,在房屋出卖人房地产开发企业的协助、配合下,签订商品房买卖合同变更协议,将购房人由江某变更为江某和田某,江某和田某共同申请预购商品房预告登记转移登记,转移登记完成后,预告登记的权利人由江某变动为江某和田某,共有情况可以为按份共有或共同共有。若如此,基于变更后的预购商品房预告登记申请房屋所有权转移登记时,房屋所有权人就可以登记为江某和田某,共有情况可以为按份共有或共同共有。

案例17　离婚协议中关于房屋所有权将来归儿子继承的约定,是否限制离婚转移登记后权利人对房屋的出卖

2018年4月,夏某与沈某协议离婚,离婚协议约定:①登记在夏某名下的房屋(商品房)归沈某所有;②沈某将来死亡后,此房屋由儿子继承。2018年5月,夏某和沈某持离婚协议等材料申请将房屋所有权及房屋分摊的国有建设用地使用权转移登记到沈某名下。2020年12月,沈某将房屋卖给曾某。2021年1月,沈某和曾某持相关手续共同申请因买卖产生的转移登记时,夏某持离婚协议,以该房屋将来由其儿子继承为由,请求登记机构对沈某和曾某申请的转移登记不予办理。试问:对沈某和曾某申请的转移登记，登记机构可否办理？

笔者认为，对沈某和曾某申请的转移登记，登记机构应当办理。

2018年5月，夏某和沈某申请离婚转移登记时适用的《物权法》第十四条规定，不动产物权的设立、变更、转让和消灭，依照法律规定应当登记的，自记载于不动产登记簿时发生效力（现时的《民法典》第二百一十四条做了同样的规定）。据此可知，一般情形下，基于合同、协议等法律行为取得的不动产物权，自记载于登记簿上时起生效。本案中，夏某与沈某以离婚协议的方式约定：登记在夏某名下的房屋归沈某所有。事后，夏某和沈某共同申请将房屋所有权及房屋分摊的国有建设用地使用权转移登记到沈某名下，即沈某依法取得了该房屋的所有权及房屋分摊的国有建设用地使用权。2020年12月，沈某将房屋卖给曾某时适用的《物权法》第三十九条规定，不动产所有权人对自己的不动产，依法享有占有、使用、收益和处分的权利（现时的《民法典》第二百四十条做了同样的规定）。该法第一百四十三条规定，建设用地使用权人有权将建设用地使用权转让、互换、出资、赠与或者抵押，但法律另有规定的除外（现时的《民法典》第三百五十三条做了同样的规定）。故沈某作为房屋所有权及房屋分摊的国有建设用地使用权的权利人，无须他人同意，可以按自己的意思出卖登记在自己名下的房屋所有权及房屋分摊的国有建设用地使用权。

夏某与沈某在离婚协议中约定：沈某将来死亡后，该房屋由儿子继承。笔者认为：① 该房屋由儿子继承的前提是沈某将来死亡时，房屋的所有权及房屋分摊的国有建设用地使用权仍然登记在沈某名下。如果沈某在生时已经出卖了该房屋，则夏某与沈某间关于儿子将来继承房屋的约定无法履行，只能空挂。至于沈某违反她与夏某间将来由儿子继承房屋的约定产生的后果，属于别的法律关系，与现时的转移登记无直接的因果关系。② 若把"沈某将来死后，该房屋由儿子继承"视为房屋归沈某的前提，或者作为离婚协议生效的条件，但是，在离婚协议订立后，夏某配合沈某将房屋所有权及房屋分摊的国有建设用地使用权转移登记到沈某名下，为此，可以视为夏某、沈某共同否认或修改了这个前提或条件。故夏某和沈某的离婚约定不影响沈某对登记在自己名下的房屋所有权及房屋分摊的国有建设用地使用权的出卖。

对夏某提出的登记机构不为沈某、曾某办理因买卖产生的转移登记的请求，登记机关应当书面告知夏某，如果他认为登记在沈某名下的房屋所有权及房屋分摊的国有建设用地使用权有错误，可以按《不动产登记暂行条例实施细则》第七十九条的规定，向登记机构申请更正登记。在申请更正登记不能时，还可以按《不动产登记暂行条例实施细则》第八十二条的规定，向登记机构申请异议登记。当然，登记机构也应当受理沈某、曾某的转移登记申请。《不动产登记暂行条例》第二十条规定，不动产登记机构应当自受理登记申请之日起30个工作日内办结不动产登记手续。因此，自收到沈某、曾某的转移登记申请之日起30个工作日内，如果夏某、沈某共同申请更正登记，或夏某持沈某同意更正登记的证明申请更正登记，自无可言，否则，登记机构不停止对沈某、曾某的转移登记申请进行审查，并按时核准转移登记。如果夏某申请更正登记不能而申请异议登记并被核准后，提起诉讼的，登记机构凭人民法院生效的法律文书办理相关登记。

案例18　共同共有的房屋产生的继承登记，当事人该如何申请

甲、乙是夫妻，丙、丁是其成年子女。有一房屋登记在甲、乙、丙、丁名下，共有情况：共同共有。乙死亡后，继承人只有甲、丙、丁，但乙无遗产继承遗嘱。甲、丙、丁尚未申请由此产生的继承转移登记，丙意外死亡，丙亦无遗产继承遗嘱，丙的继承人只有他离婚后随其生活的成年的未婚儿子戊和父亲甲。试问：甲、丁、戊该如何申请继承产生的房屋登记？

有观点认为，甲、乙、丙、丁共同共有的房屋应当视为其等额按份

共有，即甲、乙、丙、丁各享有房屋的四分之一份额。无论按曾经的《继承法》规定，还是按现时的《民法典》规定，乙死亡后，乙享有的四分之一份额属于遗产应由甲、丙、丁继承，继承后甲、丙、丁各占三分之一份额。丙死亡后，其享有的三分之一份额作为遗产由甲、戊继承，继承后，甲享有房屋的六分之三份额、丁享有房屋的六分之二份额、戊享有房屋的六分之一份额。因此，甲、丁、戊应该先行将房屋分割成按份共有后才可以申请继承产生的房屋登记。笔者不支持此观点。

一、不能将共同共有视为等额按份共有

曾经的《物权法》第九十三条规定，不动产或者动产可以由两个以上单位、个人共有。共有包括按份共有和共同共有（现时的《民法典》第二百九十七条规定做了同样的规定）。该法第九十四条规定，按份共有人对共有的不动产或者动产按照其份额享有所有权（现时的《民法典》第二百九十八条做了同样的规定）。该法第九十五条规定，共同共有人对共有的不动产或者动产共同享有所有权（现时的《民法典》第二百九十九条做了同样的规定）。质言之，共同共有与按份共有是法定的两种不同的共有类型，在不同的共有类型下，共有人享有权利与履行义务的情形也是不同的，二者不可混淆。据此可知，本案中，前述将甲、乙、丙、丁共同共有的房屋视为其等额按份共有的认为是不正确的。

二、继承人完成继承转移登记后才可以将房屋由共同共有变更为按份共有

将房屋由共同共有变更为按份共有，一般情形下，是指房屋的共有人经过协商，将原来共同共有的房屋进行抽象的"量"的分割后，各共有人按相应的份额共同享有房屋的所有权，其中关系到各共有人权利的得与失，故房屋共有类型变更实质上是全体共同共有人对房屋所有权的一种内部处分行为。据此可知，本案中，甲、丁、戊须将自己继承乙、丙遗留的房屋所有权申请转移登记并登记到自己名下后，才可以协商对

房屋进行份额分配,即通过对房屋进行份额分配使其由共同共有变更成按份共有。因此,前述甲、丁、戊应该先行将房屋分割成按份共有后才可以申请继承产生的房屋登记的认为不正确。

三、本案的实务处理

曾经的《继承法》第二条规定,继承从被继承人死亡时开始(现时的《民法典》第一千一百二十一条第一款做了同样规定)。曾经的《物权法》第二十九条规定,因继承或者受遗赠取得物权的,自继承或者受遗赠开始时发生效力(现时的《民法典》第二百三十条规定,因继承取得物权的,自继承开始时发生效力)。质言之,自被继承人死亡时起,继承人无须登记即依法、即时享有被继承人遗留房屋的所有权。换言之,继承人处于自被继承人死亡时起,继承人无须登记即依法、即时享有被继承人遗留房屋的所有权的现状。申言之,被继承人单独享有房屋所有权的,继承人继承取得的即该房屋的全部所有权;被继承人与他人按份共有房屋所有权的,继承人因继承取得被继承人享有的房屋所有权的份额;被继承人与他人共同共有房屋所有权的,继承人因继承取得被继承人对此房屋的共同共有的共有人的资格。本案中,被继承人乙、丙与健在人甲、丁均为房屋的共同共有人,甲、丁基于继承乙的遗产,甲、戊基于继承丙的遗产后,甲、丁、戊成为房屋的共同共有人,如前所述,甲、丁、戊应当共同先行申请继承转移登记,将房屋以共同共有类型登记在其名下后,才可以协商将共同共有变更为按份共有并申请因共有类型变更产生的房屋变更登记。甲、丁、戊共同申请共同共有类型的继承转移登记时,甲的申请事由为"继承乙、丙的遗留房屋",丁的申请事由为"继承乙的遗留房屋",戊的申请事由为"继承丙的遗留房屋"。

案例19　继承人在继承发生后死亡产生的房屋继承转移登记,登记机构该如何办理

2018年6月,甲立遗嘱:登记为甲单独所有的房屋由其三子乙继承,当地公证处对此遗嘱进行了公证。2020年8月，甲病逝。乙没有对基于遗嘱继承取得的房屋申请继承转移登记。2021年1月，乙因意外去世。现在，乙的独生子丙持甲指定乙继承房屋的公证遗嘱、丙享有继承权的公证书、甲名下的不动产权属证书等手续申请房屋继承转移登记。试问：对丙申请的房屋继承转移登记，登记机构可否办理？

观点一认为，乙在没有将房屋转移登记到自己名下前死亡，甲指定其继承房屋的遗嘱自动失效，此房屋应当由甲的其他继承人按法定继承程序继承后，共同申请继承转移登记，因此，对丙申请的房屋继承转移登记，登记机构应当不予办理。

观点二认为，甲以遗嘱的方式指定乙继承其房屋，乙在没有完成继承转移登记的情形下死亡，甲遗留的房屋应当由乙的独生子丙代位继承，因此，对丙申请的房屋继承转移登记，登记机构应当办理。

观点三认为，甲以遗嘱的方式指定乙继承其房屋，乙在没有完成继承转移登记的情形下死亡，甲遗留的房屋应当由乙的独生子丙继承，但丙应当先代乙申请将房屋继承转移登记到乙名下后，再申请将房屋继承转移登记到自己名下。

笔者认为，对丙申请的房屋继承转移登记，登记机构应当办理，但丙对房屋的继承属于法定继承，而非代位继承。

一、遗嘱指定的继承人死亡不是遗嘱失效的法定事由

甲立遗嘱时适用的《继承法》第二十二条规定，无行为能力人或者限制行为能力人所立的遗嘱无效。遗嘱必须表示遗嘱人的真实意思，受胁迫、欺骗所立的遗嘱无效。伪造的遗嘱无效。遗嘱被篡改的，篡改的内容无效（现时的《民法典》第一千一百四十三条规定，无民事行为能力人或者限制民事行为能力人所立的遗嘱无效。遗嘱必须表示遗嘱人的真实意思，受欺诈、胁迫所立的遗嘱无效。伪造的遗嘱无效。遗嘱被篡改的，篡改的内容无效）。该法第七条规定："继承人有下列行为之一的，

丧失继承权:(一)故意杀害被继承人的;(二)为争夺遗产而杀害其他继承人的;(三)遗弃继承人的,或者虐待被继承人情节严重的;(四)仿造、篡改或者销毁遗嘱,情节严重的。"(现时的《民法典》第一千一百二十五条第一款规定:"继承人有下列行为之一的,丧失继承权:(一)故意杀害被继承人;(二)为争夺遗产而杀害其他继承人;(三)遗弃被继承人,或者虐待被继承人情节严重;(四)伪造、篡改、隐匿或者销毁遗嘱,情节严重;(五)以欺诈、胁迫手段迫使或者妨碍被继承人设立、变更或者撤回遗嘱,情节严重。")《继承法司法解释》第十二条规定,继承人有继承法第七条第(一)项或第(二)项所列之行为,而被继承人以遗嘱将遗产指定由该继承人继承的,可确认遗嘱无效,并按继承法第七条的规定处理。质言之,遗嘱指定的继承人死亡不是遗嘱失效的法定事由。据此可知,本案中,甲以遗嘱的方式指定乙继承其房屋,继承因甲死亡而开始后,虽然乙在没有凭遗嘱完成继承转移登记的情形下死亡,但甲的遗嘱并不因继承人乙的死亡而无效。《民法典》第一千一百二十三条规定,继承开始后,按照法定继承办理;有遗嘱的,按照遗嘱继承或者遗赠办理;有遗赠扶养协议的,按照协议办理。质言之,继承开始后,无遗嘱和遗赠扶养协议的,按法定继承办理;有遗嘱无遗赠扶养协议的,按遗嘱继承办理;有遗嘱和遗赠扶养协议的,按遗赠扶养协议办理。据此可知,本案中,甲已经以遗嘱的方式指定乙继承其房屋,且甲没有与他人签订遗赠抚养协议,故甲遗留的房屋只能按甲的遗嘱办理,而不得按法定继承办理。故此房屋应当由甲的其他继承人按法定继承程序继承后,共同申请继承转移登记的认为不正确。

二、遗嘱指定的继承人在继承开始后死亡,因此产生的继承属于法定继承

乙死亡时,《民法典》已实施。《民法典》第一千一百二十一条第一款规定,继承从被继承人死亡时开始。该法第一千一百二十八条第一款

规定，被继承人的子女先于被继承人死亡的，由被继承人的子女的直系晚辈血亲代位继承。质言之，代位继承产生的前提是被继承人的子女（继承人）在继承开始前死亡。据此可知，本案中，甲的遗嘱指定的继承人乙在甲死亡后才死亡，即乙在对甲的继承开始后才死亡，乙的独生子丙对遗留房屋的继承不是代位继承。原《物权法》第二十九条规定，因继承或者受遗赠取得物权的，自继承或者受遗赠开始时发生效力（现时的《民法典》第二百三十条规定，因继承取得物权的，自继承开始时发生效力）。质言之，因继承取得的不动产物权，自被继承人死亡时起，继承人无须登记即依法、即时享有该不动产的物权。据此可知，本案中，乙基于甲的遗嘱，自甲死亡时起，无须登记即已经依法享有甲遗留房屋的所有权。按原《继承法》第三条规定，公民死亡时遗留的债权、物权、知识产权等个人合法财产属于遗产（现时的《民法典》第一千一百二十二条第一款规定，遗产是自然人死亡时遗留的个人合法财产）。据此可知，本案中，继承人乙虽然未申请继承转移登记，却已经依法享有甲遗留房屋的所有权，该房屋所有权也属于可以被其继承人丙继承的遗产。乙生前对此遗产没有作遗嘱处分，也没有与他人订立遗赠扶养协议，因此，乙的独生子丙对此房屋的继承属于法定继承。

三、死者不能成为登记簿记载的新的权利人

原《民法总则》第十三条规定，自然人从出生时起到死亡时止，具有民事权利能力，依法享有民事权利，承担民事义务（现时的《民法典》第十三条做了同样的规定）。质言之，自然人自死亡时起，失去民事权利能力，不能享有权利和履行义务。据此可知，本案中，甲的遗嘱继承人乙已经死亡，失去民事权利能力，不能申请房屋继承转移登记，也不能委托他人代为申请房屋继承转移登记，更不能成为登记簿上记载的新的房屋所有权人。在不动产登记实务中，甲指定乙继承其房屋的公证遗嘱、甲的死亡证明和甲名下的不动产权属证书组合，形成乙遗留的其继承取

得房屋所有权的证明，同时也是丙继承取得乙享有的房屋所有权的基础，因此，丙申请房屋继承转移登记时，若同时提交甲指定乙继承其房屋的公证遗嘱、甲的死亡证明、甲名下的不动产权属证书和丙享有继承权的证明等必需材料的，登记机构应当将房屋直接从甲名下转移登记到丙名下。

案例 20　登记机构可否办理有抵押权负担的房屋的遗赠转移登记

2019 年 10 月，甲、乙以其夫妻共有房屋为他人向银行借款作抵押担保，借款期限 1 年，办理了抵押权登记。尔后，甲、乙立公证遗嘱将房屋遗赠给丙。2020 年 5 月，甲去世。2021 年 1 月，乙亦去世。但借款一直未还，借款人不知去向，也无法联系。在抵押权未注销的前提下，丙持遗赠公证书、甲和乙的死亡证明等材料向登记机构申请房屋所有权遗赠转移登记。试问：对丙申请的有抵押权负担的房屋的遗赠转移登记，登记机构可否办理？

有观点认为，甲、乙立公证遗嘱时适用的《继承法》第十六条第三款规定，公民可以立遗嘱将个人财产赠给国家、集体或者法定继承人以外的人（现时的《民法典》第一千一百三十三条第三款规定，自然人可以立遗嘱将个人财产赠与国家、集体或者法定继承人以外的组织、个人）。《房地产管理法》第三十七条规定，房地产转让，是指房地产权利人通过买卖、赠与或者其他合法方式将其房地产转移给他人的行为。据此可知，遗赠本质上属于赠与，赠与属于房地产转让，遗赠本质上也是房地产转让行为。本案中，甲、乙系将其有抵押权负担的房屋遗赠给丙，实质上是将有抵押权负担的房屋转让给丙。在不动产登记实务中，《不动产登记操作规范（试行）》4.8.2 条之 5 规定，申请登记的事项与不动产登记簿的记载相冲突的，不动产登记机构不予登记。本问中，登记簿上既有的抵押权登记属于阻却抵押人处分不动产的登记，丙申请的因受遗赠产生的转移登记则是遗赠人（抵押人）处分抵押不动产的登记，与登记簿上既有的抵押权登记相冲突，因此，对丙申请的有抵押权负担的房屋的遗赠转移登记，登记机构应当作不予登记处理。笔者不支持此观点。

一、有抵押权负担的房屋可以办理遗赠转移登记

《民法典》第四百零六条第一款规定，抵押期间，抵押人可以转让抵押财产。当事人另有约定的，按照其约定。抵押财产转让的，抵押权不受影响。据此可知，在有抵押权存在的情形下，抵押人也可以转让抵押物，但抵押权不受影响，抵押物上既有的抵押权负担由抵押物的受让人承接。在债务没有按期履行或其他实现抵押权的条件成就时，抵押权人仍然可以就该抵押不动产行使抵押权。在不动产登记实务中，《不动产登记操作规范（试行）》4.8.2条之5规定，申请登记的事项与不动产登记簿的记载相冲突的，属于不动产登记机构不予登记的情形。如前所述，受让人受让被抵押的不动产后，该不动产上存在的抵押权负担，由受让人承接，因此，受让人申请的受让取得的抵押不动产产生的转移登记，与记载在登记簿上的该不动产上的抵押权并不冲突，故受让人申请受让取得的抵押不动产产生的转移登记不属于不予登记的情形。本案中，丙自甲、乙死亡时起，基于受遗赠可以依法取得甲、乙生前记载在登记簿上的房屋所有权，但丙应当代甲、乙向银行履行抵押人的义务，即该房屋上既有的抵押权负担由丙承接。因此，对丙申请的有抵押权负担的房屋的遗赠转移登记，登记机构应当办理。

二、遗赠属于赠与但又不同于赠与

《民法典》第六百五十七条规定，赠与合同是赠与人将自己的财产无偿给予受赠人，受赠人表示接受赠与的合同。该法第二百一十四条规定，不动产物权的设立、变更、转让和消灭，依照法律规定应当登记的，自记载于不动产登记簿时发生效力。据此可知，赠与是赠与人将自己的财产无偿给予受赠人，受赠人表示接受的一种行为。赠与的目的是实现财产所有权的转移，实质上是赠与人对自己财产所有权的处分。房屋赠与，

就是现时的房屋所有权人将其享有的房屋所有权无偿给予他人的行为，这种行为主要以赠与合同或赠与书的形式体现。赠与属于法律行为中的生前行为，一般自赠与行为成立时生效。因赠与取得的房屋所有权，自赠与转移登记记载于登记簿上时起产生法律效力，即自赠与转移登记记载于登记簿上时起，受赠人才依法享有受赠房屋的所有权。《民法典》第一千一百三十三条第三款规定，自然人可以立遗嘱将个人财产赠与国家、集体或者法定继承人以外的组织、个人。据此可知，遗赠是赠与人生前将自己的财产赠与他人，但此赠与在其死亡后才发生效力，即遗赠属于法律行为中的死因行为。概言之，遗赠虽然属于赠与，但遗赠、赠与生效的时间不同，即遗赠属于赠与但又不同于赠与。

案例 21 若干人共同继承若干房屋产生的转移登记，登记机构该如何办理

甲因意外死亡，没有对遗产立遗嘱处分。继承权公证书载明：登记为甲单独所有的三套等面积、同户型、毗邻的住宅由其妻子乙与两个未成年孩子丙、丁共同继承。乙持继承权公证书、房屋所有权证等手续向登记机构申请继承转移登记，申请将三套住宅分别登记为乙、丙、丁单独所有。试问：登记机构可否应乙的申请，将三套等面积、同户型、毗邻的住宅分别登记为乙、丙、丁单独所有？

有观点认为，登记为甲单独所有的三套等面积、同户型、毗邻的住宅由其妻子乙与两个未成年孩子丙、丁共同继承，即乙、丙、丁对此三套住宅共同共有。共同共有实质上就是等额按份共有，乙、丙、丁对三套等面积、同户型、毗邻的住宅共同共有，其实就是各人对其中的一套住宅单独享有所有权，各人继承的份额相同，房屋也毗邻，彼此不存在份额侵占和价值差异，换言之，彼此不存在利益侵犯与受损的关系。因此，登记机构可以应乙的申请，将三套等面积、同户型、毗邻的住宅分别登记为乙、丙、丁单独所有。笔者不支持此观点。

一、按份共有和共同共有是法定的两种不同的共有类型

按《民法典》第二百九十七条、第二百九十八条和第二百九十九条规定，共有包括按份共有和共同共有。按份共有是指共有人对共有的不动产或动产按照其份额享有所有权；共同共有是指共有人对共有的不动产或动产不分份额共同享有所有权。质言之，按份共有和共同共有是法定的两种不同的共有类型，是以共有人是否按份额享有共有物的所有权为区分标准的共有类型。申言之，共同共有不是等额按份共有，等额按份共有也不是共同共有。在不动产登记实务中，按《不动产登记操作规范（试行）》4.8.2条规定，申请登记的事项与权属来源材料不一致的，属于不动产登记机构作不予登记处理的情形。据此可知，本案中，申请人提交的继承权公证书载明：登记为甲单独所有的三套等面积、同户型、毗邻的住宅由其妻子乙与两个未成年孩子丙、丁共同继承。继承权公证书只载明三套等面积、同户型、毗邻的住宅由乙、丙、丁共同继承，但没有载明乙、丙、丁应当继承的具体份额。因此，乙、丙、丁对此三套住宅的继承应当是不分份额的共同继承，换言之，乙、丙、丁基于继承共同共有此三套住宅的所有权，乙对此三套住宅应当按共同共有申请继承转移登记，申请登记的共同共有人为乙、丙、丁。但乙将此三套住宅按等额按份继承分别申请登记为乙、丙、丁单独所有，属于申请登记的事项与权属来源材料不一致的情形，故登记机构不应当应乙的申请，将三套等面积、同户型、毗邻的住宅分别登记为乙、丙、丁单独所有。

二、监护人不能代被监护人与自己为共有房屋分割行为

按《民法典》第三百零三条规定，共同共有人在共有的基础丧失或者有重大理由需要分割时可以请求分割。按该法第三百零四条规定，共有人可以协商确定分割方式。《不动产登记暂行条例》第二十二条第（一）项规定，不动产登记申请违反法律、行政法规规定的，登记机构应当作不予登记处理。质言之，共同共有的物也可以分割，但分割主张人应当

向其他共有人请求分割,并按全体共有人协商议定的分割方式进行分割。换言之,共同共有物的分割应当在全体共有人意思表示一致的前提下进行,否则,分割不符合法律的规定,由此申请的登记,登记机构不予支持。本案中,共同共有人中的丙、丁为未成年人,乙是其监护人。乙申请将三套等面积、同户型、毗邻的住宅分别登记为乙、丙、丁单独所有,实质上就是乙以监护人的身份代未成年人丙、丁与自己为共同共有房屋的分割行为,而分割方式的确定完全出于乙一个人的意思表示,而非全体共有人的意思表示一致,与前述法律的规定相悖,应当予以规制,即监护人不得代被监护人与自己为共有房屋的分割行为,故乙申请将三套等面积、同户型、毗邻的住宅分别登记为乙、丙、丁单独所有,登记机构应当不予支持。

三、延伸思考

(1)如果继承权公证书载明:有三套等面积、同户型、毗邻的住宅登记为甲、乙共有,乙放弃继承权,甲的遗产由未成年子女丙、丁继承。试问:乙应当按何种共有申请继承转移登记?

① 甲、乙登记为共同共有的情形。《民法典》第一千一百五十三条第一款规定,夫妻共同所有的财产,除有约定的外,遗产分割时,应当先将共同所有的财产的一半分出为配偶所有,其余的为被继承人的遗产。据此可知,本案中,虽然房屋登记为甲、乙共同共有,但甲生前没有与乙对此三套等面积、同户型、毗邻的夫妻共有的住宅进行分配,甲死亡后,此三套住宅一半的份额归乙所有,在乙放弃继承权后,余下的一半份额,由属于同一顺位继承人的丙、丁等额继承,故乙应当以按份共有申请继承转移登记,其中乙享有四分之二份额,丙、丁各享有四分之一份额。

② 甲、乙登记为按份共有的情形。甲享有的份额产生继承,乙的应有份额不变,即乙仍然为此三套住宅的按份共有人,丙、丁基于继承也

成为此三套住宅的按份共有人,则乙应当以按份共有申请继承转移登记。

(2)如果继承权公证书载明:有三套等面积、同户型、毗邻的住宅虽然登记在甲名下,但属于甲、乙的夫妻共同财产,且甲生前没有与乙对其进行分配。乙放弃继承权,甲的遗产由未成年子女丙、丁继承。试问:乙应当按何种共有申请继承转移登记?

《民法典》第一千一百五十三条第一款规定,夫妻共同所有的财产,除有约定的外,遗产分割时,应当先将共同所有的财产的一半分出为配偶所有,其余的为被继承人的遗产。据此可知,本案中,甲生前没有与乙对此三套等面积、同户型、毗邻的夫妻共有的住宅进行分配,甲死亡后,此三套住宅一半的份额归乙所有,在乙放弃继承权后,余下的一半份额由属于同一顺位继承人的丙、丁等额继承,故乙应当以按份共有申请继承转移登记,其中乙享有四分之二份额,丙、丁各享有四分之一份额。

案例 22 继承人凭人民调解协议可否单方申请房屋登记

甲、乙、丙因对父亲遗留房屋的分割产生争执,共同申请社区人民调解委员会调解。在人民调解委员会的调解下,甲、乙、丙对父亲遗留房屋的分割达成协议,协议约定:乙、丙放弃对父亲遗留房屋的继承,父亲遗留房屋全部由甲继承。人民调解委员会据此制作了人民调解协议。随后,甲持人民调解协议、父亲名下的不动产权属证书等材料申请继承转移登记。试问:甲持人民调解协议单方申请的继承转移登记,登记机构可否办理?

有观点认为,按《不动产登记暂行条例》第十四条第二款第(二)、(三)项规定,因生效的法律文书、继承、接受遗赠取得的不动产权利可以由当事人单方申请登记。概言之,只有基于公证文书或生效的法律文书产生的不动产继承转移登记,才可以由继承人单方申请。申言之,人民调解协议没有经过人民法院的确认,不属于法律文书。法律也没有赋予人民调解协议公证效力,人民调解协议就不能作为公证文书。换言之,人民调解协议没有公信力，登记机构办理因此产生的房屋登记时，应当要求协议的当事人共同申请，不能由协议中的权利取得人单方申请。因此，本案中，应当由甲、乙、丙共同持人民调解协议申请继承转移登记，甲单方申请的继承转移登记，登记机构不能办理。笔者不支持此观点。

一、基于以遗产分割为目的的人民调解协议产生的转移登记，权利人（继承人）可以单方申请

《民法典》第一千一百三十二条规定，继承人应当本着互谅互让、和睦团结的精神，协商处理继承问题。遗产分割的时间、办法和份额，由继承人协商确定；协商不成的，可以由人民调解委员会调解或者向人民法院提起诉讼。据此可知，继承人间对遗产的分割产生争执时，申请人民调解委员会调解是法定的争执解决方式之一。《人民调解法》第七条规定，人民调解委员会是依法设立的调解民间纠纷的群众性组织。该法第二十八条规定，经人民调解委员会调解达成调解协议的，可以制作调解协议书。该法第三十一条第一款规定，经人民调解委员会调解达成的调解协议，具有法律约束力，当事人应当按照约定履行。在司法实务中，《最高人民法院关于审理涉及人民调解协议的民事案件的若干规定》第一条规定，经人民调解委员会调解达成的、有民事权利义务内容，并由双方当事人签字或者盖章的调解协议，具有民事合同性质。据此可知，人民调解协议是经法定的调解机构履行法定的调解职责后制作的具有法律效力的民事协议。概言之，以遗产分割为目的的人民调解协议，是具有法律效力的证明遗产权利归属的权源证据。其中"当事人应当按照约定履行"，是指当事人不得违反调解协议而对调解协议已经固定的事项再发生争执。按《不动产登记暂行条例》第十四条第二款第（二）项规定，因继承、接受遗赠取得的不动产权利属于可以由当事人单方申请的情形。笔者据此认为，以遗产分割为目的的人民调解协议即因继承取得不动产权利的证明。申言之，登记机构办理继承转移登记时，应当准许人民调

解协议中的权利取得人（继承人）单方申请。因此，本案中，甲持人民调解协议单方申请的继承转移登记，登记机构应当办理。

二、不能由人民调解协议体现的继承事项

《公证法》第二条规定，公证是公证机构根据自然人、法人或者其他组织的申请，依照法定程序对民事法律行为、有法律意义的事实和文书的真实性、合法性予以证明的活动。该法第十一条规定，公证机构办理的与继承或遗赠相关的事项主要有：继承权、遗嘱、遗赠合同或遗赠扶养协议、遗产分割、被继承人或继承人的死亡事实。据此可知，继承权、遗嘱、遗赠合同或遗赠扶养协议、遗产分割、被继承人或继承人的死亡事实等与继承或遗赠相关的事项，属于民事法律行为、有法律意义的事实或文书，经过公证机构公证的，相关机构直接采用为认定事实的证据，不再对其真实性、合法性作审查。申言之，继承权、遗嘱、遗赠合同或遗赠扶养协议、遗产分割、被继承人或继承人的死亡事实等与继承或遗赠相关的事项，经过公证机构公证的，登记机构可以直接采用为不动产登记的证据，不再对其真实性、合法性作审查。如前所述，按《人民调解法》的相关规定，人民调解是法定的民事争执解决方式，人民调解委员会是法定的民事争执解决机构，人民调解协议也只是民事争执解决协议。据此可知，与继承或遗赠相关的事项中，只有遗产分割产生争执时，当事人才可以选择人民调解委员会以人民调解协议的方式解决。概言之，与继承或遗赠相关的事项都能以公证书的方式体现，而可以以人民调解协议方式体现的只有遗产分割协议。因此，继承权、遗嘱、遗赠合同或遗赠扶养协议、被继承人或继承人的死亡事实等与继承或遗赠相关的事项以人民调解协议的方式体现时，登记机构不得将其用作登记证据。

三、人民调解协议用作登记证据的后果

《最高人民法院关于审理房屋登记案件若干问题的规定》第九条规定，被告对被诉房屋登记行为的合法性负举证责任。据此可知，若他人对登记机构办理的继承转移登记向人民法院提起行政诉讼后，登记机构应当举证证明其办理的继承转移登记合法，其中登记材料是最直接最有效的证明。如果登记机构收取的人民调解协议体现的是继承权、遗嘱、遗赠合同或遗赠扶养协议、被继承人或继承人的死亡事实等与继承或遗赠相关的事项，因该人民调解协议不符合《人民调解法》的相关规定，不能证明继承转移登记的合法性，反而证明继承转移登记的违法性，登记机构因采用内容不合法的材料用作登记证据的，在可能出现的行政复议或行政诉讼中将承受不利后果。

《人民调解法》第三十二条规定，经人民调解委员会调解达成调解协议后，当事人之间就调解协议的履行或者调解协议的内容发生争议的，一方当事人可以向人民法院提起诉讼。《民法典》第一百二十二条规定，因他人没有法律根据，取得不当利益，受损失的人有权请求其返还不当利益。据此可知，登记机构采用人民调解协议作继承转移登记证据，继承转移登记完成后，若用作登记证据的人民调解协议被人民法院撤销或解除的，则因继承转移登记取得的财产成为不当得利，应当予以返还，登记机构凭相关手续办理返还房屋产生的登记。

案例 23　已亡赠与人遗留的房屋可否直接转移登记给受赠人

甲与乙是再婚夫妻。甲、乙签订房屋赠与合同，约定：甲将其婚前取得并登记为他单独所有但与乙共同居住的房屋赠与乙。甲、乙办理了赠与合同公证手续。在申请赠与转移登记前，甲病故。关于遗产的处理，甲没有另行立下遗嘱。尔后，乙持经过公证的赠与合同、甲名下的不动产权属证书等材料申请赠与转移登记。试问：对乙申请的赠与转移登记，登记机构可否办理？

观点一认为，如果赠与人甲的所有法定继承人与受赠人乙持经过公证的赠与合同等材料到登记机构共同申请赠与转移登记，表明赠与人甲的全部法定继承人代其履行赠与合同，登记机构应当办理。

观点二认为，如果受赠人乙持经过公证的赠与合同与赠与人甲的其他继承人出具的同意履行赠与合同的公证书单方申请赠与转移登记，可以推定法定继承人放弃对此房屋的继承权，受赠人乙取得此房屋的所有权，乙自行申请的赠与转移登记，登记机构也应当办理。

笔者不支持此两种观点。

一、赠与人在申请赠与转移登记前死亡的，继承人不能代其履行赠与合同

《民法典》第一千一百二十一条第一款规定，继承从被继承人死亡时开始。该法第二百三十条规定，因继承取得物权的，自继承开始时发生效力。据此可知，自被继承人死亡时起，继承人无须登记即依法、即时取得被继承财产的权利。本案中，自甲死亡时起，乙与甲的其他继承人一起，依法共同享有甲遗留房屋的所有权。《民法典》第二百一十五条规定，当事人之间订立有关设立、变更、转让和消灭不动产物权的合同，除法律另有规定或者当事人另有约定外，自合同成立时生效；未办理物权登记的，不影响合同效力。质言之，我国《民法典》采用债权与物权严格区分的立法原则，以取得不动产物权为目的的合同债权，自合同成立时生效，因该债权目的实现而取得的不动产物权自记载于登记簿上时起生效，即以取得不动产物权为目的的合同债权是原因，物权则是该债权目的实现的结果。本案中，乙基于赠与合同取得的只是合同债权，而非受赠的房屋所有权。概言之，本案中，自甲死亡时起，甲的其他继承人与乙一起取得了赠与房屋的所有权，致使乙基于赠与合同单独直接取得房屋所有权的目的无法实现，即出现了赠与合同不能履行的情形，故已经死亡的赠与人甲的继承人不能代其履行赠与合同，由甲的其他继承人与乙共同申请的赠与转移登记，登记机构不能办理。

二、继承人放弃继承权应当以书面方式明示

《民法典》第一千一百二十四条规定，继承开始后，继承人放弃继承

的,应当在遗产处理前,以书面形式作出放弃继承的表示;没有表示的,视为接受继承。在司法实务中,《继承法司法解释》第四十七条规定,继承人放弃继承应当以书面形式向其他继承人表示。该解释第四十八条规定,在诉讼中,继承人向人民法院以口头方式表示放弃继承的,要制作笔录,由放弃继承的人签名。概言之,继承人有权放弃自己享有的继承权,但一般情形下,继承人放弃继承权应当在遗产处理前以书面的方式明示。本案中,如果乙向登记机构提交的只是甲的其他继承人同意履行赠与合同的公证书,则同意履行赠与合同与放弃继承权是两种不同的意思表示,不能从此推断出彼,即此公证书中没有甲的其他继承人明示放弃继承权的意思表示,乙不能据此及赠与合同而享有甲遗留房屋的所有权,故乙持经过公证的赠与合同与赠与人甲的其他继承人同意履行赠与合同的公证书单方申请的赠与转移登记,登记机构也不能办理。

三、赠与人死亡后,受赠人凭其与赠与人生前签订的赠与合同也可以取得房屋所有权

《民法典》第二百一十五条规定,当事人之间订立有关设立、变更、转让和消灭不动产物权的合同,除法律另有规定或者当事人另有约定外,自合同成立时生效;未办理物权登记的,不影响合同效力。据此可知,本案中,赠与人甲生前与受赠人乙签订了房屋赠与合同,但因甲的死亡而没有完成房屋所有权的赠与转移登记,虽然该赠与合同仍然有效,但也只是乙欲取得受赠房屋所有权的原因凭证,乙欲凭此赠与合同取得甲遗留房屋的所有权,有两种途径:

(1)《民法典》第一千一百二十一条第一款规定,继承从被继承人死亡时开始。该法第二百三十条规定,因继承取得物权的,自继承开始时发生效力。按《民法典》第一千一百二十四条规定,继承开始后,遗产分割前,继承人可以放弃继承权。据此可知,本案中,自甲死亡时起,乙与甲的其他继承人一起依法共同享有甲遗留房屋的所有权。乙可凭其与甲生前签订的房屋赠与合同与其他继承人协商，在其他继承人放弃继承权后，乙凭其独自享有继承权的证明申请继承转移登记，将房屋登记到自己名下。

（2）在司法实务中，《民法通则司法解释》第一百二十八条规定，未办理过户手续，但赠与人根据书面赠与合同已将产权证书交与受赠人，受赠人根据赠与合同已占有、使用该房屋的，可以认定赠与有效，但应令其补办过户手续。本案中，乙在甲生前就开始占有、使用该房屋直到现时，且在甲死亡后持有载明房屋所有权的不动产权属证书，故乙与其他继承人协商未果时，可将其他继承人作为被告，诉请人民法院确认甲生前对其作出的赠与有效并指定自己单方补办转移登记手续，然后，凭人民法院生效的法律文书单方申请赠与转移登记。

案例 24 继承人申请因生效的判决书取得但未转移登记到被继承人名下的房屋所有权产生的登记，登记机构该如何办理

甲、乙原是夫妻，但没有生育子女，经人民法院判决离婚。生效的判决书载明登记在甲名下的房屋归乙，甲将房屋所有权证交付给乙，但乙没有申请离婚产生的转移登记。后来，乙意外去世，乙的父母继承了此房屋。乙的父母持甲名下的房屋所有权证、载明房屋归乙的离婚判决书、房屋继承权公证书等材料申请继承转移登记。试问：对乙的父母申请的房屋登记，登记机构可否办理？

观点一认为，按《民法典》第二百一十六条和第二百一十七条规定，不动产登记簿是物权归属和内容的根据，不动产权属证书是权利人享有该不动产物权的证明。据此可知，本案中，离婚判决书虽然将房屋判决归乙，但乙没有申请离婚产生的转移登记并持有相应的不动产权属证书，现时登记簿上记载的房屋所有权人仍然是甲，载明房屋权属的不动产权属证书仍然是甲的，则房屋属于甲的财产，乙的父母无权继承甲的财产，由此而申请的继承转移登记，登记机构不得办理。

第二部分 转移登记

观点二认为,《民法典》第二百二十九条规定,因人民法院、仲裁机构的法律文书或者人民政府的征收决定等,导致物权设立、变更、转让或者消灭的,自法律文书或者征收决定等生效时发生效力。据此可知,本案中,自离婚判决书生效时起,乙无须登记即依法、即时取得了此房屋的所有权,乙的父母有权继承此房屋,基于离婚判决书作出的房屋继承权公证书合法有效。但登记时,登记机构应当基于离婚判决书将房屋先行转移登记到乙名下后,再基于继承材料将房屋转移登记到乙的父母名下。

笔者支持观点二中乙的父母有权继承房屋的认为,不支持其他认为。

一、基于生效的法律文书取得的房屋所有权,属于被继承人的遗产

《民法典》第二百零九条第一款规定,不动产物权的设立、变更、转让和消灭,经依法登记,发生效力;未经登记,不发生效力,但是法律另有规定的除外。质言之,不动产物权的设立、变更、转让和消灭,以经登记生效为原则,以未经登记也生效为例外。该法第二百二十九条规定,因人民法院、仲裁机构的法律文书或者人民政府的征收决定等,导致物权设立、变更、转让或者消灭的,自法律文书或者征收决定等生效时发生效力。按该法第二百三十条规定,因继承取得物权的,自继承开始时发生效力。该法第一千一百二十一条第一款规定,继承从被继承人死亡时开始。概言之,因法律文书取得的不动产物权自该法律文书生效时起生效和因继承取得的不动产物权自被继承人死亡时生效,此为法律规定的不动产物权未经登记也生效的例外情形。本案中,乙虽然未申请因离婚产生的房屋转移登记,但自离婚判决书生效时起乙已经依法享有此房屋的所有权,其父母又自乙死亡时起,因继承也依法享有了此房屋的所有权。生效的离婚判决书是乙享有房屋所有权的合法的权利凭证,基于此作出的房屋继承权公证书合法有效,登记机构应当用作登记材料。

二、无民事权利能力人不能申请房屋登记，也不能成为登记簿上新记载的权利人

《民法典》第十三条规定，自然人从出生时起到死亡时止，具有民事权利能力，依法享有民事权利，承担民事义务。质言之，有生命的自然人才具有民事权利能力，才具备享有民事权利的资格。换言之，无生命的自然人不具备享有民事权利的资格。具体到不动产上，《民法典》第二百一十六条第一款规定，不动产登记簿是物权归属和内容的根据。质言之，登记簿上记载的权利人体现不动产物权的归属，换言之，有资格享有不动产物权的人才能被记载于登记簿上，没有资格享有不动产物权的人是不能被记载于登记簿上的。本案中，乙已经死亡，不具有民事权利能力，即失去现时享有民事权利的资格，虽然其基于离婚判决书享有房屋所有权，该房屋所有权也因其死亡成为遗产，应当由其继承人申请因继承产生的登记后，该继承人成为登记簿上记载的权利人，故被继承人乙不能成为登记簿上新记载的权利人。按《不动产登记暂行条例》第十四条第二款第（三）项规定，基于人民法院生效的法律文书取得的不动产权利，可以由权利人单方申请登记。在不动产登记实务中，按《不动产登记暂行条例实施细则》第十二条第一款规定，当事人可以委托他人代为申请不动产登记。据此可知，只有有生命的自然人才可以申请不动产登记或委托他人代为申请不动产登记。本案中，乙已经死亡，无法申请房屋登记或委托他人代为申请房屋登记，更不能成为登记簿上新记载的房屋所有权人。因此，登记机构不应当基于生效的离婚判决书将房屋先行转移登记到乙名下。

三、本案中，欲将房屋登记到乙的父母名下，应当适用转移登记

本案中，在正常情形下，应当是乙基于离婚判决书申请将房屋转移登记到自己名下，乙死亡后，由乙的父母基于继承申请将房屋转移登记到其名下。但现实情形是被继承的房屋现时还登记在不是被继承人的甲名下，而继承人是基于生效的确认房屋归属的离婚判决书继承取得房屋的所有权，因此，载明确认房屋归属的离婚判决书与继承权公证书组合，构成继

承人申请继承转移登记的原因证明。故欲将房屋登记到乙的父母名下，应当适用转移登记，即直接将房屋从甲名下转移登记到乙的父母名下。

案例25 转让方去世且无继承人，受让方单方申请的转移登记，登记机构可否办理

老人甲将登记为自己单独所有的商品房转让给乙，签订了房地产转让合同并交付了房屋，但没有办理转让转移登记。不久，甲去世，且没有继承人。现乙持不动产权属证书、转让合同等材料申请转让转移登记。试问：对乙申请的转让转移登记，登记机构该如何处理？

一、基于买卖合同取得房屋所有权产生的转移登记，应当由当事人双方共同申请

《不动产登记暂行条例》第十四条第一款规定，因买卖、设定抵押权等申请不动产登记的，应当由当事人双方共同申请。据此可知，因买卖等法律行为取得不动产权利产生的登记，应当由当事人双方共同向登记机构申请。本案中，乙基于与甲签订的转让合同取得房屋所有权产生的转移登记，应当由甲、乙共同申请。但甲去世，无法与乙共同申请转移登记，不能满足申请转移登记的要求，故乙单方申请的转移登记，登记机构不能受理。

二、本案中，乙与甲签订的房地产转让合同不因甲的去世而无效

《民法典》第二百一十五条规定，当事人之间订立有关设立、变更、转让和消灭不动产物权的合同，除法律另有规定或者当事人另有约定外，自合同成立时生效；未办理物权登记的，不影响合同效力。据此可知，我国《民法典》的规定，严格区分了债权和物权，以合同方式建立的以取得物权为目的债权，自合同成立时生效，但未经登记，物权不生效。本案中，乙持房地产转让合同等材料单方申请的转让转移登记虽然不能办理，但乙与甲签订的房地产转让合同仍然依法有效，只是因甲的去世而使乙从其名下取得房屋所有权的合同目的无法实现，但该房地产转让合同是乙欲取得甲的房屋所有权的原因证明。另外，合同当事人的去世，不是法律、行政法规、司法解释规定的合同失效的原因。

三、本案的实务处理

《民法典》第二百一十六条第一款规定，不动产登记簿是物权归属和内容的根据。《民法典》第二百一十七条规定，不动产权属证书是权利人享有该不动产物权的证明。不动产权属证书记载的事项，应当与不动产登记簿一致；记载不一致的，除有证据证明不动产登记簿确有错误外，以不动产登记簿为准。据此可知，我国对不动产实行登记与发证相结合的制度。登记簿和不动产权属证书上记载的权利人为不动产的权利主体。本案中，甲、乙基于房地产转让合同产生房屋转让后，没有办理转移登记，乙受让于甲的房屋所有权没有记载在登记簿上，不动产权属证书上载明的所有权人也不是乙，换言之，登记簿和不动产权属证书上记载的房屋所有权仍然为甲，故从法律意义上，该房屋所有权属于已经去世的甲的遗产。《民法典》第一千一百二十一条第一款规定，继承从被继承人死亡时开始。据此可知，本案中，甲去世时起，该房屋所有权作为遗产应当由其继承人继承，但甲没有继承人。《民法典》第一千一百六十条规定，无人继承又无人受遗赠的遗产，归国家所有，用于公益事业；死者生前是集体所有制组织成员的，归所在集体所有制组织所有。据此可知，本案中，甲无人继承的商品房所有权应当归国家所有。但是，甲、乙签订的房地产转让合同是乙欲取得甲的房屋所有权的原因证明，乙也可据此主张对甲遗留的房屋享有所有权。若如此，对甲遗留房屋的所有权，乙与欲将房屋收归国家的组织产生争执。《民法典》第二百三十四条规定，因物权的归属、内容发生争议的，利害关系人可以请求确认权利。据此可知，本案中，乙欲得到甲的房屋所有权，可将对甲的房屋主张权利的国家机关作为被告，向人民法院提起诉讼，请求确认权属。乙若胜诉，登记机构凭生效的法律文书为其办理登记；乙若败诉，登记机构则依法为主张权利的国家机关办理登记。

案例 26　无民事行为能力人因履行民事义务处分房屋申请的转移登记，登记机构可否受理

甲是出生三个月的婴儿，父母外出经商途中意外身亡。甲继承取得父母遗留的住房一套且已经转移登记到自己名下。甲的祖父乙和祖母丙是其监护人。丁是甲的父母生前的债权人。乙、丙与丁协商，将甲继承取得的房屋抵债给丁，以了结甲的父母生前欠丁的债务。乙、丙和丁持甲名下的不动产权属证书、房屋抵债合同、确保甲有房居住的保证书等材料申请转移登记，登记人员查验材料后告知乙、丙、丁：因抵债处分未成年人的房屋不是为了未成年人的利益，由此申请的转移登记不予受理。问：登记人员对乙、丙、丁的告知对否？

有观点认为，按《民法典》第三十五条第一款规定，监护人除为维护被监护人利益外，不得处分被监护人的财产。在不动产登记实务中，按《不动产登记暂行条例实施细则》第十一条规定，因处分无民事行为能力人、限制民事行为能力人的不动产而申请登记的，还应当提供为被监护人利益的书面保证。据此可知，处分登记在被监护的无民事行为能力人、限制民事行为能力人名下的不动产，必须基于无民事行为能力人、限制民事行为能力人的利益。本案中，监护人乙、丙处分登记在甲名下的房屋，是为了抵偿甲的父母生前所欠债务，不是为了未成年人甲的利益，由此申请的房屋转移登记，登记机构依法不应当受理。笔者不支持此观点。

《民法典》第十三条规定，自然人从出生时起到死亡时止，具有民事权利能力，依法享有民事权利，承担民事义务。该法第十四条规定，自然人的民事权利能力一律平等。质言之，只要是有生命的自然人，无论男、女、老、幼，其民事权利能力均等，也不因自然人的社会地位、政治地位、经济地位不同而有所差异，简言之，有生命的自然人都具有平等的享有民事权利和履行民事义务的资格。本案中，甲虽然只是出生三个月的婴儿，但他也是有生命的自然人，具有与其他自然人一样的享有民事权利和履行民事义务的资格，至于有无能力履行民事义务、怎样履行民事义务，属于别的法律关系。

《民法典》第一千一百二十一条第一款规定，继承从被继承人死亡时开始。该法第二百三十条规定，因继承取得物权的，自继承开始时发生效力。据此可知，自被继承人死亡时起，继承人无须登记即依法、即时取得被继承人遗留的不动产的权利。本案中，如前所述，甲是具有民事权利能力的自然人，具备享有继承其父母遗产的资格，且其继承取得的房屋所有权已经记载在登记簿上，应当受到尊重和保护。但是，按《继承法》第三十三条规定，继承遗产应当清偿被继承人应当履行的债务，清偿债务以他的遗产实际价值为限。在司法实务中，《继承法司法解释》第六十二条规定，继承人、受遗赠人应当以其所得遗产保证债务的清偿。据此可知，继承人在继承被继承人遗留的权利的同时，也须继承被继承人遗留的义务。本案中，甲是具有民事权利能力的自然人，具备履行民事义务的资格，在继承父母遗产的同时，也须继承父母生前应当履行的债务，即应当以其继承父母的遗产，代父母清偿生前所欠债务。但甲毕竟只是出生三个月的婴儿，属于无民事行为能力的未成年人，虽然拥有履行债务的财产，但不具有履行债务的行为能力，须由其监护人乙、丙代为履行，因此，乙、丙以甲继承取得的房屋抵债给丁，是代其依法履行因继承承担的父母生前的债务，此行为有法律上的原因，由此申请的房屋转移登记，登记机构应当受理。

案例 27　继承人遗嘱处分其继承取得的未经登记的房屋产生的登记，登记机构应当怎样办理

甲、乙是夫妻，二人于 2015 年 6 月登记房屋所有权为按份共有，各占二分之一份额。2016 年 10 月，乙去世。2017 年 3 月，甲与独子丙共

第二部分 转移登记

同到公证处办理了关于该房屋所有权的继承公证，公证书载明：① 丙放弃对乙的遗产的继承，由甲独自继承；② 甲去世后该房屋属孙子丁所有。2020 年 12 月，甲去世，但其继承取得乙的房屋所有权的份额没有办理继承转移登记。2021 年 1 月，丁持 2017 年 3 月办理的继承权公证书及其他相关材料申请房屋登记。试问：登记机构该如何办理？

观点一认为，登记机构应先将房屋全部登记给甲后，再登记给丁，即按法定继承先行登记给甲，但注明甲已经死亡。理由是根据乙去世时适用的《物权法》第二十九条规定，因继承或者受遗赠取得物权的，自继承或者受遗赠开始时发生效力。据此可知，乙享有的房屋份额丙继承后即产生物权效力，但再处分的应先登记。尔后，再按遗嘱继承转移登记给丁。

观点二认为，登记机构应当直接凭公证书将房屋所有权全部登记在丁名下。理由是公证书说得很清楚，甲逝世后房屋由丁所得。

笔者不支持此两种观点。

原《民法总则》第十三条规定，自然人从出生时起到死亡时止，具有民事权利能力，依法享有民事权利，承担民事义务（现时的《民法典》第十三条做了同样的规定）。据此可知，自然人自死亡时起，失去民事权利能力，即自然人自死亡时起，失去享有民事权利和履行民事义务的资格。本案中，甲已经死亡，失去民事权利能力，即甲因死亡不具有享有民事权利的资格，不能成为登记簿上新记载的房屋所有权人，故先按法定继承将房屋登记给甲与法律的规定相悖。

公证书中"甲去世后该房屋属孙子丁所有"，虽然是甲、丙间的约定，但是是在甲独自继承房屋，完全享有房屋所有权后，对丁作出的承诺，在甲没有对该房屋另外作出遗嘱处分的情形下，此承诺可以视为甲处分房屋的遗嘱。按原《物权法》第三十一条规定，基于继承取得的不动产物权，非经登记到该继承人名下的，继承人处分该不动产物权，不产生物权效力（现时的《民法典》第二百三十二条做了相同的规定）。申言之，基于继承取得的不动产物权，未经转移登记到继承人名下，继承人处分该不动产物权产生的登记，登记机构不能直接办理。本案中，丙放弃了对乙的遗产的继承权，甲独自继承了乙遗留房屋的所有权，即甲继承取得了该房屋另外二分之一份额的所有权。但继承取得的二分之一份额，直至甲死亡时止，都没有转移登记到其名下，故甲对该二分之一份额的遗嘱处分应当依法受到规制，因此，"甲去世后该房屋属孙子丁所有"中，丁所有的应当不包括甲继承乙的二分之一份额，只包括其登记享有的二分之一份额。故直接凭公证书将房屋所有权全部登记在丁名下的认为无法律上的依据。

原《继承法》第二规定，继承从被继承人死亡时开始（现时的《民法典》第一千一百二十一条第一款做了同样的规定）。原《物权法》第二十九条规定，因继承或者受遗赠取得物权的，自继承或者受遗赠开始时发生效力（现时的《民法典》第二百三十条规定，因继承取得物权的，自继承开始时发生效力）。据此可知，自乙死亡时起，甲基于继承权公证书继承取得了乙名下的二分之一份额的房屋的所有权，虽然未经登记，但仍然是甲的遗产，由丙按法定继承程序继承该房屋则并不违反法律的规定，因此，应当由丙继承该部分的所有权，与丁形成对此房屋的按份共有关系，且各占二分之一份额。若欲将房屋全部登记在丁名下，先由丙、丁共同申请登记，将房屋登记到丙、丁名下后，丙、丁再申请转让或赠与产生的转移登记，将丙享有的份额转移登记给丁。

案例 28　赠与人死亡后，其生前与他人签订的赠与合同可否自动转化为遗嘱

甲与乙是再婚夫妻。甲、乙签订房屋赠与合同，甲将登记为其单独所有但与乙共同居住的房屋赠与乙。在申请赠与转移登记前，甲病故。关于遗产的处理，甲没有立下遗嘱。尔后，乙持赠与合同、甲名下的不动产权属证书等材料申请继承转移登记。试问：对乙申请的继承转移登记，登记机构可否办理？

有观点认为，甲、乙签订房屋赠与合同，甲将登记为其单独所有的房屋赠与乙，是甲真实意思的表示，赠与合同自成立时起生效。虽然赠与人甲在赠与合同目的实现前死亡，但有效的赠与合同自甲死亡时起自动转化为甲立下的继承遗嘱。《民法典》第一千一百二十一条第一款规定，继承从被继承人死亡时开始。该法第二百三十条规定，因继承取得物权的，自继承开始时发生效力。据此可知，乙是基于由赠与合同自动转化而来的继承遗嘱取得甲遗留的房屋所有权，因此而申请的继承转移登记，登记机构应当办理。笔者不支持此观点。

一、赠与合同与遗嘱是两种不同类型的且不能转化的法律行为

法律行为是自然人、法人或其他组织设立、变更、终止民事权利和民事义务的合法行为。具体到赠与合同与遗嘱，它表现为：① 赠与合同是法律行为中的双方法律行为、生前行为。所谓双方行为，是指两个意思表示一致而成立的法律行为[1]。所谓生前行为，是指效力发生于行为人生前的法律行为[2]。《民法典》第六百五十七条规定，赠与合同是赠与人将自己的财产无偿给予受赠人，受赠人表示接受赠与的合同。据此可知，赠与合同是由赠与人的赠与意思表示与受赠人的接受赠与的意思表示达成一致而成立的法律行为，属于双方法律行为。按《民法典》第四百九十条第一款规定，当事人采用合同书形式订立合同的，自当事人均签名、盖章或者按指印时合同成立。该法第五百零二条第一款规定，依法成立的合同，自成立时生效，但法律另有规定或者当事人另有约定的除外。据此可知，一般情形下，赠与合同自赠与人与受赠人签字或按指印时起生效。概言之，本案中，甲、乙签订的房屋赠与合同是甲生前已经生效的双方法律行为、生前行为。② 遗嘱是法律行为中的单方法律行为、死因行为。单方法律行为，是仅由当事人一方的意思表示成立的法律行为[3]。死因行为，是因行为人死亡而发生效力的法律

---

[1] 梁慧星：《民法总论》，法律出版社2001年版，第158页。
[2] 梁慧星：《民法总论》，法律出版社2001年版，第161页。
[3] 梁慧星：《民法总论》，法律出版社2001年版，第159页。

行为^①。《民法典》第一千一百三十三条第一款规定，自然人可以依照本法规定立遗嘱处分个人财产，并可以指定遗嘱执行人。据此可知，遗嘱是由立遗嘱人一个人处分自己财产的意思表示构成的法律行为，属于单方法律行为。《民法典》第一千一百二十一条第一款规定，继承从被继承人死亡时开始。按该法第一千一百二十三条规定，继承开始后，按照法定继承办理；有遗嘱的，按照遗嘱继承或者遗赠办理。据此可知，遗嘱是在立遗嘱人死亡后生效的法律行为，即死因行为。概言之，遗嘱是立遗嘱人死亡后生效的单方法律行为、死因行为。因此，赠与合同与遗嘱是两种不同类型且不能转化的法律行为，本案中，甲、乙签订的房屋赠与合同，不能因甲的死亡而自动转化为甲立的遗嘱，乙持赠与合同申请的继承转移登记，登记机构应当不予办理。

二、赠与人死亡后，受赠人不能单方申请赠与转移登记

《民法典》第六百五十九条规定，赠与的财产依法需要办理登记或者其他手续的，应当办理有关手续。《民法典》第二百一十四条规定，不动产物权的设立、变更、转让和消灭，依照法律规定应当登记的，自记载于不动产登记簿时发生效力。据此可知，赠与的房屋，受赠人自赠与转移登记记载于登记簿上时起取得房屋的所有权，并非自赠与生效时起取得受赠房屋的所有权。本案中，甲、乙签订的赠与合同虽然成立并生效，但没有完成赠与转移登记，乙没有因此而取得受赠房屋的所有权。《民法典》第十三条规定，自然人从出生时起到死亡时止，具有民事权利能力，依法享有民事权利，承担民事义务。质言之，已经死亡的自然人依法失去履行民事义务的资格。据此可知，本案中，赠与人甲死亡，民事权利能力消灭，无法履行基于赠与合同产生的协助乙申请赠与转移登记的义务。依《不动产登记暂行条例》第十四条第一款规定，因赠与申请的房屋登记，须由赠与人与受赠人共同申请。因此，若乙持其与甲生前签订

---

① 梁慧星：《民法总论》，法律出版社2001年版，第161页。

的房屋赠与合同等材料单方申请赠与转移登记，登记机构亦应当不予办理。

三、赠与人死亡后，受赠人欲凭与赠与人生前签订的赠与合同取得房屋的途径

《民法典》第二百一十五条规定，当事人之间订立有关设立、变更、转让和消灭不动产物权的合同，除法律另有规定或者当事人另有约定外，自合同成立时生效；未办理物权登记的，不影响合同效力。据此可知，本案中，赠与人甲生前与受赠人乙签订了房屋赠与合同，只是因甲的死亡而没有完成房屋所有权的赠与转移登记，但该赠与合同仍然有效，是乙欲取得受赠房屋所有权的原因凭证，乙欲凭此赠与合同取得甲遗留房屋的所有权，有两种途径：

（1）《民法典》第一千一百二十一条第一款规定，继承从被继承人死亡时开始。该法第二百三十条规定，因继承取得物权的，自继承开始时发生效力。据此可知，本案中，自甲死亡时起，乙与甲的其他继承人一起，依法共同享有甲遗留房屋的所有权。按《继承法》第二十五条规定，继承开始后，遗产分割前，继承人可以放弃继承权。因此，乙可凭其与甲生前签订的房屋赠与合同与其他继承人协商，在其他继承人放弃继承权后，乙凭其独自享有继承权的材料申请继承转移登记。

（2）在司法实践中，《民法通则司法解释》第一百二十八条规定，未办理过户手续，但赠与人根据书面赠与合同已将产权证书交与受赠人，受赠人根据赠与合同已占有、使用该房屋的，可以认定赠与有效，但应令其补办过户手续。本案中，乙在甲生前就开始占有、使用该房屋，且在甲死亡后持有载明房屋所有权的不动产权属证书，故乙与其他继承人协商未果时，可将其他继承人作为被告，诉请人民法院判决确认甲生前对其作出的赠与有效并指定自己单方补办转移登记手续，然后，凭人民法院生效的法律文书申请赠与转移登记。

案例 29　因法定继承申请房屋所有权及房屋分摊取得的国有建设用地使用权转移登记时，继承人的配偶可否作为共有人申请登记

李小某系李某唯一的儿子，李某病故后，李小某以法定继承方式继承父亲李某遗留的房屋所有权及房屋分摊的国有建设用地使用权。李小某持继承权公证书等材料，与其配偶张某一起申请继承转移登记，欲将李某遗留的房屋所有权及房屋分摊的国有建设用地使用权登记到李小某和张某名下，且共同共有。登记人员告知，张某不是李某的法定继承人，不能作为继承转移登记的申请人。试问：法定继承人李小某的配偶张某可否以共有人的身份申请继承转移登记？

笔者认为，法定继承人李小某的配偶张某可以以共有人的身份申请继承转移登记。

《民法典》第一千一百二十一条第一款规定，继承从被继承人死亡时开始。该法第二百三十条规定，因继承取得物权的，自继承开始时发生效力。据此可知，自被继承人死亡时起，只要继承人没有作出放弃继承的意思表示，继承人无须登记即依法、即时享有被继承人遗留的房屋所有权及房屋分摊的国有建设用地使用权。按《民法典》第一千零六十二条第一款第（四）项和第一千零六十三条第（三）项规定，一般情形下，夫妻在婚姻关系存续期间基于继承取得的财产属于夫妻共同财产。据此可知，在婚姻关系存续期间，配偶一方基于法定继承取得的财产，或基于未指明只归配偶一方单独所有的遗嘱继承取得的财产，均属于夫妻共同财产。本案中，李小某与张某在婚姻关系存续期间，李小某以法定继承方式取得父亲李某遗留的房屋所有权及房屋分摊的国有建设用地使用权，该房屋所有权及房屋分摊的国有建设用地使用权依法为李小某和张某的夫妻共同财产，张某是该房屋所有权及房屋分摊的国有建设用地使用权当然的共有权人。在不动产登记实务中，《不动产登记操作规范（试行）》2.1.3 条之 1 规定，共有不动产的登记，应当由全体共有人共同申请。因此，本案中，张某可以共有人身份申请房屋所有权及房屋分摊的国有建设用地使用权继承转移登记。

按《民法典》第一千零六十三条第（三）项规定，在婚姻关系存续期间，若遗嘱中载明遗产只属夫或妻一方的，则继承取得的财产不是夫妻共同财产。据此可知，本案中，若李某在遗嘱中载明其遗留房屋所有权及房屋分摊的国有建设用地使用权归李小某且不作为其夫妻共同财产的，则李某继承的该房屋所有权及房屋分摊的国有建设用地使用权属李小某单独所有，与张某无关，张某不能以共有人的身份申请继承转移登记。在不动产登记实务中，按《不动产登记暂行条例实施细则》第二十七条第（六）项规定，增加共有人属于当事人申请转移登记的情形。因此，本案中，若李小某基于李某的遗嘱取得李某遗留的房屋所有权及房屋分摊的国有建设用地使用权后，欲增加其配偶张某为共有人，则须先行将房屋所有权及房屋分摊的国有建设用地使用权转移登记到自己名下，再凭夫妻财产约定将其中的一部分转移登记到张某名下，但此转移登记属于因转让或赠与原因产生的转移登记，登记机构应当收取税务凭证。

案例 30　继承人放弃继承权是否须经其配偶同意

A、B 是兄弟，其父母去世后，兄弟俩按法定继承程序继承遗产，但 B 以公证书的形式声明放弃其对父母遗产的继承权。尔后，A 持该公证声明及其他必须材料向登记机构申请因继承产生的房屋所有权和房屋占用范围内的国有建设用地使用权转移登记。登记人员告知 A：须补充 B 的配偶同意他放弃继承权的书面证明。试问：继承人放弃继承权是否须经其配偶同意？

有观点认为，《民法典》第一千一百二十一条第一款规定，继承从被继承人死亡时开始。该法第二百三十条规定，因继承取得物权的，自继承开始时发生效力。据此可知，继承权和继承取得的不动产物权是同步的，自被继承人死亡时起，继承人无须登记即依法、即时取得被继承人遗留的不动产物权。按《民法典》第一千零六十二条第一款第（四）项和第一千零六十三条第（三）项规定，夫妻在婚姻关系存续期间，基于法定继承取得的财产属于夫妻共同财产。继承人放弃继承权就是放弃了夫妻共有的因继承取得的财产权利，是对夫妻共有财产的处分，故继承人放弃继承权应当得到其配偶的同意。因此，本案中，登记人员要求A补充B的配偶同意其放弃继承权的书面证明值得肯定。笔者不支持此观点。

一、继承权不是继承取得的不动产权利

继承权，是指自然人死亡时，其法律规定范围内的亲属，基于法律的规定或者死者生前立下的合法、有效的遗嘱指定，享有的取得死者遗留的合法财产的权利。继承取得的不动产权利，是指继承人因行使继承权而取得的死者遗留的不动产的权利。按《民法典》第一千一百二十一条规定，自被继承人死亡时起，继承权产生。按《民法典》第二百三十条规定，继承人享有继承权后，在此基础上才可以因继承取得被继承人遗留的不动产权利。据此可知，继承权是继承人因继承取得不动产权利的前提，继承取得的不动产权利是继承人行使继承权的结果。换言之，继承权产生在先，因继承取得的不动产权利生效在后。概言之，继承权和因继承取得的不动产权利是继承人依法享有的不同的民事权利，且继承权与因继承取得的不动产权利在顺序上是有先后的。因此，本案中，B放弃的是其应当享有的继承权，而非其基于继承权取得的房屋所有权和房屋占用范围内的国有建设用地使用权。继承人放弃其应当享有的继承权后，丧失了基于继承权取得父母遗留房屋所有权和房屋占用范围内的国有建设用地使用权的前提。

二、继承人放弃继承权无须经其配偶同意

《民法典》第一千一百二十七条规定："遗产按照下列顺序继承：（一）第一顺序：配偶、子女、父母；（二）第二顺序：兄弟姐妹、祖父母、外祖父母。继承开始后，由第一顺序继承人继承，第二顺序继承人不继承；没有第一顺序继承人继承的，由第二顺序继承人继承。本编所称子女，包括婚生子女、非婚生子女、养子女和有扶养关系的继子女。本编所称父母，包括生父母、养父母和有扶养关系的继父母。本编所称兄弟姐妹，包括同父母的兄弟姐妹、同父异母或者同母异父的兄弟姐妹、养兄弟姐妹、有扶养关系的继兄弟姐妹。"质言之，与被继承人有血缘和身份关系的人才具有继承人的资格。继承人的配偶只与该继承人有身份关系，属于该继承人的继承人范围，但与该继承人的父母无血缘和身份关系，故该继承人的配偶不具有其父母的继承人资格，亦无继承权。本案中，B的配偶不是B的父母的继承人，自然没有继承权。

如前所述，继承权是基于血缘和身份关系取得的权利，它是专属于继承人的，有别于在其基础上取得的被继承人遗留的不动产权利。《民法典》第一千一百二十四条第一款规定，继承开始后，继承人放弃继承的，应当在遗产处理前，以书面形式作出放弃继承的表示；没有表示的，视为接受继承。据此可知，继承权的放弃须由继承人作出意思表示，因此，继承人放弃继承权只需自己同意，无须经他人许可。本案中，登记人员要求A补充B的配偶同意B放弃继承权的认识是不正确的。

案例31　部分继承人申请继承转移登记，登记机构可否办理

被继承人胡某死亡后，没有立遗嘱指定继承人，四个儿子胡A、胡B、胡C、胡D基于法定继承等额继承其遗留的房屋并签订了继承协议。胡A、胡B、胡C持继承协议等手续向登记机构申请他们四人因继承产生的房屋所有权及房屋分摊的国有建设用地使用权转移登记，但申请资料显示，胡D没有提出登记申请，也没有委托他人代为申请。试问：登记机构可否应胡A、胡B、胡C的申请，为四个继承人办理转移登记手续？

笔者认为，登记机构不能应胡A、胡B、胡C的申请，为四个继承人办理转移登记手续。

在不动产登记实务中,《不动产登记暂行条例实施细则》第二条规定,不动产登记应当依照当事人的申请进行,但法律、行政法规以及本实施细则另有规定的除外。据此可知,一般情形下,不动产登记以申请人的申请为前置条件。换言之,一般情形下,不动产登记因申请人的申请而启动,申请人不申请,登记机构不得为其办理不动产登记。本案中,继承人胡D没有申请,也没有委托他人代为申请,登记机构依法不能为其办理因继承产生的房屋所有权及房屋分摊的国有建设用地使用权转移登记。但是,胡A、胡B、胡C提出了转移登记申请,登记机关可否为他们办理转移登记手续?

在不动产登记实务中,《不动产登记操作规范(试行)》2.1.3条第一款规定,共有不动产的登记,应当由全体共有人共同申请。据此可知,本案中,据胡A、胡B、胡C提交的继承协议可知,四个继承人是等额按份继承被继承人遗留的房屋,即胡A、胡B、胡C、胡D基于继承协议就遗产房屋建立了按份共有关系。因此,因继承产生的该房屋所有权及房屋分摊的国有建设用地使用权转移登记,应当由四个继承人共同申请,在胡D没有提出转移登记申请,也没有委托他人代为申请的前提下,尽管占总份额四分之三的胡A、胡B、胡C提出了转移登记申请,登记机构也不能为他们办理转移登记手续,原因有二:一是不违反《不动产登记操作规范(试行)》2.1.3条第一款规定中关于共有的房屋由共有人共同申请登记的规定;二是不介入申请人间可能存在的民事纠纷(如胡D不申请登记,有可能对形成的分割协议反悔;也有可能胡D没有参与分配,分割协议不真实等)。

案例32　当事人未经预售许可签订的商品房预售合同,登记机构可否用作办理转移登记的材料

房地产开发企业与购房人在合同中约定:房屋转移登记由卖方负责办理。房屋首次登记完成后,房地产开发企业成批量申请办理房屋转移登记，登记机构在查验登记申请材料时，发现用作转移登记申请材料的商品房买卖合同均未盖商品房预售合同备案章。登记机构查询房地产开发企业的首次登记档案后得知，用作转移登记申请材料的商品房买卖合同均于房屋竣工前签订，即属于商品房预售合同。函询房屋交易管理部门得知，房地产开发企业从未办理过预售许可手续。试问：未经预售许可签订的商品房预售合同，登记机构可否用作办理转移登记的材料？

有观点认为，商品房预售许可制度是对房地产开发企业在房屋竣工前提前销售房屋权利的约束机制，房地产开发企业没有取得预售许可预售商品房属于无权处分，房地产开发企业与购房人签订的商品房预售合同属于效力待定合同。房屋竣工后完成了首次登记，具备了房屋转让的法定条件，房地产开发企业因此享有处分房屋的权利，该企业先前与购房人签订的效力待定的商品房预售合同因此生效，故未经预售许可签订的商品房预售合同因房屋竣工后完成了首次登记而生效，登记机构可用作办理转移登记的材料。笔者不支持此观点。

一、商品房预售许可只能在商品房建设工程竣工前办理

按《房地产管理法》第四十五条规定，取得商品房预售许可证明是房地产开发企业可以预售商品房的条件之一。《城市商品房预售管理办法》第二条规定，本办法所称商品房预售是指房地产开发企业将正在建设中的房屋预先出售给承购人，由承购人支付定金或房价款的行为。据此可知，商品房预售许可只能对正在建设中的需要预售的商品房准许，换言之，商品房预售许可只能在商品房建设工程竣工前准许。因此，本案中，商品房已经竣工并完成了房屋所有权首次登记手续，不具备办理商品房预售许可的前提，换言之，房地产开发企业在商品房建设工程竣工前没有申请办理预售许可手续的，在商品房建设工程竣工后，即使申请办理预售许可手续，也不会被商品房预售主管机关准许。

二、商品房预售许可制度不是对房地产开发企业预售商品房权利的约束

《行政许可法》第二条规定，行政许可，是指行政机关根据公民、法人或者其他组织的申请，经依法审查，准予其从事特定活动的行为。质言之，行政许可制度是国家准予公民、法人或者其他组织实施某种行为的法律制度。据此可知，作为行政许可制度的商品房预售许可制度，是商品房预售主管机关准予房地产开发企业实施商品房预售行为的制度，换言之，商品房预售许可制度约束的是房地产开发企业的商品房预售行为，而非约束被其预售的权利。因此，本案中，前述观点认为未经预售许可签订的商品房预售合同，因房地产开发企业在房屋竣工后完成了首次登记，并据此享有处分房屋的权利而生效，无法律、行政法规上的依据。

三、未经预售许可签订的商品房预售合同，登记机构不得用作办理转移登记的材料

《房地产管理法》第四十五条第二款规定，商品房预售人应当按照国家有关规定将预售合同报县级以上人民政府房产管理部门和土地管理部门登记备案。《不动产登记暂行条例》第十七条第一款第（三）项规定，申请材料不齐全或者不符合法定形式的，登记机构应当当场书面告知申请人不予受理并一次性告知需要补正的全部内容。在不动产登记实务中，《不动产登记暂行条例实施细则》第三十八条第二款规定，不动产买卖合同依法应当备案的，申请人申请登记时须提交经备案的买卖合同。据此可知，预售的商品房具备申请买卖转移登记的条件时，须提交经县级以上人民政府房产管理部门和土地管理部门备案的商品房预售合同，否则，登记机构将以申请材料不齐全或不符合法定形式为由，对申请人的申请作不予受理处理。在司法实务中，《最高人民法院关于审理商品房买卖合同纠纷案件适用法律若干问题的解释》（法释〔2003〕7号）第二条规定，出卖人未取得商品房预售许可证明，与买受人订立的商品房预售合同，

应当认定无效，但是在起诉前取得商品房预售许可证明的，可以认定有效。据此可知，房地产开发企业在未取得预售许可的情形下，与购房人签订的商品房预售合同，在产生诉讼时，会被人民法院认定无效。申言之，房地产开发企业在未取得预售许可的情形下，与购房人签订的商品房预售合同不是有效的合同。本案中，商品房预售合同是商品房转移登记的重要权属来源材料，该商品房预售合同是房地产开发企业在未取得预售许可的情形下与购房人签订的，不能依法办理商品房预售合同备案手续，且该合同不是有效的合同，故登记机构不得用作办理转移登记的证据。房地产开发企业应当与购房人另行签订商品房现售合同后再申请转移登记。

案例 33　基于商品房预售合同设立的权利可否作赠与标的

甲、乙以一次性付款方式购买商品房一套，与房地产开发企业签订了商品房预售合同并到房地产管理机关办理了商品房预售合同备案手续。在房屋交付前，甲死亡。丙持有的继承权公证书载明：甲基于商品房预售合同享有的权利全部归甲、乙的已成年的独生子丙继承。赠与公证书载明：乙将自己基于商品房预售合同享有的权利赠与丙。房屋交付后，房地产开发企业、丙共同持商品房预售合同、继承权公证书、赠与公证书等手续向登记机构申请转移登记，欲将房屋从房地产开发企业名下直接转移登记到丙名下。试问：丙与房地产开发企业共同申请的将房屋从房地产开发企业名下直接转移登记到丙名下产生的转移登记，登记机构可否受理？

有观点认为，没有登记并持有不动产权属证书的房屋可以继承，但不得赠与，因此，应当将房屋从房地产开发企业名下转移登记到乙、丙名下后，再由乙、丙共同申请赠与转移登记。

笔者认为，对申请人申请的将房屋从房地产开发企业名下直接转移登记到丙名下的转移登记，登记机构应当受理。

一、以取得房屋所有权为目的的房屋买卖合同债权是可以继承的遗产

《民法典》第一千一百二十二条第一款规定，遗产是自然人死亡时遗留的个人合法财产。质言之，凡自然人遗留的合法财产，都可以被其继承人继承。据此可知，本案中，甲、乙与房地产开发企业签订商品房预售合同，建立的是以取得不动产物权之房屋所有权为目的的合同债权，属于合法的财产性权利，甲死亡后，丙可以凭继承权公证书继承取得甲享有的合同债权份额。丙继承取得原由甲享有的合同债权份额后，与乙共同成为办理了备案登记手续的商品房预售合同债权的债权人。换言之，丙继承取得原由甲享有的合同债权份额后，乙、丙成为基于此合同将要取得的房屋所有权的共有人。

二、商品房预售合同可以作赠与的标的

《房地产管理法》第三十七条规定，房地产转让，是指房地产权利人通过买卖、赠与或者其他合法方式将其房地产转移给他人的行为。按该法第三十八条第（六）项规定，未依法登记领取权属证书的房地产，属于不得转让的情形。质言之，未经登记并持有权属证书的房屋不得作为转让行为之赠与的标的。笔者认为，此处的"标的"，是指房地产物权，而非以取得房地产物权为目的的合同或协议债权。《民法典》第二百一十五条规定，当事人之间订立有关设立、变更、转让和消灭不动产物权的合同，除法律另有规定或者当事人另有约定外，自合同成立时生效；未办理物权登记的，不影响合同效力。质言之，我国《民法典》采用了严格区分物权与债权的原则，换言之，以取得物权为目的的合同自生效时起，只有债权效力，是取得物权的原因，经申请登记并被记载于登记簿上后，债权目的的实现，权利人才享有物权。但是，本案中，如前所述，甲、乙只是与房地产开发企业签订了商品房预售合同，丙对甲的继承和乙对丙的赠与均是基于此商品房预售合同，换言之，丙继承和受赠与的

第二部分 转移登记

是合同债权。如前所述，预购商品房合同债权似乎不可以作赠与的标的？

按《民法典》第五百四十五条规定，债权人可以将债权的全部或者部分转让给第三人。该法第五百四十六条第一款规定，债权人转让债权，未通知债务人的，该转让对债务人不发生效力。据此可知，合同中的当事人一方，欲将自己基于合同享有的权利转让给合同以外的第三人的，应当通知对方当事人，以便于对方当事人履行相应的义务。本案中，乙对丙赠与的是其基于商品房预售合同取得的权利，属于转让合同权利的行为，符合前述《民法典》的相关规定。但是，《房地产管理法》第四十六条规定，商品房预售的，商品房预购人将购买的未竣工的预售商品房再行转让的问题，由国务院规定。《国务院办公厅转发建设部等部门关于做好稳定住房价格工作意见的通知》（国办发〔2005〕26号）附《建设部、发展改革委、财政部、国土资源部、人民银行、税务总局、银监会关于做好稳定住房价格工作的意见》第七条规定，根据《中华人民共和国城市房地产管理法》有关规定，国务院决定，禁止商品房预购人将购买的未竣工的预售商品房再行转让。据此可知，预购商品房不得转让。但是，该通知还规定："认真贯彻落实国务院各项调控政策措施，做好供需双向调节，遏制投机性炒房，控制投资性购房，鼓励普通商品住房和经济适用住房建设，合理引导住房消费，促进住房价格的基本稳定和房地产业的健康发展。"笔者据此认为，该通知中规定的预购商品房不得转让，是指市场化的有偿转让行为或普通的纯粹的赠与。本案中，乙将其享有的以取得房屋所有权为目的商品房合同债权份额赠与丙，目的是简化房屋所有权转移的法律关系，属于非市场化的有利于维护社会和谐的一种特殊的赠与行为，不受前述法律和政策的拘束，且房地产开发企业与丙共同申请转移登记，表明房地产开发企业以协助丙申请转移登记的方式知晓并支持乙对丙赠与其在商品房预售合同中享有的权利。

结论：本案中，登记机构对申请人申请的将房屋从房地产开发企业名下直接转移登记到丙名下的赠与转移登记，登记机构应当办理。

案例 34　凭人民法院要求办理预购商品房预告登记转移登记的协助执行通知书，登记机构可否为当事人办理预购商品房预告登记转房屋所有权转移登记

甲向乙房地产开发企业购买商品住房一套，签订商品房买卖合同后，办理了预购商品房预告登记。后来，甲、丙因经济纠纷申请某仲裁机构仲裁，仲裁裁决预告登记的权利属于丙。丙申请人民法院执行，人民法院向登记机构送达协助执行通知书，要求登记机构将预购商品房预告登记的权利由甲转移登记给乙，登记机构履行了协助执行义务。房屋完工后，乙办理了首次登记。丙请求乙协助将房屋转移登记到自己名下，乙以商品房买卖合同是甲签订的，且预购商品房预告登记转移登记到丙名下未经其同意为由拒绝配合，丙遂持人民法院要求办理预告登记转移登记的协助执行通知书复印件、预告登记的权利人为丙的不动产登记证明等材料，单方向登记机构申请预购商品房预告登记转房屋所有权转移登记。试问：登记机构可否凭人民法院要求办理预购商品房预告登记转移登记的协助执行通知书，为丙办理预购商品房预告登记转房屋所有权转移登记？

笔者认为，登记机构不能凭人民法院要求办理预购商品房预告登记转移登记的协助执行通知书，为丙办理预购商品房预告登记转房屋所有权转移登记，而应当由乙房地产开发企业履行协助义务，配合丙办理转移登记手续。

一、房屋所有权转移登记和预购商品房预告登记分别属于实现不同目的的不动产登记类型

《民法典》第二百一十四条规定，不动产物权的设立、变更、转让和消灭，依照法律规定应当登记的，自记载于不动产登记簿时发生效力。据此可知，一般情形下，基于合同、协议等法律行为转让不动产物权的，自该不动产物权在登记簿上转移登记到受让人名下时起生效。换言之，房屋所有权转让的,自房屋所有权在登记簿上转移登记到受让人名下时起生效,即转移登记的目的是使受让人依法取得出让人的房屋所有权,转移登记完成后,登记簿上记载的是房屋所有权。

《民法典》第二百二十一条第一款规定,当事人签订买卖房屋的协议或者签订其他不动产物权的协议,为保障将来实现物权,按照约定可以向登记机构申请预告登记。预告登记后,未经预告登记的权利人同意,处分该不动产的,不发生物权效力。据此可知,预购商品房预告登记虽然也记载在登记簿上,但权利人并不因此取得预购商品房的所有权,预告登记只是一种对以取得房屋所有权为目的的合同债权或协议债权的保护措施,预告登记完成后,记载在登记簿上的不是房屋所有权。

概言之,房屋所有权转移登记和预购商品房预告登记分别属于实现不同目的的不动产登记类型。本案中,登记机构按人民法院的协助执行通知书要求,已经为丙办理了预购商品房预告登记转移登记,履行了协助执行义务。按《最高人民法院关于审理房屋登记案件若干问题的规定》(法释〔2010〕15号)第二条第一款规定,房屋登记机构根据人民法院的协助执行通知书办理的房屋登记行为,公民、法人或者其他组织不服提起行政诉讼的,人民法院不予受理,但公民、法人或者其他组织认为登记与协助执行通知书内容不一致的除外。据此可知,若登记机构凭人民法院要求办理预购商品房预告登记转移登记的协助执行通知书,再为丙办理预购商品房预告登记转房屋所有权转移登记,则登记内容与协助执行通知书内容不一致,在可能出现的行政诉讼中,登记机构将承担不利后果,故登记机构不能凭人民法院要求办理预购商品房预告登记转移登记的协助执行通知书,再为丙办理预购商品房预告登记转房屋所有权转移登记。

二、预购商品房预告登记转房屋所有权转移登记,应当由乙与丙共同申请

《仲裁法》第九条规定,仲裁实行一裁终局的制度。质言之,仲裁裁决书自作出时起发生法律效力。本案中，仲裁裁决预购商品房预告登记的权利属于丙，即自仲裁裁决书作出时起，丙基于仲裁裁决取代甲享有商品房买卖合同中的权利，同时履行相应的义务，换言之，丙取代甲成为原商品房买卖合同的当事人中的买方。《民事诉讼法》第二百五十一条规定，在执行中，需要办理有关财产权证照转移手续的，人民法院可以向有关单位发出协助执行通知书，有关单位必须办理。据此可知，本案中，登记机构凭人民法院的协助执行通知书为丙办理预购商品房预告登记转移登记，系履行法定的协助义务，无须征得商品房买卖合同当事人中的卖方乙的同意。按《不动产登记暂行条例》第十四条第一款规定，基于商品房买卖合同产生的转移登记，应当由买卖双方共同申请。据此可知，本案中，丙基于仲裁裁决取代甲成为商品房买卖合同中的买方，并基于人民法院的协助执行通知书将预购商品房预告登记中的权利转移登记到其名下后，成为房屋所有权转移登记适格的申请人，有权请求乙配合申请预购商品房预告登记转房屋所有权转移登记，乙也应当配合丙申请预购商品房预告登记转房屋所有权转移登记。

三、本案中，乙不配合丙申请预购商品房预告登记转房屋所有权转移登记时的处理方式

《民法典》第五百零九条第一款规定，当事人应当按照约定全面履行自己的义务。质言之，履行合同义务是当事人的法定义务。该法第五百七十七条规定，当事人一方不履行合同义务或者履行合同义务不符合约定的，应当承担继续履行、采取补救措施或者赔偿损失等违约责任。质言之，不履行合同义务，当事人将承担违约责任。概言之，本案中，乙配合丙申请转移登记，是履行商品房买卖合同义务，不履行时，丙可以诉请人民法院判决其履行，判决生效后，若乙自觉履行的，自无可言；若仍然不履行的，丙可以申请人民法院执行，登记机构凭人民法院送达的执行文书为丙办理转移登记。

案例 35　基于预购商品房预告登记产生的房屋转移登记，登记的权利人是否以预购商品房预告登记的权利人为准

罗某单独出资购买了商品住房一套，却以自己和儿子陈某的名义签订了商品房买卖合同，并办理了预购商品房预告登记。一个月后，陈某出具公证声明，声明：我是由母亲罗某供养的在校大学三年级学生，以我和母亲名义签订的商品房买卖合同购买的房屋，是由母亲一人出资，房屋属于母亲罗某所有，与我无关。由母亲自行处理与该房屋有关的一切事宜。房屋首次登记后，罗某与房地产开发企业持登记申请书、商品房买卖合同、陈某出具的公证声明等材料共同申请转移登记，欲将房屋所有权及房屋分摊的国有建设用地使用权登记为罗某单独所有，登记人员告知：应当先行将房屋所有权及房屋分摊的国有建设用地使用权登记在罗某和陈某名下后，再办理陈某出卖或赠与罗某产生的转移登记。试问：登记机构可否直接将该房屋所有权及房屋分摊的国有建设用地使用权登记为罗某单独所有？

笔者认为，登记机构应当告知申请人先行申请预购商品房预告登记转移登记后，再申请房屋所有权及房屋分摊的国有建设用地使用权转移登记，登记为罗某单独所有。

一、预告登记保障的是以取得房屋所有权及房屋分摊的国有建设用地使用权为目的的合同债权，而非房屋所有权及房屋分摊的国有建设用地使用权

《民法典》第二百二十一条第一款规定，当事人签订买卖房屋的协议或者签订其他不动产物权的协议，为保障将来实现物权，按照约定可以向登记机构申请预告登记。预告登记后，未经预告登记的权利人同意，处分该不动产的，不发生物权效力。质言之，预告登记的目的，是限制作为协议一方当事人的不动产权利人（出卖人），再处分之前已经处分了的不动产，保障协议的另一方当事人，即保障买受人基于已经签订的不动产买卖协议等其他不动产物权的协议，在将来确定地取得现时权利人的不动产权利，即实现基于不动产买卖协议建立的债权。并不是预告登记后，买受人就取得了不动产权利。本案中，罗某与陈某办理了预购商品房预告登记，即限制房地产开发企业再将该房屋卖与他人，使自己基于商品房买卖合同建立的债权将来能够最终实现，从而取得该房屋所有权及房屋分摊的国有建设用地使用权。

二、债权债务具有可转移性

《民法典》第五百五十五条规定，当事人一方经对方同意，可以将自己在合同中的权利和义务一并转让给第三人。质言之，在合同内容不变的前提下，合同的一方当事人，经对方当事人同意后，可以将自己基于合同享有的权利和应当履行的义务转移给他人，由该他人代替自己取得原合同中当事人的地位，而自己却完全脱离合同关系。本案中，如前所述，罗某和陈某虽然办理了预购商品房预告登记，但她们享有的仍然是基于商品房买卖合同建立的债权，而非房屋所有权及房屋分摊的国有建设用地使用权，该债权及与之相伴的债务可以依法转让。陈某在公证声明中表述：基于商品房买卖合同购买的房屋属于罗某，由罗某自行处理与房屋相关的事宜。即陈某将自己基于商品房买卖合同享有的权利和应当履行的义务一并转移给了罗某，且该转移不属于市场化的有偿转让，也不是普通的纯粹的赠与，故不受期房不得转让的政策的约束。在提交的登记申请材料中，房地产开发企业与罗某共同出具的登记申请书，表明作为商品房买卖合同的对方当事人的房地产开发企业，同意该转移行为。因此，陈某将自己基于商品房买卖合同享有的权利和应当履行的义务一并转移给罗某合法有效。

三、登记机构不能直接将房屋所有权及房屋分摊的国有建设用地使用权登记为罗某单独所有

在不动产登记实务中，《不动产登记暂行条例实施细则》第八十五条

第三款规定，预告登记后，债权未消灭且自能够进行相应的不动产登记之日起3个月内，当事人申请不动产登记的，不动产登记机构应当按照预告登记事项办理相应的登记。据此可知，基于预告登记产生的不动产登记，登记机构在登记簿上记载的内容，应当以预告登记记载的内容为准。据此可知，本案中，预购商品房预告登记的权利人是罗某和陈某，不是罗某一个人，因此，登记机构不能直接将房屋所有权及房屋分摊的国有建设用地使用权登记为罗某单独所有。按《不动产登记暂行条例实施细则》第二十七条第（六）项规定，共有人减少，属于当事人申请转移登记的情形。据此可知，预告登记的权利人中的共有人减少，当事人可以申请预告登记转移登记。本案中，如前所述，预告登记的权利人是罗某、陈某，即罗某、陈某是商品房买卖合同债权的共有人，也是商品房买卖合同预告登记的权利的共有人。经房地产开发企业同意，陈某已经将自己基于商品房买卖合同享有的权利和应当履行的义务一并转移给了罗某，从而退出了合同关系，即退出了合同债权的共有关系和预告登记的权利的共有关系，属于预告登记的权利的共有人减少的情形，应当申请预购商品房预告登记转移登记，将预告登记的权利人由罗某、陈某登记为罗某后，登记机构才可以将房屋所有权及房屋分摊的国有建设用地使用权登记为罗某单独所有。

案例36　登记机构可否直接办理因人民法院生效的判决书产生的划拨土地上的房屋抵债转移登记

2018年10月，杨某将其与妻子曾某共有的房屋抵押给陈某作为借款债权履行的担保，杨某、曾某的冒名顶替人和陈某共同申请并办理了抵押权登记，陈某是抵押权人，杨某、曾某是抵押人。后来，曾某知晓此事后，将登记机构作为被告起诉，请求法院判决撤销抵押权登记。2020年10月，当地法院一审判决撤销抵押权登记。登记机构不服，提起上诉。2020年12月，终审人民法院判决维持一审人民法院撤销抵押权登记的判决。2021年1月,陈某又在当地人民法院起诉杨某履行还款义务,当地法院直接判决将杨某房屋的第一层的一间店面(房屋共四层)"抵债给陈某,属陈某所有"。此判决书生效后,陈某持房屋他项权证、民事判决书、民事判决书生效的证明等材料单方申请转移登记。登记机构受理后,发现杨某房屋占用范围内的土地类型为国有划拨土地。试问:对陈某单方申请的抵债转移登记,登记机构可否受理?如果可以,受理后又该怎样办理?

观点一认为,按《房地产管理法》第四十条规定,以划拨方式取得土地使用权的,转让房地产时,应当按照国务院规定,报有批准权的人民政府审批。按《城市房地产转让管理规定》第三条规定,以房地产抵债的,属于房地产转让情形。据此可知,以房屋抵债属于房屋转让情形,若用于抵债的房屋占用范围内的土地是划拨的,应当得到有批准权的人民政府准予抵债的批准。因此,本案中,杨某被人民法院判决抵债给陈某的房屋是划拨土地上的房屋,申请抵债产生的转移登记时,没有提交有批准权的人民政府准予抵债的批准文件的,登记机构应当不予受理。

观点二认为,登记机构应当受理。受理后,登记机构凭人民法院的抵债判决书,依职权注销杨某房屋上的抵押权后,为陈某办理抵债产生的转移登记。

笔者认为,登记机构应当受理并为陈某办理抵债产生的转移登记。

一、人民法院判决的抵债不同于当事人协商的抵债

按《房地产管理法》第四十条规定,以划拨方式取得土地使用权的,转让房地产时,应当按照国务院规定,报有批准权的人民政府审批。笔者认为,其中的"房地产转让",应当是指当事人基于意思表示一致产生的房地产转让行为,换言之,其中的"房地产转让"是基于法律行为产生的房地产转让,故划拨土地上的房屋基于法律行为发生转让的,应当经有批准权的人民政府批准。按《城市房地产转让管理规定》第三条规

定，以房地产抵债的，属于房地产转让情形。概言之，划拨土地上的房屋基于法律行为抵债的，应当经有批准权的人民政府批准。但是，《民法典》第二百二十九条规定，因人民法院、仲裁机构的法律文书或者人民政府的征收决定等，导致物权设立、变更、转让或者消灭的，自法律文书或者征收决定等生效时发生效力。质言之，基于人民法院生效的法律文书取得不动产物权，自此法律文书生效时起，权利人无须登记即依法、即时享有该不动产的物权。本案中，人民法院生效的判决书已经判决"将房屋抵债给陈某，属陈某所有"，故自此判决书生效时起，陈某无须登记就已经取得了该房屋的所有权，陈某申请将该房屋所有权登记在自己名下，一是通过登记簿的记载宣示自己的权利，二是为后续的变更登记、转移登记、抵押权登记等建立前提。因此，此抵债不是基于法律行为产生的，而是基于人民法院生效的判决发生的，不受《房地产管理法》第四十条规定的拘束，故对陈某单方申请的转移登记，登记机构应当受理。

二、对被撤销的抵押权登记，登记机构应当通过更正登记恢复原状

按《不动产登记暂行条例实施细则》第十七条规定，登记机构可以依职权办理注销登记。但是，该实施细则没有规定登记机构依职权办理注销登记的情形，笔者据此认为，在不动产登记实务中，登记机构依职权办理注销登记不具有可操作性。因此，本案中，登记机构不能凭人民法院生效的抵债判决书，依职权注销杨某、曾某房屋上的抵押权后，为陈某办理抵债产生的转移登记。

《行政诉讼法》第七十条规定："行政行为有下列情形之一的，人民法院判决撤销或者部分撤销，并可以判决被告重新作出行政行为：（一）主要证据不足的；（二）适用法律、法规错误的；（三）违反法定程序的；（四）超越职权的；（五）滥用职权的；（六）明显不当的。"质言之，错误的行政行为才会被人民法院生效的行政判决书撤销。申言之，

被人民法院撤销的不动产登记,都是错误的登记,基于此记载在登记簿上的内容也是错误的。《民法典》第二百二十条第一款规定,权利人、利害关系人认为不动产登记簿记载的事项错误的,可以申请更正登记。不动产登记簿记载的权利人书面同意更正或者有证据证明登记确有错误的,登记机构应当予以更正。质言之,更正登记是纠正登记簿记载的内容错误的一种不动产登记类型。本案中,终审人民法院判决维持一审人民法院撤销抵押权登记的判决的判决,即表明登记机构在杨某、曾某的房屋上登记的抵押权错误,换言之,登记簿上现时记载的抵押权错误,登记机构可以通过更正登记的途径将抵押房屋恢复到无抵押权设定的状态,即更正登记记载于登记簿上后,抵押权的效力消灭,以履行人民法院的生效判决书课以登记机构的义务。

三、延伸思考:人民法院直接判决将杨某房屋抵债给陈某值得商榷

按《民事诉讼法》第二百条第(十一)项规定,原判决、裁定遗漏或者超出诉讼请求的,属于人民法院再审的情形。质言之,人民法院的判决、裁定不能超出诉讼请求的范围。本案中,如前所述,陈某以还款为诉讼请求起诉杨某,人民法院应当判决杨某履行还款义务,但判决将杨某房屋抵债给陈某,超出了陈某的诉讼请求范围,有悖于《民事诉讼法》的规定。一般情形下,人民法院应当判决杨某履行还款义务,杨某不履行或不充分履行还款义务的情形下,陈某向人民法院申请执行,人民法院受理后,在执行程序中,可以依法裁定将杨某的房屋抵债给陈某,并向登记机构送达协助执行通知书,要求登记机构协助办理执行中抵债产生的房屋转移登记。

案例37 有居住权约定的赠与房屋,当事人可否申请转移登记

甲将房屋赠与乙,甲、乙签订了房屋赠与合同并办理了赠与合同公证手续。房屋赠与合同约定:① 甲将房屋所有权赠与乙;② 甲对赠与

乙的房屋终身享有居住权；③若乙不让甲在房屋内居住，甲有权撤销赠与并收回房屋；……事后，甲、乙持房屋赠与合同等手续共同向登记机构申请赠与转移登记。试问：对甲、乙共同申请的赠与转移登记，登记机构可否办理？

有观点认为，《民法典》第二百四十条规定，所有权人对自己的不动产或者动产，依法享有占有、使用、收益和处分的权利。质言之，权利人必须对某一不动产同时享有占有、使用、收益和处分的权利，才对该不动产享有所有权。本案中，甲虽然将房屋赠与乙，但仍然终身享有对此房屋的居住权，居住权的体现方式是对房屋行使占有权和使用权，因此，甲排除了乙对房屋的占有权和使用权，换言之，乙不能同时对受赠房屋享有占有、使用、收益和处分的权利，即乙不享有对受赠房屋的所有权。乙保证甲现时享有居住权，但不表明乙以后也保证甲享有居住权，换言之，甲终身享有对房屋的居住权是赠与合同生效的条件，赠与合同现在没有生效，不能用作登记的证据。概言之，对甲、乙共同申请的赠与转移登记，登记机构不能办理。笔者不支持此观点。

一、本案中的居住权不是法定的用益物权，是在所有权上设定的债权性质的权利

《民法典》第六百五十七条规定，赠与合同是赠与人将自己的财产无偿给予受赠人，受赠人表示接受赠与的合同。该法第六百六十一条第一款规定，赠与可以附义务。概言之，赠与人、受赠人通过赠与合同，将原来属于赠与人的财产无偿转移给受赠人，赠与人因此失去该财产。在赠与合同中，受赠人并无对待给付义务，仅赠与人负有交付赠与财产的义务，故赠与合同为单务合同[①]。因此，赠与合同可以对受赠人附义务，但此义务并不改变赠与合同的无偿性，也不限制赠与财产的所有权转移。

---

① 崔建远：《合同法》，法律出版社2007年版，第399页。

本案中，甲、乙签订房屋赠与合同，甲将房屋所有权赠与乙，乙也表示接受，但甲对房屋享有终身居住权，表明此房屋赠与合同属于附义务的赠与合同。

《民法典》第三百六十六条规定，居住权人有权按照合同约定，对他人的住宅享有占有、使用的用益物权，以满足生活居住的需要。该法第三百六十七条第一款规定，设立居住权，当事人应当采用书面形式订立居住权合同。据此可知，居住权是居住权人与房屋所有权人基于彼此签订的居住权合同，在房屋所有权上设立的行使房屋所有权中的占有、使用权能的用益物权。本问中，甲与乙的赠与合同中约定甲对其赠与乙的房屋终身享有的居住权，是否属于用益物权呢？

《民法典》第二百一十四条规定，不动产物权的设立、变更、转让和消灭，依照法律规定应当登记的，自记载于不动产登记簿时发生效力。据此可知，一般情形下，基于民事法律行为取得或设立不动产物权的，自记载于登记簿时发生效力。本问中，乙基于赠与合同取得甲的房屋所有权，应当自该房屋所有权登记在乙的名下时起，乙才依法享有该房屋所有权。如前所述，乙在依法享有该房屋所有权后，才可以与他人签订居住权合同，在该房屋所有权上设立属于用益物权的居住权，但甲与乙在赠与合同中约定甲对其赠与乙的房屋终身享有居住权，赠与合同中虽然有设立居住权的内容，但该赠与合同成立于乙对该房屋依法享有所有权之前，不满足居住权设立的法定条件，因此，甲与乙在赠与合同中约定甲对其赠与乙的房屋终身享有的居住权，不是用益物权，而一种债权性质的对乙的房屋享有占有、使用的权利。因此，甲对房屋享有的终身居住权，与乙对房屋享有的所有权是两种不同的权利，该居住权是所有权中占有和使用权能分离行使的体现，并不表明所有权人乙失去了此两种权能，即甲对房屋享有的终身居住权不限制赠与房屋所有权向乙转移，故甲、乙共同申请的赠与转移登记，登记机构应当办理。

二、赠与合同所附义务不是此合同的生效条件时，赠与产生的房屋所有权转移登记可以办理

本案中，如前所述，甲、乙签订的是附义务的房屋赠与合同，所附义务是乙取得甲赠与的房屋所有权后，用此房为甲提供终身居住权，此义务是否是赠与合同的生效条件，即该赠与合同现时是否生效呢？按《民法典》第一百五十八条规定，附生效条件的民事法律行为，自条件成就时生效。质言之，合同是民事法律行为，当事人可以在合同中约定条件来决定合同是否生效，但此条件应当在合同中明确载明。本案中，甲、乙在赠与合同中约定的只是乙保证甲终身享有对房屋的居住权，没有明确载明甲终身享有对房屋的居住权是赠与合同的生效条件。虽然合同中载明若乙不让甲在房屋内居住，甲有权撤销赠与并收回房屋，但若甲撤销赠与，也是对生效的赠与予以撤销。概言之，甲对房屋终身享有居住权不是此赠与合同的生效条件，此赠与合同可以用作登记证据，申请人因此而申请的赠与转移登记，登记机构应当办理。

三、赠与合同被撤销后，已经转移的房屋所有权的处理

《民法典》第六百五十八条第一款规定，赠与人在赠与财产的权利转移之前可以撤销赠与。该法第六百六十五条规定，撤销权人撤销赠与的，可以向受赠人请求返还赠与的财产。据此可知，准予撤销赠与以赠与财产的权利转移前为原则，以赠与财产的权利转移后为例外，经过公证的赠与亦然。申言之，经过公证的赠与，在赠与财产的权利转移之后，具备赠与的撤销条件时，赠与人也可以撤销赠与，并要求受赠人返还财产。本案中，甲、乙签订的是附义务的赠与合同，按《民法典》第六百六十三条第一款第（三）项规定，不履行赠与合同约定的义务，属于赠与人行使撤销权的情形。因此，本案中，乙如果不按赠与合同约定为甲提供房屋的终身居住权时，甲可以诉请人民法院判决撤销赠与合同。但赠与合同被撤销后，房屋并不自然归甲，甲只是取得了要求乙返还房屋的请求权，据此请求乙协助将房屋转移登记到自己名下，完成返还。若乙不协助申请转移登记，则甲须另行诉请人民法院判决乙履行协助申请转移登记的义务，登记机构凭生效的法律文书办理相关登记。

另外，《民法典》第二百一十六条第一款规定，不动产登记簿是物权归属和内容的根据。质言之，不动产登记簿记载的内容是有公信力的。所谓公信力，即法律对第三人依据不动产登记簿的记载所表述的不动产物权的内容而取得的该项权利予以强制保护，使其免受任何人追夺的强制力[①]。笔者认为，登记簿的公信力的支撑是登记簿记载的内容必须合法、真实、有效。而登记簿记载的内容来源于登记申请材料，因此，登记申请材料应当合法、真实、有效。《民法典》第一百五十五条规定，无效的或者被撤销的民事法律行为自始没有法律约束力。据此可知，合同被撤销后，将溯及既往，从合同成立之时就无效。本案中，如果用作赠与转移登记申请材料的赠与合同因被撤销自始无效，则导致赠与转移登记程序违法，登记簿上记载在乙名下的赠与转移登记错误。《民法典》第二百二十条第一款规定，权利人、利害关系人认为不动产登记簿记载的事项错误的，可以申请更正登记。不动产登记簿记载的权利人书面同意更正或者有证据证明登记确有错误的，登记机构应当予以更正。据此可知，更正登记是纠正登记簿上记载的内容错误的一种不动产登记类型，可以由登记簿上记载的权利人、与登记簿上记载的内容有利害关系的人申请。本案中，甲与登记簿上记载在乙名下的转移登记有利害关系，可以以利害关系人的身份凭撤销赠与合同的证明向登记机构申请更正登记，将房屋更正登记回自己名下。

案例38　非监护人委托的人可否代未成年人申请转移登记

甲、乙因人民法院调解离婚，基于离婚民事调解书，5岁的儿子丙随父亲甲生活。不久，甲因意外事故成为植物人，丙的日常生活由爷爷丁照料。丙9岁时，爷爷丁出钱购买商品住房一套，但以丁和丙共同作

[①] 梁慧星：《中国物权法草案建议稿附理由：物权编》，法律出版社2004年版，第239页。

为买方与某房地产开发企业签订了商品房买卖合同。房屋交付后，爷爷丁委托亲戚张某代自己和丙申请房屋转移登记，欲将房屋从房地产开发企业名下转移登记到丁和丙名下。试问：对丁和丙委托张某申请的转移登记，登记机构可否办理？

有观点认为，丙的父亲甲和母亲乙已经离婚，丙随父亲甲生活，母亲乙失去对丙的监护资格，丙由父亲甲单独监护。甲成为植物人，失去监护能力，丙的日常生活由爷爷丁照料，丁即取代甲成为丙的监护人。再者，即使乙对丙有监护资格，但乙与甲离婚后，要么不愿意履行监护职责，要么不知所终。本案中，爷爷丁作为丙的监护人，有权委托张某代丙申请房屋转移登记，更有权委托张某代自己申请房屋转移登记，因此，对张某代丁和丙申请的房屋转移登记，登记机构应当办理。笔者不支持此观点。

一、未成年人的监护人健在，未获监护人委托的人不能代未成年人申请房屋转移登记

按《民法典》第二十七条规定，父母是未成年子女的监护人，未成年人的父母已经死亡或者没有监护能力的，才能由有监护能力的祖父母等其他人担任监护人。在司法实务中，《民法通则司法解释》第二十一条规定，夫妻离婚后，与子女共同生活的一方无权取消对方对该子女的监护权。据此可知，未成年人的父母是其共同监护人，即一般情形下，应当由父母共同行使对未成年人的监护权，具体到不动产登记实务中，由父母共同代未成年人申请不动产登记，且此共同监护权不因未成年人父母婚姻关系的改变而改变。按《民法典》第三十六条规定和《民法通则司法解释》第二十条、第二十一条规定，只有人民法院才有权变更或撤（取）销监护人的监护资格。概言之，未成年人的父母尚在，只要没有被人民法院生效的法律文书变更或撤（取）销其监护资格，未成年人的父母就均对其享有监护权，他人无权取代未成年人的父母对其实施监护。

本案中，丙的父亲甲成为植物人，失去对丙的监护能力，不能履行监护职责，但丙的母亲乙尚在，乙可以申请法院宣告甲为无民事行为能力人，甲因此而失去监护能力，原来由甲、乙对丙的共同监护变更为乙对丙的单方监护。若如此，丙基于商品房买卖合同申请的转移登记应当由乙代为申请，或由乙委托的人代为申请，张某不是乙委托的人，无权代丙申请基于商品房买卖合同产生的转移登记。

二、未成年人的监护人不履行监护职责，应当通过诉讼途径救济

按《民法典》第三十六条规定，未成年人的监护人怠于履行监护职责的，人民法院根据其他依法具有监护资格的人、居民委员会、村民委员会、学校、医疗机构、妇女联合会、残疾人联合会、未成年人保护组织、依法设立的老年人组织、民政部门等有关个人或者组织的申请，撤销其监护人资格，安排必要的临时监护措施，并按照最有利于被监护人的原则依法指定监护人。据此可知，如果未成年人的监护人怠于履行监护职责，对该未成年人有监护资格的亲属或者相关单位，可以向人民法院申请，请求人民法院判决确认该监护人履行监护职责，或请求人民法院将该监护人对未成年人的监护关系变更为有监护资格的亲属或者相关单位。本案中，如果未成年人丙的母亲乙不履行监护职责，或不知所终，丙的爷爷丁属于法定的有监护资格的亲属，可以向人民法院申请，请求人民法院判决乙履行监护职责，代乙申请房屋转移登记，也可以请求人民法院判决将丙的监护人由乙变更为丁。如果丁基于判决取得对丙的监护权，则由丁代丙申请房屋转移登记，也可以由丁委托的人代丙申请转移登记，若如此，张某是丁委托的人，其代丙申请的房屋转移登记，登记机构应当办理。

三、监护职责可以委托他人代为履行

按《民法典》第三十六条第一款第（二）项规定，监护人可以将监护职责部分或者全部委托给他人。质言之，监护职责可以委托他人代为

履行。本案中，一是未成年人丙的母亲作为其法定监护人，可以将其监护职责委托丁履行，如果乙赋予丁转委托权，丁可以转委托张某履行，当然，乙也可以直接委托张某代为履行；二是如前所述，爷爷丁基于人民法院生效的判决取得对丙的监护权后，可以直接委托张某代为履行监护职责。概言之，由丙的监护人委托张某代丙申请的房屋转移登记，登记机构才可以办理。

案例39　监护人可否代胎儿申请房屋所有权转移预告登记

身怀有孕的妻子乙以其腹中胎儿的名义与患有癌症的丈夫甲签订房屋赠与合同，约定将登记在甲名下且系他一人单独所有的门市一间，赠与乙的腹中胎儿。乙代胎儿与甲签订了房屋赠与合同。为了乙的胎儿在出生时能够确定地取得房屋的所有权，甲、乙持赠与合同等手续，向登记机构申请因赠与产生的房屋所有权转移预告登记，预告登记权利人为乙。试问：赠与胎儿的房屋，可否申请房屋所有权转移预告登记？

有观点认为，赠与胎儿的房屋不可以申请房屋所有权转移预告登记。

一、若由他人代胎儿申请因赠与房屋产生的房屋所有权转移预告登记，申请实施主体不适格

按《民法典》第二百二十一条第一款规定，当事人签订买卖房屋的协议或者签订其他不动产物权的协议，为保障将来实现物权，按照约定可以向登记机构申请预告登记。在不动产登记实务中，《不动产登记暂行条例实施细则》第十一条规定，无民事行为能力人、限制民事行为能力人申请不动产登记的，应当由其监护人代为申请。据此可知，当事人因受赠房屋可以申请房屋所有权转移预告登记，若当事人为无民事行为能力人、限制民事行为能力人的，应当由其监护人代为申请。本案中，房屋的受赠人是尚未出生的胎儿，胎儿是否是无民事行为能力人、限制民事行为能力人呢？《民法典》第十三条规定，自然人从出生时起到死亡时止，具有民事权利能力，依法享有民事权利，承担民事义务。质言之，有生命的自然人，才具有民事权利能力，可以行使民事权利，履行民事义务。据此可知，本案中，乙的腹中胎儿，依附于母体乙，靠乙的身体维持其生长、发育，没有独立的生命，是乙的身体的一部分，不是独立的有生命的人。申言之，乙的腹中胎儿既不是无民事行为能力人，也不是限制民事行为能力人，乙与之无监护关系，不能以监护人的名义代其申请因受赠房屋产生的房屋所有权转移预告登记，即申请实施主体不适格。

二、他人基于赠与合同代胎儿申请的因赠与房屋产生的房屋所有权转移预告登记，登记程序不合法

《民法典》第二百一十六条第一款规定，不动产登记簿是物权归属和内容的根据。质言之，不动产登记簿记载的内容是有公信力的。所谓公信力，即法律对第三人依据不动产登记簿的记载所表述的不动产物权的内容而取得的该项权利予以强制保护，使其免受任何人追夺的强制力[①]。笔者认为，登记簿的公信力的支撑是登记簿记载的内容必须合法、真实、有效。而登记簿记载的内容来源于登记申请材料，因此，登记申请材料应当合法、真实、有效。据此可知，申请人申请不动产登记时，提交的应当是合法、真实、有效的登记申请材料。在不动产登记实务中，按《不动产登记暂行条例实施细则》第八十七条规定，房屋所有权转让合同是申请人申请因转让房屋产生的房屋所有权转移预告登记时，应当向登记机构提交的材料。按《城市房地产转让管理规定》第三条规定，房地产赠与属于房地产转让情形之一。概言之，当事人申请因赠与房屋产生的房屋所有权转移预告登记时，应当向登记机构提交合法、真实、有效的房屋赠与合同。本案中，母亲乙代其腹中胎儿与赠与人甲签订的房屋赠与合同是否合法、有效呢？《民法典》第四百六十四条第一款规定，合同是民事主体之间设立、变更、终止民事法律关系的协议。质言之，作

---

① 梁慧星：《中国物权法草案建议稿附理由：物权编》，法律出版社2004年版，第239页。

为合同主体的自然人，必须是独立的有生命的人。《民法典》第十三条规定，自然人从出生时起到死亡时止，具有民事权利能力，依法享有民事权利，承担民事义务。据此可知，只有独立的有生命的自然人，才具有民事权利能力，即才具有享有民事权利的资格。概言之，本案中，如前所述，乙的腹中胎儿，是乙的身体的一部分，无独立的生命，不是自然人，不具有民事权利能力，即不具有基于赠与合同获得房屋所有权的资格。换言之，乙的腹中胎儿不具备成为房屋赠与合同主体的资格，签订房屋赠与合同的要约、承诺均由乙代其与甲完成，换言之，乙代其腹中胎儿与甲签订的房屋赠与合同依法不成立，故乙基于此赠与合同代胎儿申请的房屋所有权转移预告登记，登记程序不合法。

三、胎儿只能基于继承取得房屋所有权

《民法典》第一千一百三十三条第三款规定，自然人可以立遗嘱将个人财产赠与国家、集体或者法定继承人以外的组织、个人。笔者据此认为，其中的"法定继承人以外的人"，是指独立的有生命的自然人，胎儿没有独立的生命，不能作为受遗赠人。本案中，乙的腹中胎儿不能基于遗赠获得房屋所有权。

按《民法典》第一千一百五十五条规定，遗产分割时，应当保留胎儿的继承份额。在司法实务中，《继承法司法解释》第四十五条规定，应为胎儿保留的遗产份额，没有保留的，应从继承人所继承的遗产中扣回。概言之，胎儿只有基于继承才能获得被继承人遗留的财产的权利。本案中，甲可以以遗嘱的方式将其房屋指定由乙的腹中胎儿继承。

《民法典》第二百三十条规定，因继承取得物权的，自继承开始时发生效力。该法第一千一百二十一条第一款规定，继承从被继承人死亡时开始。据此可知，自被继承人死亡时起，继承人无须登记即依法、即时取得遗产的权利。申言之，被继承人死亡后，胎儿出生时有独立的生命，则依法、即时因继承取得被继承人遗留的相应的财产权利。本案中，如果甲在遗嘱中指定，在其死亡后，他的房屋所有权由乙的腹中胎儿继承，

则甲死亡后，乙的腹中胎儿出生时是独立的有生命的，则自该胎儿出生时起无须登记即依法、即时享有甲遗留的房屋所有权，乙可代其直接申请因继承产生的房屋所有权转移登记。但是，《民法典》第一千一百五十五条规定，遗产分割时，应当保留胎儿的继承份额。胎儿娩出时是死体的，保留的份额按照法定继承办理。据此可知，本案中，若乙的腹中胎儿出生时没有独立的生命的，胎儿就不能基于继承获得甲遗留的房屋所有权，该房屋所有权应当由甲的其他继承人基于法定继承获得。

笔者不支持此观点。

《民法典》第十六条规定，涉及遗产继承、接受赠与等胎儿利益保护的，胎儿视为具有民事权利能力。但是，胎儿娩出时为死体的，其民事权利能力自始不存在。据此可知，胎儿尚未脱离母体，不能像已经出生的自然人那样具有民事权利能力，但是，法律规定，胎儿在继承遗产、接受赠与时，把其当作有民事权利能力的自然人对待。胎儿毕竟还没有出生，不能像已经出生的自然人那样行使权利，其继承遗产、接受赠与、行使损害赔偿请求权，应当准用关于未成年人监护制度的规定，即由监护人作为法定代理人代胎儿行使权利。因胎儿没有出生，还没有姓名，赠与合同的受赠人只能写监护人的姓名，但实际的受赠人是胎儿而并不是监护人，所以应当在赠与合同中载明该财产是赠与胎儿的[①]。因此，本案中，"乙代胎儿与甲签订房屋赠与合同"于法有据。既然乙代胎儿与甲签订房屋赠与合同符合法律的规定，该房屋赠与合同就可以用作登记的证据材料。但是，胎儿可否作登记簿记载的权利人？如前所述，胎儿在继承遗产、接受赠与时，把其当作有民事权利能力的自然人对待，笔者据此认为胎儿可以作登记簿上记载的权利人。本案中，如果胎儿的父母为胎儿预起姓名的，登记簿上的权利人可以直接记载为胎儿；如果父母没有为胎儿预起姓名的，则登记簿上的权利人可以记载为胎儿的母亲

---

① 梁慧星：《〈民法总则〉重要条文的理解与适用》，http://ex.cssn.cn，访问日期：2018年7月25日。

乙，但须在登记簿和不动产登记证明附记栏加注"乙代未起名的胎儿登记"。胎儿出生前，具备预告登记转赠与转移登记的条件时，由乙代胎儿与甲共同申请赠与转移登记。胎儿出生后，但不具备预告登记转赠与转移登记的条件的，由乙代为申请将预告登记的权利人转移登记为胎儿，具备转赠与转移登记的条件时，再由乙代胎儿与甲共同申请赠与转移登记。

按前述《民法典》第十六条规定，胎儿娩出时为死体的，其民事权利能力自始不存在。据此可知，胎儿在继承遗产、接受赠与时，把其当作有民事权利能力的自然人对待，是以胎儿出生时是活体为前提的，如果胎儿出生时为死体的，则其民事权利能力自始不存在。本案中，如果胎儿出生时是死体的，乙应当凭胎儿的死亡证明申请预告登记注销登记，甲遗留的房屋按继承程序处理。

案例40　无身份证明的未成年人，可否凭出生医学证明替代身份证明申请继承转移登记

甲是乙、丙生育的男孩，年仅3岁，由于种种原因，甲至今没有取得户籍登记，即无合法的身份证明，俗称"黑户"。父亲丙因病去世，按丙立下的公证遗嘱，登记为丙单独所有的房屋由甲继承。丙死亡后，监护人乙持甲的出生医学证明、丙的公证遗嘱、丙的死亡证明书、不动产权属证书等材料申请继承转移登记，登记机构以甲的出生医学证明不是其合法的身份证明为由，不予受理。试问：无身份证明的未成年人，可否凭出生医学证明替代身份证明申请继承转移登记？

笔者认为，无身份证明的未成年人，可以凭出生医学证明替代身份证明申请继承转移登记。

按《母婴保健法》第二十三条规定，医疗保健机构和从事家庭接生的人员按照国务院卫生行政部门的规定，出具统一制发的新生儿出生医学证明。《关于印发〈出生医学证明〉管理补充规定的通知》（卫基妇发

〔2001〕45号）规定，《出生医学证明》是《中华人民共和国母婴保健法》规定的法律证件。新生儿父亲或母亲或其监护人凭《出生医学证明》，到所在地户口登记机关办理出生人口登记手续。《关于启用和规范管理新版〈出生医学证明〉的通知》（国卫妇幼发〔2013〕52号）规定，《出生医学证明》应当载明新生儿姓名和新生儿父母姓名。概言之，签发单位或人员只为出生时有生命的新生儿出具出生医学证明，该证明载明内容有新生儿的姓名及其父母姓名。出生医学证明表明：①《民法典》第十三条规定，自然人从出生时起到死亡时止，具有民事权利能力，依法享有民事权利，承担民事义务。据此可知，持有出生医学证明的新生儿依法具有民事权利能力；②父母是新生儿的合法监护人；③出生医学证明不是新生儿的身份证明，而是新生儿办理出生人口登记以取得身份证明的证据之一。

《不动产登记暂行条例实施细则》第九条第一款规定，申请不动产登记的，申请人应当填写登记申请书，并提交身份证明以及相关申请材料。据此可知，身份证明是申请人申请因继承产生的不动产登记时应当向登记机构提交的材料。该实施细则做此规定，笔者认为，一是证明申请人具有民事权利能力，即依法享有法律赋予的继承被继承人遗留不动产的资格，成为登记簿上新记载的不动产权利人；二是登记人员根据申请人的身份证明上的年龄，初步判定申请人是否具有完全民事行为能力，若具有完全民事行为能力，由其自行申请不动产继承转移登记，使自己继承取得的不动产权利通过登记得以公示，否则，由其监护人代为申请；三是登记人员根据申请人的身份证明，核对其他登记材料载明的权利主体与申请人是否同一，决定申请事项是否登记；四是便于登记机构准确记载不动产权利人的姓名，避免或减少因不动产权利人姓名记载错误产生的更正登记；五是继承转移登记完成后，权利人处分不动产申请登记时，登记人员可凭存档的身份证明判定处分人与权利人是否同一，从而判定申请处分登记的申请人是否适格。据此可知，本案中，监护人乙提交甲的出生医学证明代替其身份证明，虽然出生医学证明能证明甲具有民事权利能力和乙是其合法的监护人，但毕竟不是申请人的身份证明，若以出生医学证明代替身份证明，不符合《不动产登记暂行条例实施细则》第九条第一款规定，在可能出现的行政复议或行政诉讼中，直接关系到登记的成立与否。

但是，《民法典》第十五条规定，自然人的出生时间和死亡时间，以出生证明、死亡证明记载的时间为准；没有出生证明、死亡证明的，以户籍登记或者其他有效身份登记记载的时间为准。有其他证据足以推翻以上记载时间的，以该证据证明的时间为准。质言之，一般情形下，出生医学证明是无身份证明之人具有民事权利能力的证据。体现在本案中，甲是有民事权利能力的人，具备成为登记簿上新记载的房屋所有权人的资格。申言之，出生医学证明是甲享有房屋所有权资格的有效证明，凭此证明代替身份证明申请的不动产登记，登记机构应当受理。概言之，如果申请人无身份证明时，登记机构凭其出生医学证明办理相关登记，虽然不符合作为行政规章的《不动产登记暂行条例实施细则》的规定，但符合《民法典》的规定。

笔者综合上述情形认为，本案中，甲是法定的无民事行为能力人，但甲的出生医学证明能证明甲具有民事权利能力，且代为申请继承转移登记的乙是甲的监护人，即满足申请继承转移登记的基本要求，登记机构应当将出生医学证明作为代替身份证明的登记材料，受理继承转移登记申请并予以登记。

案例 41　办理出卖被监护人房屋产生的转移登记时，登记机构可否要求当事人在买卖合同中注明"为被监护人的利益"

成年智障人士吴乙不慎跌伤，监护人吴甲为给其筹集手术费，出卖登记在吴乙名下的房屋。申请转移登记时，登记人员要求吴甲和买方在买卖合同中注明"出卖房款用于吴乙的手术"。试问：登记人员对吴甲和买方的要求是否正确？

有观点认为，《民法典》第三十五条第一款规定，监护人应当按照最有利于被监护人的原则履行监护职责。监护人除为维护被监护人利益外，不得处分被监护人的财产。据此规定，在不动产登记实务中，"为被监护人的利益"成为监护人处分被监护人不动产产生的转移登记能否被核准的关键，为了维护被监护人利益，以提高登记质量，登记机构应当要求申请人在买卖合同中注明"出卖不动产系为被监护人的利益"。因此，本案中，登记人员要求当事人在买卖合同中注明"出卖房款用于吴乙的手术"的做法值得倡导。笔者不支持此观点。

《民法典》第四百六十四条第一款规定，合同是民事主体之间设立、变更、终止民事法律关系的协议。据此可知，合同是当事人意思表示一致的产物，合同只约束当事人，由当事人遵守。申言之，房地产买卖合同是买卖双方就终止卖方的房地产权利，使买方在此基础上设立属于自己的房地产权利，以及由此产生的支付款项、协助配合过户等权利义务达成的协议。质言之，房地产买卖合同中权利和义务的约定，完全取决于合同当事人间的合意，与第三方无关。不动产登记机构属于买卖合同的第三方，其登记人员无权要求合同当事人在合同中添注任何内容。再者，"为了被监护人的利益"只是监护人对被监护人承担的法定义务，属于卖方内部的权利义务，将其写入买卖双方约定权利义务的合同于法无据。

《不动产登记暂行条例实施细则》第十一条第二款规定，监护人因处分不动产而申请登记的，还应当提供为被监护人利益的书面保证。据此可知，出卖被监护人的财产是否为了被监护人的利益，是登记机构应当注意的要点，该要点以登记机构向监护人收取处分被监护人的不动产是"为被监护人利益的书面保证"的方式来体现。本案中，登记机构要求监护人提交出卖被监护人房屋是为了被监护人的利益的书面保证即可，无须要求其在买卖合同中注明"出卖不动产系为被监护人的利益"。

案例 42　仅由父或母代为申请处分未成年人的房屋产生的转移登记，登记机构可否办理

2018年8月，张某与丈夫程甲协议离婚，按离婚协议约定，原夫妻共有的房屋所有权与房屋分摊的国有建设用地使用权已经转移登记在年仅2岁的独生女程乙名下。程乙随程甲生活。后来，程甲再婚并有了新的住房。2021年1月，程甲为程乙筹集手术费，出卖了登记在程乙名下的房屋，并以监护人的身份与买方一同申请转移登记。试问：仅由程甲以监护人的身份与买方一同申请的转移登记，登记机构可否办理？

笔者认为，仅由程甲以监护人的身份与买方一同申请的转移登记，登记机构不能办理。

一、登记在程乙名下的房屋所有权属程乙单独所有

登记在程乙名下的房屋所有权与房屋分摊的国有建设用地使用权虽然曾经是程甲和张某的共有财产，但基于他们的离婚协议已经转移登记在独生女程乙名下，该行为是他们共同将房屋所有权与房屋分摊的国有建设用地使用权赠与了程乙，他们不再是房屋所有权与房屋分摊的国有建设用地使用权的权利人，因此，出卖的是独生女程乙的房屋，不是程甲和张某共有的房屋。程甲和张某参与因出卖该房屋产生的转移登记，行使的是对程乙的监护权，不是行使房屋所有权与房屋分摊的国有建设用地使用权。

二、程甲和张某是程乙的共同监护人，监护权也应当由他们共同行使

《民法典》第二十七条第一款规定，父母是未成年子女的监护人。在司法实务中，《民法通则司法解释》第二十一条规定，夫妻离婚后，与子女共同生活的一方无权取消对方对该子女的监护权，但是未与该子女共同生活的一方，对该子女有犯罪行为、虐待行为或者对该子女明显不利的，人民法院认为可以取消的除外。据此可知，一般情形下，父母是未

成年人的共同监护人，共同监护关系不因其婚姻关系的改变而改变。换言之，即使父母离婚后，父母仍然是未成年人的共同监护人，应当共同行使对未成年人的监护权。本案中，程乙属于无民事行为能力的未成年人，其父母虽然离婚了，但父母仍然是她的共同监护人并共同行使对她的监护权，登记在她名下的房屋要出卖，须由作为其共同监护人的父母共同代为申请转移登记，因此，登记机构不应当办理仅由程甲代程乙申请的转移登记。程甲是为了程乙的利益出卖登记在程乙名下的房屋，可以请求另一个监护人张某配合办理转移登记手续。如果张某不配合，程甲可以向法院起诉，请求判决张某履行监护义务，登记机关凭判决办理转移登记。

三、未成年人监护权的撤（取）销只能由人民法院决定

按《民法典》第三十六条规定和《民法通则司法解释》第二十条、第二十一条规定，监护人资格的撤销或取消，由人民法院决定。因此，本案中，不管是程甲还是张某，只要人民法院没有作出撤（取）销他们对程乙的监护权的判决或裁定，他们就是程乙的共同监护人，出卖登记在程乙名下的房屋须由他们共同代为申请转移登记。

综上所述，出卖登记在程乙名下的房屋时，在张某的监护权没有被人民法院撤（取）销的前提下，仅由程甲以监护人的身份与买方一同申请的转移登记，登记机构不能办理。

案例 43　尼姑可否作其未成年儿子的监护人

尼姑甲欲出卖登记在 6 岁的儿子乙名下的住房，甲与买方一起向登记机构提交了乙名下的不动产权属证书、买方的身份证、尼姑甲的出家证、载明甲与乙姓名的出生医学证明等要件。登记机构经询问当事人得知：乙是甲出家前的非婚生独子，父亲是谁不得而知；乙现随姨妈生活，患有地中海式贫血病，甲卖房是为了给乙治病；登记在乙名下的房屋是外婆生前赠与的。最后，登记机构以甲是出家人，不能作未成年人乙的

第二部分　转移登记

监护人为由不受理甲与买方申请的转移登记。试问：尼姑甲可否作未成年人乙的监护人？

笔者认为，尼姑甲可以作未成年人乙的监护人。

按《民法典》第二十条规定，不满八周岁的未成年人为无民事行为能力人，由其法定代理人代理实施民事法律行为。该法第二十三条规定，无民事行为能力人、限制民事行为能力人的监护人是其法定代理人。该法第二十七条第一款规定，父母是未成年子女的监护人。据此可知，未成年人和无民事行为能力人或者限制民事行为能力的精神病人，这两种人都是在民事行为能力方面有欠缺的人，把他们置于监护人的监护之下，使监护人在民事活动中充当他们的法定代理人，从而使他们能进行各种民事活动。所以，监护人也就是对被监护人的民事行为能力加以补充[①]。换言之，法律建立监护制度的目的，是弥补被监护人民事行为能力的不足，保护被监护人的合法权益。八周岁以下的未成年人为无民事行为能力人。本案中，乙年仅6岁，属于无民事行为能力人，是当然的被监护人。

笔者认为，判定某人是否具有监护人的资格，一是看其是否在法律规定的监护人的范围内；二是看其是否有能力履行监护人职责，以保护被监护人的合法权益。但是，登记机构在办理登记时，判定某人是否具有监护人的资格，只能履行力所能及的查验责任，即该人在法律规定的监护人范围内，且能够到登记机构代被监护人办理登记手续，或能够委托他人代被监护人办理登记手续，该人即有监护能力。至于该人的健康状况、经济条件、道德品行等，虽然与其是否有能力履行监护人职责，以保护被监护人的合法权益相关，但对其实施查验超出了登记机构的能力范围，登记机构无能力也无须过问。本案中，乙是未成年人，甲是乙的母亲，依前述《民法典》的规定，甲在法律规定的能够作乙的监护人的范围内，同时，甲也具备到登记机构代乙办理转移登记的能力，即甲

---

① 谢怀栻：《民法总则讲要》，北京大学出版社2007年版，第86页。

是乙适格的监护人。

由于甲有尼姑的特殊身份,她能否作乙的监护人?笔者查阅了相关法律和司法解释,没有关于特殊身份的人不能作监护人的规定。监护是为了保护被监护人的民事权益而建立的民事法律制度,法无禁止则可为,甲作为乙的母亲且具有监护能力,是其当然的监护人,甲出卖乙的房屋也是为了维护乙的健康,有资格代其申请因出卖房屋产生的转移登记。

案例 44 权利人凭确认权属的生效判决书取得他人预购的商品房申请的登记,登记机构该怎样办理

甲按揭购买了一套商品住宅,办理了预购商品房预告登记和预购商品房抵押预告登记。房屋完工后,房地产开发企业办理首次登记前,甲因欠乙的钱被起诉到人民法院,人民法院经过审理后判决甲按揭购买的住宅归乙所有。乙持生效的判决书等材料向登记机构申请房屋所有权登记。试问:对乙申请的房屋所有权登记,登记机构应当怎样办理?

有观点认为:登记机构应当告知乙,先凭生效的判决甲按揭购买的住宅归乙所有的判决书,申请预购商品房抵押预告登记注销登记和预购商品房预告登记注销登记,然后与房地产开发企业重新签订商品房买卖合同,待房地产开发企业办理首次登记后,乙再与房地产开发企业共同申请买卖产生的转移登记,将房屋所有权登记到乙的名下。笔者不支持此观点。

一、当事人凭确认房屋所有权归属的生效判决书,申请记载在登记簿上的预购商品房抵押登记注销登记和预购商品房预告登记注销登记的,登记机构不能办理

《民法典》第二百二十一条第一款规定,当事人签订买卖房屋的协议或者签订其他不动产物权的协议,为保障将来实现物权,按照约定可以向登记机构申请预告登记。预告登记后,未经预告登记的权利人同意,处分该不动产的,不发生物权效力。质言之,预告登记被记载在登记簿

第二部分 转移登记

上后,预告登记的权利人并不因此而享有相应的房屋物权,预告登记只是一种保护措施,确保以取得所有权、抵押权等房屋物权为目的的债权实现,使预告登记权利人在将来确定地取得相应的房屋物权。简言之,预告登记是一项债权保护措施。该法第二百一十五条规定,当事人之间订立有关设立、变更、转让和消灭不动产物权的合同,除法律另有规定或者当事人另有约定外,自合同成立时生效;未办理物权登记的,不影响合同效力。质言之,我国《民法典》采用的是严格区分债权和物权的立法模式,债权是原因,物权是债权实现的结果。该法第二百二十一条第二款规定,预告登记后,债权消灭或者自能够进行不动产登记之日起九十日内未申请登记的,预告登记失效。质言之,只有作为预告登记基础的债权消灭,或满足转本登记条件而未在法定时限内申请本登记的,才满足预告登记失效的要求,当事人才能基于此申请预告登记注销登记。本案中,乙申请预购商品房抵押预告登记注销登记和预购商品房预告登记注销登记的证据是其享有房屋物权的生效判决书,而非消灭作为预告登记基础的债权的生效判决书,即生效的确认房屋所有权归属的判决书,不满足消灭预购商品房抵押预告登记和预购商品房预告登记的条件,故乙若据此判决书申请预购商品房抵押预告登记注销登记和预购商品房预告登记注销登记时,登记机构不能办理。

二、对未经首次登记的房屋,凭人民法院生效的确认房屋所有权归属的判决书,登记机构可以为权利人办理房屋所有权登记

本案中,可以通过两种途径将房屋所有权登记到乙的名下:一是适用首次登记将房屋直接登记在乙的名下。按《民法典》第二百二十九条规定,因人民法院生效的法律文书设立物权的,自法律文书生效时发生效力。据此可知,人民法院生效的确认房屋所有权归属的判决书是权利人享有房屋所有权的凭证,而非权利来源的凭证。基于人民法院生效的判决书取得的房屋所有权是干净的,没有任何负担的。由于此房屋所有权截止判决书生效时尚未首次登记，故登记机构应权利人的申请，可以以首次登记的方式直接将房屋所有权登记到权利人乙的名下。收取的登记材料主要有生效的确认房屋归属的判决书、测绘成果报告等。但采用此种方式将房屋登记到乙名下后，在房地产开发企业申请首次登记时，登记机构容易将已经登记给权利人的部分再重复登记给房地产开发企业，应当适时核减该部分房屋。二是在房地产开发企业完成首次登记后，登记机构应权利人乙的申请，将房屋所有权从房地产开发企业名下直接转移登记到乙名下，此方式能够从登记簿上反映房屋所有权变动的连续性，且可以有效避免重复登记。

案例 45　将发起人名下的房屋登记到股份有限公司名下，适用变更登记，还是转移登记

张某系某股份有限公司设立时的发起人，该公司成立后，张某持不动产权属证书、工商行政管理机关出具的股份有限公司发起人证明等材料，申请将张某名下的一幢写字楼的所有权登记到某股份有限公司的名下。试问：登记机构应当适用变更登记，还是转移登记？

观点一认为，发起人张某是为了将来设立的某股份有限公司的需要而将房屋的所有权登记在自己名下，在该股份有限公司依法设立后，房屋的所有权应当变更登记到某股份有限公司名下，符合公司法人的本质，应当适用变更登记。

观点二认为，按《公司法》的规定，股份有限公司属于法人。按《民法典》的规定，法人与自然人属于两种不同的但地位平等的民事主体。故房屋所有权自张某名下变动到股份有限公司名下，是房屋所有权人发生变动，应该适用转移登记。

笔者认为，《公司法》第七十九条规定，股份有限公司发起人承担公司筹办事务。发起人应当签订发起人协议，明确各自在公司设立过程中的权利和义务。据此可知，发起人在公司筹办过程中享有的权利和应当履行的义务，均以发起人协议的约定为准。因此，本案中，欲将发起人张某名下的房屋所有权登记到某股份有限公司名下，应该适用何种登记类型，应当结合张某参与签订的发起人协议来考虑。

（1）如果发起人协议中有授权张某负责办理未来设立的股份有限公司运营所需房屋事宜的约定，且房屋所有权取得手续形成于发起人协议签订后，可视为张某取得房屋所有权是为了未来设立的某股份有限公司的需要。因某股份有限公司在申请房屋所有权登记时尚未设立，没有民事权利能力，即不具备享有民事权利的资格，不能成为登记簿上记载的房屋所有权人，将未来应当属于某股份有限公司的房屋所有权登记在发起人张某名下，是基于发起人协议的授权所为，系公司借用发起人张某的名义登记房屋，但在公司登记成立后，张某应当将房屋交还给公司。据此可知，此情形下，欲将发起人张某名下的房屋所有权登记到某股份有限公司名下，适用交还房屋产生的转移登记，由于此转移登记非基于交易原因产生，故不涉税。

（2）如果发起人协议中没有授权张某负责办理未来设立的股份有限公司运营所需房屋事宜的约定，或有约定但房屋所有权取得材料形成于发起人协议签订前的，则张某取得房屋所有权与未来设立的某股份有限公司的需要没有直接的因果关系。此情形下，欲将发起人张某名下的房屋所有权登记到某股份有限公司名下，系平等的民事主体间基于法律行为产生的房屋所有权变动，也适用转移登记。至于转移登记原因是张某投资入股，抑或捐赠给公司，登记机构无须过问，但应当收取纳税或免税凭证。

案例 46　基于确认权属的仲裁裁决书产生的房屋登记，可否由权利人单方申请

甲认为登记在乙名下的房屋所有权和房屋占用范围内的国有建设用地使用权应当属于自己所有，乙则持相反意见。甲、乙协商后共同申请仲裁机构仲裁。仲裁机构经过审理，出具仲裁裁决书裁决：申请仲裁的房屋所有权和房屋占用范围内的国有建设用地使用权属于甲所有。试问：甲可否持仲裁裁决书等材料单方申请转移登记？

有观点认为，仲裁机构作出的导致不动产物权变动的仲裁裁决书，不能由权利人持该裁决书单方申请登记，其原因在于，按《仲裁法》第五十八条规定，当事人提出证据证明，仲裁裁决书存在违法情形的，可以申请人民法院撤销该裁决书。因此，为了表明当事人服从仲裁裁决，也为了保证基于仲裁裁决申请的不动产登记质量，本案中，基于确认权属的仲裁裁决书产生的房屋所有权和房屋占用范围内的国有建设用地使用权转移登记，应当由申请仲裁的当事人共同申请。笔者不支持此观点。

仲裁，是指仲裁机构基于平等主体的申请，根据他们达成的仲裁协议，对他们因合同和财产权益发生的纠纷，居中进行评判、裁决的一种法律制度。质言之，仲裁也是决定财产权利归属的一种法律制度，因此而产生的仲裁文书具有法律上的效力。

《仲裁法》第九条规定，仲裁实行一裁终局的制度。该法第五十七条规定，裁决书自作出之日起发生法律效力。据此可知，通过仲裁途径解决民事纠纷的，仲裁裁决书自作出之日起直接产生法律效力，没有初审裁决与终审裁决之说。按《民法典》第二百二十九条规定，仲裁机构的法律文书导致物权设立、变更、转让和消灭的，自法律文书生效时发生效力。据此可知，自仲裁机构的裁决书生效时起，基于该裁决书导致的物权设立、变更、转让和消灭产生法律上的效力。因此，本案中，甲自仲裁裁决书作出之日起，无须登记即依法、即时享有原来登记在乙名下的房屋所有权和房屋占用范围内的国有建设用地使用权，甲持仲裁裁决书申请房屋所有权和房屋占用范围内的国有建设用地使用权登记，是将自己已经依法享有的房屋所有权和房屋占用范围内的国有建设用地使用权，申请登记机构记载在登记簿上予以公示，该申请虽然关系到乙的利益，但无须取得乙的同意，也无须乙的协助配合，故应当由甲单方申请。

按《不动产登记暂行条例》第十四条第二款第（三）项规定，因仲裁机构生效的法律文书取得的房地产权利，属于可以由当事人单方申请登记的情形。概言之，导致房屋所有权及房屋占用范围内的国有建设用地使用权变动的仲裁裁决书产生的房地产登记，可以由权利人单方申请。

《民法典》第一百二十二条规定，因他人没有法律根据，取得不当利益，受损失的人有权请求其返还不当利益。据此可知，本案中，甲持仲裁裁决书申请将房屋所有权和房屋占用范围内的国有建设用地使用权登记到自己名下后，若该仲裁裁决书被人民法院撤销，则甲自乙处取得的房屋所有权和房屋占用范围内的国有建设用地使用权失去法律上的根据，构成不当得利，乙可以直接请求甲返还房屋所有权和房屋占用范围内的国有建设用地使用权，若甲协助、配合，甲、乙共同申请返还房屋所有权和房屋占用范围内的国有建设用地使用权产生的转移登记；若甲不协助、配合，乙可以向人民法院起诉，请求人民法院判令甲返还房屋，然后凭生效的判决书申请登记。

另外，用作登记证据材料的仲裁裁决书被人民法院生效的判决撤销，表明该仲裁裁决自始无效，登记机构据此办理的登记程序错误，基于错误程序完成的登记也是错误的，乙可据此向登记机构申请更正登记，将房屋更正登记到其名下。

案例 47　因房地产买卖合同被人民法院判决无效而返还的房屋，适用更正登记，还是转移登记

甲将房屋所有权及房屋分摊的国有建设用地使用权卖给乙，双方签订房地产买卖合同后，持相关手续办理了转移登记。三个月后，因种种原因产生诉讼，人民法院判决：甲、乙签订的房地产买卖合同无效。判决生效后，甲、乙持生效的判决书等材料申请返还房屋所有权及房屋分摊的国有建设用地使用权产生的转移登记。登记人员告知：应当申请更正登记，并提交乙同意更正登记的证明。试问：房地产买卖合同被人民法院判决无效后,买方返还卖方的房屋所有权及房屋分摊的国有建设用地使用权是适用更正登记,还是转移登记?

笔者认为,房地产买卖合同被人民法院判决无效后,买方返还卖方的房屋所有权及房屋分摊的国有建设用地使用权既适用更正登记,也适用转移登记。

一、房地产买卖合同被人民法院判决无效后,买方返还卖方的房屋所有权及房屋分摊的国有建设用地使用权,适用更正登记

《民法典》第二百一十六条第一款规定,不动产登记簿是物权归属和内容的根据。质言之,不动产登记簿记载的内容是有公信力的。所谓公信力,即法律对第三人依据不动产登记簿的记载所表述的不动产物权的内容而取得的该项权利予以强制保护,使其免受任何人追夺的强制力[①]。笔者认为,登记簿的公信力的支撑是登记簿记载的内容必须合法、真实、有效。而登记簿记载的内容来源于登记申请材料,因此,登记申请材料应当合法、真实、有效。《民法典》第一百五十五条规定,无效的或者被撤销的民事法律行为自始没有法律约束力。据此可知,作为民事法律行为的合同被人民法院判决无效的,将溯及既往,从合同成立之时就无效。本案中,如果用作转移登记申请材料的房地产买卖合同因被人民法院判决无效后,自始无效,则登记机构为乙办理的买卖转移登记的程序违法,登记簿上记载在乙名下的买卖转移登记错误。《民法典》第二百二十条第一款规定,权利人、利害关系人认为不动产登记簿记载的事项错误的,可以申请更正登记。不动产登记簿记载的权利人书面同意更正或者有证据证明登记确有错误的,登记机构应当予以更正。据此可知,更正登记是纠正登记簿上记载的内容错误的一种不动产登记类型,可以由登记簿上记载的权利人、与登记簿上记载的内容有利害关系的人申请。本案中,甲与登记簿上记载在乙名下的转移登记有利害关系,可以以利害关系人

---

① 梁慧星:《中国物权法草案建议稿附理由:物权编》,法律出版社2004年版,第239页。

的身份凭生效的判决房地产买卖合同无效的判决书向登记机构申请更正登记，将房屋更正登记回自己名下。

二、房地产买卖合同被人民法院判决无效后，买方返还卖方的房屋所有权及房屋分摊的国有建设用地使用权，也可以适用转移登记

按《民法典》第一百五十七条规定，民事法律行为无效、被撤销或者确定不发生效力后，行为人因该行为取得的财产，应当予以返还。质言之，基于合同取得财产的一方当事人，在合同无效后，应当向失去财产的另一方当事人返还财产，申言之，基于房地产买卖合同取得房屋所有权及房屋分摊的国有建设用地使用权的买方，在合同无效后，应当向卖方返还房屋所有权及房屋分摊的国有建设用地使用权。在不动产登记实务中，《不动产登记暂行条例实施细则》第二十七条规定："因下列情形导致不动产权利转移的，当事人可以向不动产登记机构申请转移登记：（一）买卖、互换、赠与不动产的；（二）以不动产作价出资（入股）的；（三）法人或者其他组织因合并、分立等原因致使不动产权利发生转移的；（四）不动产分割、合并导致权利发生转移的；（五）继承、受遗赠导致权利发生转移的；（六）共有人增加或者减少以及共有不动产份额变化的；（七）因人民法院、仲裁委员会的生效法律文书导致不动产权利发生转移的；（八）因主债权转移引起不动产抵押权转移的；（九）因需役地不动产权利转移引起地役权转移的；（十）法律、行政法规规定的其他不动产权利转移情形。"据此可知，不动产转移登记，是指登记簿上记载的权利主体变动，其他内容不变产生的登记。本案中，基于人民法院确认房地产买卖合同无效的判决书，买方乙向卖方甲返还房屋所有权及房屋分摊的国有建设用地使用权，是将现时登记在乙名下的房屋所有权及房屋分摊的国有建设用地使用权恢复登记到甲名下，系房屋所有权及房屋分摊的国有建设用地使用权主体发生变动，故也可以适用转移登记。但此转移登记非因交易原因所致，故不涉税。

案例 48　买卖合同解除后，已经完成转移登记的房屋所有权和房屋分摊的国有建设用地使用权可否"恢复原状"

甲将房屋卖给乙，甲、乙在房地产买卖合同中约定，乙付给甲 30%的购房款后，甲协助乙办理房屋所有权和房屋分摊的国有建设用地使用权转移登记，70%的余款自完成转移登记之日起 3 个月内付清。尔后，甲协助乙完成了转移登记。3 个月后，乙因种种原因不能向甲支付余款，遂告知甲无力向其支付余款。随后，乙与甲商议，达成解除房地产买卖合同协议，该协议约定：① 解除双方之前签订的房地产买卖合同；② 乙退还房屋所有权和房屋分摊的国有建设用地使用权给甲，并协助甲办理退房产生的转移登记手续；……甲、乙持解除房地产买卖合同协议及其他手续申请因退还房屋产生的转移登记，登记人员告知：因买卖产生的房屋所有权和房屋分摊的国有建设用地使用权转移登记已经完成，合同不能解除，房屋所有权和房屋分摊的国有建设用地使用权也不能退还，只能通过申请买卖或赠与产生的转移登记，将房屋所有权和房屋分摊的国有建设用地使用权登记到甲名下。试问：因买卖产生的房屋所有权和房屋分摊的国有建设用地使用权转移登记完成后，房地产买卖合同可否解除？房屋所有权和房屋分摊的国有建设用地使用权可否因"恢复原状"转移登记到原权利人名下？

笔者认为，因买卖产生的房屋所有权和房屋分摊的国有建设用地使用权转移登记完成后，房地产买卖合同可以解除。房屋所有权和房屋分摊的国有建设用地使用权也可以因"恢复原状"转移登记到原权利人名下。

一、因买卖产生的房屋所有权和房屋分摊的国有建设用地使用权转移登记完成后，未履行完毕的房地产买卖合同可以解除

法理上，合同解除是指因一方当事人行使法定或约定的解除权，或者经双方当事人协议，而使有效存在的合同关系自始消灭或向将来消灭的一种行为①。法律规范上，按《民法典》第五百六十三条第一款第（二）项规定，在履行期限届满前，当事人一方明确表示或者以自己的行为表明不履行主要债务的，当事人可以解除合同。据此可知，在履行期限内，主要债务未履行的合同，当事人可以协商解除。因此，本案中，尽管因买卖产生的房屋所有权和房屋分摊的国有建设用地使用权转移登记已经完成，但买房人乙由于自身原因不能按房地产买卖合同约定的期限向卖房人甲支付 70% 的购房余款，即乙向甲支付购房余款的主要债务尚未履行，且乙告知甲不再支付，换言之，乙向甲支付购房余款是其履行房地产买卖合同约定的主要债务，该债务没有履行完毕，也不再履行，具备当事人双方协商解除合同的法定条件，故甲、乙协商达成的解除房地产买卖合同协议，符合法律的规定。

二、因买卖产生的房屋所有权和房屋分摊的国有建设用地使用权转移登记虽然已经完成，但买卖合同解除后，已经转移的房屋所有权和房屋分摊的国有建设用地使用权仍然可以"恢复原状"

《民法典》第五百六十六条第一款规定，合同解除后，尚未履行的，终止履行；已经履行的，根据履行情况和合同性质，当事人可以请求恢复原状或者采取其他补救措施，并有权请求赔偿损失。所谓恢复原状，笔者认为，就是恢复到合同履行前给付物原来的状态。对于不动产，恢复原状是指合同当事人的一方，向对方当事人原样交还不动产实体，同时，基于合同完成转移登记的不动产权利，在合同解除后，将不动产权利恢复到转移登记前的状态。本案中，原属于甲的房屋所有权和房屋分摊的国有建设用地使用权已经转移登记到乙的名下，是双方履行房地产买卖合同的结果之一。甲、乙在解除房地产买卖合同协议中约定的买房人乙向卖房人甲退还房屋所有权和房屋分摊的国有建设用地使用权，就是将现时登记在乙名下的房屋所有权和房屋分摊的国有建设用地使用权

---

① 王利明：《民法学》，复旦大学出版社 2004 年版，第 738 页。

"恢复原状",即将之转移登记到合同履行前甲的名下之状态,故因买卖产生的房屋所有权和房屋分摊的国有建设用地使用权转移登记虽然已经完成,但解除买卖合同后,房屋所有权和房屋分摊的国有建设用地使用权"恢复原状"于法有据。

三、因"恢复原状"产生的转移登记,房屋所有权和房屋分摊的国有建设用地使用权只能登记到原权利人名下

因"恢复原状"产生的房屋所有权和房屋分摊的国有建设用地使用权转移登记,是原买卖双方当事人履行解除房地产买卖合同协议的结果,故该结果只能由卖房人承受。本案中,因"恢复原状"产生的转移登记,房屋所有权和房屋分摊的国有建设用地使用权只能登记在卖房人甲名下,且不属于交易原因产生的转移登记,故权利人甲无须履行契税、土地增值税缴纳义务,换言之,甲、乙申请转移登记时,无须提交契税、土地增值税缴纳凭证。如果申请将房屋所有权和房屋分摊的国有建设用地使用权转移登记到卖房人甲之外的第三人名下的,则不属于"恢复原状"产生的转移登记,申请人申请转移登记时应当根据转移登记原因提交登记要件。

第三部分　注销登记

案例49　权利人放弃所有权是否只适用注销登记

市民张三因某种原因放弃登记在自己名下的房屋所有权，持放弃房屋所有权声明、载明房屋所有权的不动产权属证书等材料申请注销登记。登记人员受理后认为，放弃所有权，并不等于此房屋没有所有权，如果办理了注销登记，则房屋的所有权消灭。按《民事诉讼法》第一百九十二条规定，权利人放弃了所有权，该房屋在被人民法院认定为无主财产后，收归国家所有。换言之，注销登记后，张三的房屋所有权消灭，而房屋又被人民法院判决收归国家所有，则房屋无法登记到代国家取得所有权的国家组织名下。试问：张三放弃房屋所有权该适用什么登记类型？

有观点认为：只要权利人有放弃的意愿，被其放弃所有权的房屋则不一定需要法院判决确认归属。可以在实务中通过转移申请和询问告知的方式，告知原产权人，其放弃所有权后，所有权会依法转移给国家组织或者集体经济组织。放弃所有权的登记，应当是一种特殊的转移登记，是一种可以由承受所有权的国家组织或者集体经济组织单独申请的转移登记。所以无论是从法律后果上，还是从申请程序上或从登记簿的连续性上来看，权利人作出放弃的意思表示后，由代国家取得所有权的组织申请转移登记是最恰当和合适的。笔者不支持此观点。

一、权利人放弃房屋所有权应当适用注销登记

权利人放弃所有权，是不动产物权消灭的原因，这是民法理论上的通说。在法律规范上，《民法典》第二百一十四条规定，不动产物权的设

立、变更、转让和消灭，依照法律规定应当登记的，自记载于不动产登记簿时发生效力。质言之，一般情形下，基于法律行为消灭不动产物权的，非经登记不生效力。在不动产登记实务中，按《不动产登记暂行条例实施细则》第二十八条第（二）项规定，权利人放弃不动产权利的，当事人可以申请办理注销登记。概言之，权利人放弃房屋所有权的目的，就是要消灭原本属于自己的房屋所有权，使其失去法律上的效力。权利人放弃房屋所有权的行为系对自己享有的房屋所有权的处分，是一种纯粹的物权行为，无须他人协助、配合，质言之，权利人放弃房屋所有权的行为属于民事法律行为中的单方行为，此单方行为要实现消灭房屋所有权的目的，只能由权利人自行申请房屋所有权注销登记，且自注销登记被记载于登记簿上时起才生效。因此，本案中，张三放弃属于自己的房屋所有权申请登记时，登记机构应当适用注销登记，且自注销登记记载于登记簿上后，原属于张三的房屋所有权才失去法律上的效力，张三因放弃而消灭自己房屋所有权的法律效果才得以实现。

二、房屋所有权转移登记的对象，必须是现时记载在登记簿上的有效的房屋所有权

《不动产登记暂行条例实施细则》第二十四条规定，不动产首次登记，是指不动产权利第一次登记。未办理不动产首次登记的，不得办理不动产其他类型登记，但法律、行政法规另有规定的除外。质言之，一般情形下，不动产的权利经过首次登记记载于登记簿上以后，才可以办理变更登记、转移登记、注销登记、抵押权登记等后续登记，换言之，因处分房地产而申请登记的，被处分的房地产权利应已登记。申言之，因处分房屋申请的登记，被处分的房屋权利或事项必须是现时还记载在登记簿上，换言之，登记簿现时记载的有效的房屋权利或事项，是申请因处分房屋产生的登记的前提。本案中，如前所述，张三放弃属于自己的房屋所有权系处分房屋的一种情形，因放弃房屋所有权产生的注销登记自记载于登记簿上时起，张三的房屋所有权失去法律上的效力，即失去了申请房屋所有权转移登记的前提，即使是国家组织依法定程序取得该房屋的所有权也无法完成转移登记。

三、权利人放弃房屋所有权后，该房屋的所有权并不当然归国家所有

《民事诉讼法》第一百九十一条规定，申请认定财产无主，由公民、法人或者其他组织向财产所在地基层人民法院提出。该法第一百九十二条规定，人民法院受理申请后，经审查核实，应当发出财产认领公告。公告满一年无人认领的，判决认定财产无主，收归国家或者集体所有。据此可知，本案中，自因放弃所有权导致的注销登记记载于登记簿上时起，因原权利人张三失去房屋所有权，而使此房屋所有权的归属处于待定状态，欲得到房屋所有权的国家组织可基于此注销登记，申请人民法院认定此房屋无主并确认归其所有，该国家组织才能基于人民法院的生效判决取得此房屋的所有权。基于人民法院的生效判决取得的房屋所有权，属于房屋所有权的原始取得。所谓原始取得，是因一定的法律事实，财产所有权第一次产生或者不以原所有人的所有权和意志为根据，而直接取得所有权。基于人民法院的生效判决取得此房屋所有权的国家组织，系不以原所有人的所有权和意志为根据，而是凭此生效判决直接取得房屋的所有权，由此应当申请的是首次登记，而非转移登记。

四、辩证地看登记簿的连续性

不动产登记簿的连续性，可以清晰、完整地记载房屋所有权变动的过程，准确描述房屋所有权变化的所有阶段，为查阅、利用登记簿的当事人提供值得信赖的权利信息，供其交易抉择。

如果权利人放弃房屋所有权，且已经完成注销登记，但此登记簿并不消灭，仍然对该注销登记发挥公示作用。从此角度看，登记簿上的记载是连续的。从另一角度看，注销登记已经完成，登记簿记载的房屋所有权已经依法消灭，失去了申请后续登记的前提，此情形下，登记簿的使命不在，连续性也就不存在了。故笔者认为，不能机械地维持登记簿的连续性，当破得破，当立才立。

综上所述，权利人放弃所有权只能适用注销登记，且注销登记完成后，申请转移登记、变更登记等后续登记的前提不再存在。

第四部分 抵押权登记

案例 50　登记机构可否任委托受托人向银行办理抵押担保的手续为其办理抵押权登记

2021年1月4日，某登记机构受理并办理了一件受托人持委托公证书申请的抵押权登记，被担保的债务人为受托人。2021年1月6日，抵押人书面质疑登记机构"我没有向你们申请，为什么将我的房屋办理了抵押？"登记机构查阅登记档案发现，公证书里面的委托事项是委托受托人代其向银行办理借款担保手续。经询问抵押人后得知：抵押人的身份证、不动产权属证书是其交给受托人办理借款担保手续用的，他们约定，先办理抵押担保手续，由受托人的当公务员的女儿向委托人出具保证承担父亲债务的声明后，委托人（抵押人）才申请抵押权登记。目前，委托人（抵押人）以登记程序违法为由，向人民法院提起行政诉讼，请求撤销抵押权登记。试问：该件抵押权登记会被人民法院判决撤销吗？

观点一认为，委托人委托受托人代其向银行办理借款担保手续，表明因受托人享有签订担保合同的代理权，申请抵押权登记是基于担保合同派生的从权利，受托人基于担保合同的成立、生效自然取得代为申请抵押权登记的代理权，无须委托人另行授权，因此，登记机构的登记程序没有违法，该件抵押权登记不应当被人民法院判决撤销。

观点二认为，受托人超越委托权限申请抵押权登记，属于民事纠纷，与登记机构无关，法院应当基于"先民事，后行政"的原则，裁定中止行政案件的审理，告知当事人通过民事诉讼主张权利。

笔者不支持此两种观点。

一、代为办理借款担保手续与代为申请抵押权登记是两种不同的行为

《民法典》第三百八十七条第一款规定，债权人在借贷、买卖等民事活动中，为保障实现其债权，需要担保的，可以依照本法和其他法律的规定设立担保物权。按该法第三百八十八条规定，设立担保物权，应当依照本法和其他法律的规定订立担保合同。担保合同包括抵押合同、质押合同和其他具有担保功能的合同。据此可知，担保是保障民事活动中合法建立的债权实现的一种法律行为，抵押是担保的方式之一。《不动产登记暂行条例》第十四条第一款规定，因买卖、设定抵押权等申请不动产登记的，应当由当事人双方共同申请。在不动产登记实务中，《不动产登记暂行条例实施细则》第二条第一款规定，不动产登记应当依照当事人的申请进行，但法律、行政法规以及本实施细则另有规定的除外。据此可知，一般情形下，申请不动产登记，是启动不动产登记的前提，是启动不动产登记的程序行为。申言之，如果委托人委托受托人代其向银行办理借款担保手续，应当是指代委托人就担保事宜与银行进行协商并签订担保文书；如果委托人委托受托人代为申请抵押权登记，则是在满足抵押权登记条件时，受托人代委托人向登记机构提交抵押权登记申请书及相关申请材料，以启动抵押权登记程序。因此，代为办理借款担保手续与代为申请抵押权登记是两种不同的行为，代为办理的也是不同内容的事项。本案中，委托人委托受托人代其向银行办理借款担保手续，没有委托受托人代为申请抵押权登记，受托人代其申请抵押权登记系超越委托权限实施的行为。目前，委托人（抵押人）以书面方式质疑登记机构办理的抵押权登记，表明其对此超越委托权限申请的抵押权登记不予承认，应当视为登记机构在当事人没有申请的前提下为其办理抵押权登记，属于登记程序违法。按《行政诉讼法》第七十条第（三）项规定，违反法定程序的行政行为，人民法院可以判决全部撤销或部分撤销。据此可知，本案中，受托人超越委托权限申请的抵押权登记可能被人民法

院判决撤销，若如此，由此给当事人造成损失的，登记机构应当承担相应的赔偿责任。

二、因行政程序违法产生的案件，当事人可以直接向人民法院提起行政诉讼

《行政诉讼法》第六条规定，人民法院审理行政案件，对行政行为是否合法进行审查。在司法实务中，《最高人民法院关于审理房屋登记案件若干问题的规定》（法释〔2010〕15号）第八条规定，当事人以作为房屋登记行为基础的买卖、共有、赠与、抵押、婚姻、继承等民事法律关系无效或者应当撤销为由，对房屋登记行为提起行政诉讼的，人民法院应当告知当事人先行解决民事争议，民事争议处理期间不计算在行政诉讼起诉期限内；已经受理的，裁定中止诉讼。据此可知，行政诉讼中，人民法院对作为行政行为的不动产登记的合法性作审查，当事人因产生不动产登记的买卖、抵押等民事法律关系无效或应当撤销为由提起的行政诉讼，人民法院已经立案受理的，才会裁定中止行政案件的审理，告知当事人先行解决民事争议。据此可知，本案中，当事人提起行政诉讼的事由是登记机构办理抵押权登记的行政行为程序违法，而非设立抵押权的抵押关系（合同）无效或应当被撤销，故当事人可以直接向人民法院提起行政诉讼，人民法院立案受理后，也会直接审查该抵押权登记的合法性，无须基于"先民事，后行政"的原则裁定中止行政案件的审理，也无须告知当事人通过民事诉讼主张权利。

案例51　保证的保证债权可否设立抵押权保障其实现

甲企业向银行借款3 000万元，借款期限：2020年1月5日—2021年1月4日，由乙担保公司提供保证担保。丙企业（工业企业）与乙担保公司签订反担保保证合同，约定其为甲企业向乙担保公司提供反担保。现甲企业未如期归还借款，丙企业怕承担不利后果，与甲企业签订抵押合同约定：甲企业将其房产抵押给丙企业。甲、丙持反担保保证合同、抵

押合同等材料共同向登记机构申请抵押权登记。试问：甲、丙共同申请的抵押权登记，登记机构能否办理？如果可以办理，主债权合同是什么？

有观点认为，丙企业是工业企业，不是有资质的担保公司，不能作保证人。另外，甲与银行产生的借款债权是主债权且已经到期，已经到期的债权不能设立担保物权保障其实现，因此，本案中，甲、丙共同申请的抵押权登记，登记机构不能办理。笔者不支持此观点。

一、不只是担保公司才可以做保证人

《民法典》第六百八十三条规定，机关法人不得为保证人，但是经国务院批准为使用外国政府或者国际经济组织贷款进行转贷的除外。以公益为目的的非营利法人、非法人组织不得为保证人。在司法实务中，按《担保法司法解释》第十七条、第十八条规定，企业法人的分支机构未经法人书面授权提供保证的和企业法人的职能部门提供保证的，保证合同无效。据此可知，机关法人、以公益服务为目的的非营利法人和非法人组织、无企业法人书面授权的该企业的分支机构、企业法人的职能部门，不能作保证人，即不可以成为反担保抵押关系中的抵押权人。换言之，具有民事行为能力的自然人、企业法人或企业法人书面授权的该企业的分支机构、营利性的非法人组织可以做保证人，即可以成为反担保抵押关系中的抵押权人。《融资担保公司监督管理条例》第二条规定，所称融资担保公司，是指依法设立、经营融资性担保业务的有限责任公司或者股份有限公司。该条例第六条规定，设立融资担保公司，应当经监督管理部门批准。融资担保公司的名称中应当标明融资担保字样。未经监督管理部门批准，任何单位和个人不得经营融资担保业务，任何单位不得在名称中使用融资担保字样。国家另有规定的除外。据此可知，经营融资性担保业务的企业法人，才必须具备担保机构资质，且其名称中须有"融资性担保"字样。本案中，丙企业是工业企业，名称中没有"融资性担保"字样，换言之，名称中没有"融资性担保"字样的非经营担保业务的企业法人作保证人时,无须持有担保机构资质证明,即丙企业不是经营担保业务的企业,或其主要业务不是经营担保业务的企业,但其属于《民法典》规定的可以做保证人的企业组织,换言之,无担保机构资质的丙企业可以做他人债务履行的保证人,也可以做因反担保抵押设立的房屋抵押权的抵押权人。

二、到期的债权也可以设立抵押权保障其实现

《民法典》第三百八十七条第一款规定,债权人在借贷、买卖等民事活动中,为保障实现其债权,需要担保的,可以依照本法和其他法律的规定设立担保物权。质言之,只要是合法产生并存在的债权,就可以设立担保物权保障其实现。那么,债务履行期限届满未清偿的债权,是否是合法存在的债权呢?《民法典》第一百九十二条规定,诉讼时效期间届满的,义务人可以提出不履行义务的抗辩。诉讼时效期间届满后,义务人同意履行的,不得以诉讼时效期间届满为由抗辩;义务人已经自愿履行的,不得请求返还。质言之,超过诉讼时效期间的债权,仍然是合法存在的债权,否则,当事人向债权人履行债务,债权人接受的,则属于不当得利,应当依法返还债务人,若如此,显然有悖于《民法典》第一百九十二条规定的立法本意。简言之,超过诉讼时效期间的债权仍然是合法有效的债权。申言之,债务履行期限届满未清偿的债权,也是合法产生并继续存在的债权,当事人可以协商设立抵押权保障其实现。此情形下,如果当事人不另行约定实现抵押权的条件,则抵押权自设立时起即具备实现的条件,当然,这属于别的法律关系。

三、保证的保证债权也可以设立抵押权保障其实现

如前所述,按《民法典》第三百八十七条规定,只要是合法产生并存在的债权,就可以设立担保物权保障其实现。本案中,丙企业作为甲企业履行债务的保证人具有法律上的依据,换言之,丙企业与乙担保公司签订的反担保保证合同建立的保证的保证债权,是合法产生并存在的债权,甲企业可以以其房产作抵押为该保证的保证债权的实现作保障,

故甲、丙共同申请的抵押权登记，登记机构应当办理。甲、丙申请抵押权登记时，应当提交的主债权合同是丙企业与乙担保公司签订的反担保保证合同，登记时，丙企业是抵押权人。

案例 52　住房公积金管理中心委托银行贷款产生的抵押权登记中，登记簿上记载的抵押权人是否是受托银行

甲住房公积金管理中心、乙银行、丙购房人签订委托贷款合同，约定：甲委托乙，将自己管理的 50 万元住房公积金贷给丙。其中，甲是委托人，乙是受托人，丙是借款人。丙与甲签订抵押合同，约定：丙以其购买的二手房为前述 50 万元的贷款债务作抵押担保。随后，甲、丙持委托贷款合同、抵押合同等材料向登记机构申请抵押权登记，申请书载明抵押权人为甲。试问：甲、丙申请的以甲为抵押权人的抵押权登记，登记机构可否办理？

有观点认为，《贷款通则》第七条规定，委托贷款，系指由政府部门、企事业单位及个人等委托人提供资金，由贷款人（即受托人）根据委托人确定的贷款对象、用途、金额期限、利率等代为发放、监督使用并协助收回的贷款。贷款人（受托人）只收取手续费，不承担贷款风险。该通则第二十一条规定，贷款人必须经中国人民银行批准经营贷款业务，持有中国人民银行颁发的《金融机构法人许可证》或《金融机构营业许可证》，并经工商行政管理部门核准登记。据此可知，本案中，甲因不持有《金融机构法人许可证》或《金融机构营业许可证》，不得开展贷款经营业务，要将 50 万元住房公积金贷给丙，只有委托持有《金融机构法人许可证》或《金融机构营业许可证》的乙。但是，受托人乙在委托贷款关系中，按委托人甲的意思表示发放贷款，且不承担贷款风险，故受托人乙不是债权人，承担贷款风险的甲才是债权人，才是被抵押权担保的 50 万元贷款债权的抵押权人。因此，甲、丙申请的以甲为抵押权人的抵押权登记，登记机构应当办理。笔者不支持此观点。

第四部分 抵押权登记

一、住房公积金管理中心委托银行贷款产生的抵押权登记中，受托银行才是抵押权人

《贷款通则》第二十一条规定，贷款人必须经中国人民银行批准经营贷款业务，持有中国人民银行颁发的《金融机构法人许可证》或《金融机构营业许可证》，并经工商行政管理部门核准登记。质言之，不持有《金融机构法人许可证》或《金融机构营业许可证》的机构，不得经营贷款业务，不能成为贷款关系中的贷款人，即债权人。据此可知，本案中，甲不持有《金融机构法人许可证》或《金融机构营业许可证》，不能以自己的名义向丙公司发放贷款，即不能成为贷款法律关系中的债权人。该通则第七条规定，委托贷款，系指由政府部门、企事业单位及个人等委托人提供资金，由贷款人（即受托人）根据委托人确定的贷款对象、用途、金额期限、利率等代为发放、监督使用并协助收回的贷款。质言之，委托贷款关系中，贷款不是以委托人的名义向借款人发放，而是以受托人的名义向借款人发放，换言之，受托人才是委托贷款法律关系中的贷款债权的债权人，而非委托人。在司法实务中，《最高人民法院关于如何确定委托贷款协议纠纷诉讼主体资格的批复》（法复〔1996〕6号）规定，在履行委托贷款协议过程中，由于借款人不按期归还贷款而发生纠纷的，贷款人（受托人）可以借款合同纠纷为由向人民法院提起诉讼；贷款人坚持不起诉的，委托人可以委托贷款协议的受托人为被告、以借款人为第三人向人民法院提起诉讼。质言之，委托贷款合同产生纠纷时，受托人才有原告主体资格，通过起诉直接向借款人主张权利，而委托人只能基于委托贷款协议，享有起诉受托人履行向借款人主张权利的受托义务的原告资格，在此诉讼中，借款人是以与诉讼事项有利害关系的第三人的身份参加诉讼，而非诉讼中的被告。申言之，在委托贷款产生的诉讼中，受托人才是委托贷款法律关系中的贷款债权的债权人，而非委托人。据此可知，本案中，贷款是以乙的名义向丙发放，故乙才是贷款债权的具有法律意义的债权人。概言之，本案中，虽然向丙发放的贷款是甲的

资金，但甲无经营贷款业务的资格，不能成为合法的贷款债权的债权人，以自身名义代甲向丙发放贷款的乙，因具有经营贷款业务的资格，才是法律意义上的贷款债权的债权人。按《民法典》第三百九十四条规定，抵押权人只能是被该抵押权担保实现的债权的债权人。质言之，抵押权人只能是债权人。因此，本案中，只有具有法律意义的债权人乙，才是因委托贷款产生的抵押权登记的抵押权人，故甲、丙申请的以甲为抵押权人的抵押权登记，登记机构不能办理。

二、委托人甲是贷款关系中的实际债权人而非法律意义上的债权人

本案中，甲住房公积金管理中心、乙银行、丙购房人签订委托贷款合同，是在一份合同书中载明了两份合同，一份是甲与乙签订的贷款发放委托合同，另一份是乙与丙签订的贷款合同。据此可知，甲与乙间建立的是发放贷款的间接委托关系。所谓发放贷款的间接委托关系，是指甲委托乙以乙的名义向丙发放贷款，发放贷款的法律后果直接归属乙后，乙基于与甲建立的委托关系而将发放贷款的法律后果转归甲。《住房公积金管理条例》第十二条规定，住房公积金管理中心应当委托受委托银行办理住房公积金贷款、结算等金融业务和住房公积金账户的设立、缴存、归还等手续。住房公积金管理中心应当与受委托银行签订委托合同。据此可知，住房公积金管理中心不可以直接向借款人发放借款，即不可以直接作贷款债权的债权人。本案中，甲不能以自己的名义与丙建立发放贷款的法律关系，即甲不能成为贷款法律关系中的债权人。申言之，委托贷款法律关系中，直接承担贷款合同后果的是受托人乙，而非甲。在贷款实务中，《贷款通则》第七条规定，受托人不承担贷款风险。笔者认为，此规定只约束委托人和受托人，不约束受托人与借款人。受托人与借款人间的贷款法律后果，还要由受托人直接承担，受托人承担后，基于贷款委托合同的约定再与委托人就此后果进行平衡。概言之，本案中，

委托人甲是贷款关系中的实际债权人而非法律意义上的债权人，贷款关系的后果只能由法律意义上的债权人乙承担。

案例 53 外国公司与境外银行签订的贷款合同可否作抵押权登记材料

某国法人公司在我国设立的外资企业甲，与该国乙银行在银行所在地签订贷款合同约定：乙银行贷款 5000 万欧元给甲企业，贷款期限 1 年。尔后，外资企业甲又与境外银行乙签订抵押合同，约定：以该企业位处我国某地高新技术开发区的 120 幢厂房为 5000 万欧元的贷款作抵押担保。甲、乙持贷款合同、抵押合同等材料向登记机构申请抵押权登记。试问：登记机构可否应甲、乙的申请为其办理抵押权登记？

有观点认为，乙未经我国金融主管部门批准向甲发放贷款，系在我国非法开展贷款经营业务，且甲、乙签订的贷款合同不在我国境内，更不是依据我国法律签订的，不符合我国法律的规定，因此，登记机构不能将此合同用作抵押权登记的证据材料，更不能应甲、乙的申请为其办理抵押权登记。笔者不支持此观点。

一、国内的外资企业与境外银行签订的贷款合同可以用作抵押权登记的证据材料

本案中，国内的外资企业甲与境外银行乙签订的贷款合同中，主体、客体和权利义务据以发生的法律事实诸因素中均有外国因素，故属于涉外民事关系。《涉外民事关系法律适用法》第五条规定，外国法律的适用将损害中华人民共和国社会公共利益的，适用中华人民共和国法律。该法第六条规定，涉外民事关系适用外国法律。该法第四十一条规定，当事人可以协议选择合同适用的法律。当事人没有选择的，适用履行义务最能体现该合同特征的一方当事人经常居所地法律或者其他与该合同有最密切联系的法律。据此可知，我国法律规定，在不损害我国公共利益的前提下，涉外民事关系准用民事关系建立地的法律。换言之，在境外，

依当地法律建立的民事关系，实施的民事行为，只要不损害我国公共利益，我国法律均予以认可。申言之，依境外法律签订的合同或协议，只要不损害我国公共利益，就满足我国法律的规定，即在我国境内，该合同或协议属于合法的合同或协议。本案中，国内的外资企业甲与境外银行乙在银行所在地签订贷款合同，表明经营贷款的民事行为发生在银行所在地，应当适用当地法律，无须经过我国金融主管部门批准，但由此签订的贷款合同满足我国法律的规定，在我国境内也属于合法的合同。在不动产登记实务中，登记机构应当将此贷款合同用作被担保的主债权存在的证明。在不动产登记实务中，《不动产登记操作规范(试行)》1.8.2.4条之3规定，外文文本的申请材料应当翻译成汉字译本，当事人应签字确认，并对汉字译本的真实性负责。据此可知，国内的外资企业甲与境外银行乙签订的贷款合同是外文文本的，向登记机构申请抵押权登记时，应当提交申请人签字确认的该贷款合同的汉字译本，也可以提交经过公证或认证的汉字译本，还可以提交由我国合法经营的翻译机构出具的汉字译本。

二、国内的外资企业与境外银行依我国法律规定签订的房地产抵押合同，才可以用作抵押权登记的证据材料

《涉外民事关系法律适用法》第三十六条规定，不动产物权，适用不动产所在地法律。质言之，涉外民事法律关系中，不动产所有权、不动产用益物权、不动产担保物权等不动产物权的设立、变更、转移和消灭，均适用不动产所在地的法律。换言之，涉外民事关系中的不动产在我国境内的，该不动产的所有权、用益物权、担保物权等物权的设立、变更、转移和消灭，均适用我国的法律。申言之，涉外民事法律关系中的不动产在我国境内的，基于合同或协议等法律行为，使该不动产的所有权、用益物权、担保物权等物权设立、变更、转移和消灭的，此合同或协议必须依我国法律的规定签订，否则，属于不合法的合同或协议。本案中，

第四部分 抵押权登记

国内的外资企业甲与境外银行乙依我国法律规定签订的房地产抵押合同，才可以用作抵押权登记的材料。此抵押合同是否依我国法律的规定签订，笔者认为主要从两个方面判定：一是房屋用作抵押物的，应当依我国法律规定履行必要的批准和备案手续。按《境内机构对外担保管理办法》第二条规定，对外抵押担保，是指中国境内机构以其可以依法抵押的财产，抵押给境外机构或境内的外资机构，作为自己或他人履行债务的担保。该办法第三条规定，中国人民银行授权国家外汇管理局及其分、支局为对外担保的管理机关，负责对外担保的审批、管理和登记。《个人外汇管理办法》第二十一条规定，境内个人向境外提供贷款、借用外债、提供对外担保和直接参与境外商品期货和金融衍生产品交易，应当符合有关规定并到外汇局办理相应登记手续。据此可知，境内机构、自然人以其可以依法抵押的财产抵押给境外机构、境内的外资机构、外籍人士作为债务履行担保的，应当经国家外汇管理机关批准或登记。在司法实务中，《担保法司法解释》第六条第（一）项和第（二）项规定，未经国家有关主管部门批准或者登记对外担保的，或者未经国家有关主管部门批准或者登记，为境外机构向境内债权人提供担保的，对外担保合同无效。据此可知，未经国家外汇管理机关批准的，境内机构、自然人以其可以依法抵押的财产抵押给境外机构、境内的外资机构、外籍人士作为债务履行担保的，或者境内机构、自然人以其可以依法抵押的财产担保境外债务履行而抵押给境内机构的，对外担保合同无效。在不动产登记实务中，无效的担保合同，登记机构不得用作登记的证据材料。概言之，申请人提交的借款合同中的债权人为境外机构、境内的外资机构或外籍人士的，应当同时提交国家外汇管理机关准予对外抵押担保的批文。二是《民法典》第四百条第二款规定"抵押合同一般包括下列条款：（一）被担保债权的种类和数额；（二）债务人履行债务的期限；（三）抵押财产的名称、数量等情况；（四）担保的范围"。据此可知，国内的外资企业与境外银行签订的房地产抵押合同包括这些内容的，就是依我国法律规定签订的房地产抵押合同。

三、涉外抵押权登记中应当注意的两个问题

在不动产登记实务中，涉外的抵押权登记与国内的抵押权登记有些差异。笔者认为，登记机构应当注意两个问题：一是登记簿上记载的抵押权人的名称，以其提交的经我国驻外使（领）馆认证或我国公证机构公证的身份证明的汉字译本上的名称为准。基于慎重原则，可在登记簿和不动产登记证明附记栏内注记其外文名称。二是登记簿和不动产登记证明上记载的被担保的主债权，可以是外币。按《民法典》第六百六十八条第二款规定，币种是借款合同应当载明的内容。据此可知，我国法律规定，当事人可以因外币借贷签订借款合同。因此，登记机构不能强求申请人按兑换利率折算成人民币数额后按人民币数额登记，应当按申请人提交的借款合同的汉字译本上的币种及数额在登记簿上记载。

案例54　保证函可否作抵押权登记的权源材料

甲公司与乙银行签订借款合同，约定：借款3 000万元，借款期限1年。经营皮革的丙公司自愿做甲公司还款付息的保证人。丙公司向乙银行出具保证函，此保证函载明："丙公司保证，若甲公司没有按期还本付息时，由丙公司无条件承担还本付息责任。本保证函为不可撤销保证函，在甲公司全部还清借款本息后失效。"乙银行接收丙公司的保证函后，在丙公司持有的该保证函的留存件上签署"同意"并加盖了其银行公章。甲公司与丙公司签订反担保抵押合同，约定甲公司的房屋抵押给丙公司作反担保抵押。甲公司、丙公司持乙银行签署"同意"并加盖公章的保证函留存件、反担保抵押合同等材料申请抵押权首次登记。试问：甲公司、丙公司持乙银行签署"同意"并加盖公章的保证函留存件、反担保抵押合同等材料申请的抵押权首次登记，登记机构可否办理？

有观点认为：首先，按《民法典》第三百八十八条规定，设立担保物权，应当依照本法和其他法律的规定订立担保合同。担保合同包括抵押合同、质押合同和其他具有担保功能的合同。担保合同是主债权债务合同的从合同。据此可知，因反担保设立担保物权时，主合同是保证合

同。保证函只是保证人作出的单方的意思表示，不是保证人与债权人双方意思表示一致后订立的保证合同。其次，丙公司是经营皮革的公司法人，不是经营担保业务的担保公司，不可以作保证人，即不可以作反担保抵押中的抵押权人。再次，债务履行期限是登记簿记载的内容，保证函上没有明确的保证期间，不满足登记簿记载内容的需要。因此，本案中，甲公司、丙公司持乙银行签署"同意"并加盖公章的保证函留存件、反担保抵押合同等材料申请的抵押权首次登记，登记机构不应当办理。笔者不支持此观点。

一、非担保公司也可以做保证人

《民法典》第三百八十七条第二款规定，第三人为债务人向债权人提供担保的，可以要求债务人提供反担保。反担保适用本法和其他法律的规定。按该法第三百九十二条规定，债务人不履行到期债务或者发生当事人约定的实现担保物权的情形，提供担保的第三人承担担保责任后，有权向债务人追偿。该法第六百八十九条规定，保证人可以要求债务人提供反担保。概言之，反担保是确保为债务人履行债务提供担保的第三人承担担保责任后，向债务人行使的追偿权实现的担保方式。申言之，代债务人履行债务后的担保人行使的追偿权，才是被反担保抵押担保的主债权，该担保人才是反担保抵押关系中的主债权人。担保人与主债权人订立的担保（保证）合同，才是反担保抵押关系中的主债权合同。

按《融资性担保公司监督管理条例》和《非融资性担保机构规范管理指导意见》的规定，担保公司是依法设立的经营融资性担保业务或非融资性担保业务的有限责任公司和股份有限公司，均实行市场准入制，即没有取得担保主管部门准予开展融资性担保业务或非融资性担保业务的行政许可的以"担保"字样冠名的机构，不能经过工商登记成为经营融资性担保业务或非融资性担保业务的公司法人，不可以做保证人，亦不可以成为反担保抵押关系中的抵押权人。

但是,《民法典》第六百八十三条规定,机关法人不得为保证人,但是经国务院批准为使用外国政府或者国际经济组织贷款进行转贷的除外。以公益为目的的非营利法人、非法人组织不得为保证人。在司法实务中,按《担保法司法解释》第十七条、第十八条规定,企业法人的分支机构未经法人书面授权提供保证的和企业法人的职能部门提供保证的,保证合同无效。据此可知,机关法人、以公益服务为目的的非营利法人和非法人组织、无企业法人书面授权的该企业的分支机构、企业法人的职能部门,不能作保证人,即不可以成为反担保抵押关系中的抵押权人。换言之,具有民事行为能力的自然人、企业法人或企业法人书面授权的该企业的分支机构、营利性的非法人组织可以做保证人,即可以成为反担保抵押关系中的抵押权人。

概言之,保证关系中,依法成立的经营担保业务的担保公司可以做保证人,但须持有准予经营担保业务的资质证明。非经营担保业务的有代为清偿债务能力的具有民事行为能力的自然人、企业法人或企业法人书面授权的该企业的分支机构、营利性的非法人组织可以做保证人,即可以成为反担保抵押关系中的抵押权人,但无须持有准予经营担保业务的资质证明。因此,本案中,经营皮革的丙公司作为公司法人可以做保证人,在反担保抵押关系中也可以做抵押权人。

二、保证函也可以作因反担保设立的抵押权的权源材料

如前所述,担保人与主债权人订立的担保(保证)合同,才是反担保抵押关系中的主债权合同。保证函只是保证人向主债权人作出的愿意为债务人按期还本付息承担保证责任的单方的意思表示,不是担保合同中的保证合同,那么,保证函可否作因反担保设立的抵押权的权源材料呢?《民法典》第五百零二条规定,依法成立的合同,自成立时生效,但是法律另有规定或者当事人另有约定的除外。该法第六百八十五条第二款规定,第三人单方以书面形式向债权人作出保证,债权人接收且未

提出异议的，保证合同成立。据此可知，一般情形下，第三人单方以书面形式向债权人作出保证，债权人接收且未提出异议的，保证合同成立并生效。因此，本案中，第三人丙公司向乙银行出具的保证函中承诺甲公司不能按期还本付息时由其承担保证责任，乙银行对第三人丙公司单方以书面形式向其作出的保证，不但没有异议，且在丙公司持有的该保证函的留存件上签署"同意"并加盖公章，表明乙银行与丙公司间的保证合同成立并生效。申言之，甲公司、丙公司申请设立抵押权担保的主债权成立。故乙银行签署"同意"并加盖公章的保证函留存件可以作因反担保申请的抵押权首次登记的权源材料。

三、登记簿上记载的债务履行期限应当记载"当事人约定不明"

在不动产登记实务中，《国土资源部关于启用不动产登记簿证样式（试行）的通知》（国土资发〔2015〕25号）附《不动产登记簿样式及使用填写说明》规定，债务履行期限是登记簿记载的抵押权的内容，且按主债权债务合同中约定的履行债务的期限填写。据此可知，如前所述，担保人与主债权人订立的担保（保证）合同，才是反担保抵押关系中的主债权合同，故因反担保产生的抵押权首次登记中，登记簿上记载的债务履行期限应当是保证合同中约定的保证期间。但是，本案中，丙公司向乙银行出具的保证函载明"本保证函为不可撤销保证函，在甲公司全部还清借款本息后失效"，即保证函没有载明明确的保证期间，登记簿该如何记载呢？在司法实务中，《担保法司法解释》第三十二条第二款规定，保证合同约定保证人承担保证责任直至主债务本息还清时为止等类似内容的，视为约定不明，保证期间为主债务履行期届满之日起二年。据此可知，本案中，丙公司与乙银行以保证函方式签订的保证合同，对保证期间没有明确约定，系保证期间约定不明的保证合同。按《民法典》第二百一十二条第一款第（三）项规定，如实记载登记事项是登记机构的职责。据此可知，登记机构应当按登记要求，将申请人提交的合法、有效的登记申请材料载明的信息在登记簿上作记载。本案中，由于丙公司与乙银行以保证函方式签订的系保证期间约定不明的保证合同，即属于债务履行期限不明的主债权合同，登记机构应当在登记簿上的债务履行期限栏如实记载"当事人约定不明"的事实。

案例 55　一般抵押权担保的可否是将要发生的债权

2021 年 1 月 4 日，张某和银行签订借款合同，在借款合同中约定：张某向银行借款 500 万元，银行于 2021 年 1 月 12 日—2022 年 1 月 11 日向张某发放贷款，张某的债务履行期间也为 2021 年 1 月 12 日—2022 年 1 月 11 日。庚即，张某又与银行签订抵押合同，约定以登记在其名下的房屋为此 500 万元债务履行作抵押担保。2021 年 1 月 5 日，张某和银行向登记机构申请一般抵押权首次登记。试问：张某和银行申请的一般抵押权首次登记，登记机构可否办理？

有观点认为：一般抵押权可以为保障将要产生的某笔或某个具体的合同债权的实现而设立，此类合同属于附条件合同，如本案中的借款合同。因此，登记机构现在可以为张某和银行办理抵押权首次登记，但抵押权产生法律效力的时间是 2021 年 1 月 12 日即条件成就之日。笔者不支持此观点。

一、一般抵押权担保的只能是已经存在的债权

法理上，一般抵押权是主债权的从权利，依附于债权而设立、存在，随主债权的消灭而消灭。法律规范上，《民法典》第三百九十四条规定："为担保债务的履行，债务人或者第三人不转移财产的占有，将该财产抵押给债权人的，债务人不履行到期债务或者发生当事人约定的实现抵押权的情形，债权人有权就该财产优先受偿。前款规定的债务人或者第三人为抵押人，债权人为抵押权人，提供担保的财产为抵押财产。"笔者对其中"债权人为抵押权人"的规定，作正面解释"债权现时已经存在，债权人是当然的抵押权人"；作反面解释"若债权现时不存在，则无债权人,自然也就没有抵押权人"。因此,无论从法理上,还是从法律规范上看,只有已经存在的债权才可以设立一般抵押权担保其实现,而非将要产生的某笔或某个具体的债权,且一般抵押权是此已经存在的债权的从权利。按《民法典》第三百九十四条规定,不动产抵押权自登记时起设立。质言之,不动产抵押权自记载于登记簿上时起产生法律效力,是不附任何条件的。本案中,由于银行向张某发放贷款的期限的始期未到,故需要设立一般抵押权保障其实现的债权还不存在,一般抵押权无设立的前提,故登记机构不能应张某和银行的申请为其办理一般抵押权首次登记。

二、合同生效时债的关系建立,但债权不一定同步产生

债是按照合同的约定或者依照法律的规定,在当事人之间产生的特定的权利和义务关系,享有权利的人是债权人,负有义务的人是债务人(原《民法通则》第八十四条规定)。据此可知,债和债权是两个不同的概念,债是一种法律关系,债权是该法律关系中的内容之一。《民法典》第一百一十八条第二款规定,债权是因合同、侵权行为、无因管理、不当得利以及法律的其他规定,权利人请求特定义务人为或者不为一定行为的权利。该法第五百零二条第一款规定,依法成立的合同,自成立时生效,但是法律另有规定或者当事人另有约定的除外。据此可知,一般情形下,依合同约定建立的债,自合同生效时起建立。那么,在债建立的同时,债权是否也随之产生而存在呢?《民法典》第五百零九条第一款规定,当事人应当按照约定全面履行自己的义务。据此可知,只有合同当事人中的债务人按约定履行义务后,才能产生与之对应的权利,即债权。申言之,债权可能产生于债务人履行义务之后,否则,债的关系虽然建立,但债权不一定随之产生而存在,简言之,债权不一定随债的关系的建立而同步产生。本案中,2021年1月4日,张某和银行签订借款合同,在借款合同中约定:银行于2021年1月12日—2022年1月11

向张某发放贷款。此约定表明：自 2021 年 1 月 4 日起，张某和银行因借款建立了债的关系，但是，借款合同约定银行向张某发放贷款的债务履行期为 2021 年 1 月 12 日—2022 年 1 月 11 日，即银行自 2021 年 1 月 12 日起履行向张某发放 500 万元贷款的义务，从而取得要求张某履行还款义务的债权，即债权应当自 2021 年 1 月 12 日起产生并存在，不应当自 2021 年 1 月 4 日起产生并存在。因此，张某和银行于 2021 年 1 月 5 日申请的一般抵押首次登记，因无抵押权设立的前提，登记机构不能办理。

三、延伸思考：本案中，若登记机构为张某和银行办理了一般抵押权首次登记，会面临什么样的后果？

《民法典》第三百九十四条规定："为担保债务的履行，债务人或者第三人不转移财产的占有，将该财产抵押给债权人的，债务人不履行到期债务或者发生当事人约定的实现抵押权的情形，债权人有权就该财产优先受偿。前款规定的债务人或者第三人为抵押人，债权人为抵押权人，提供担保的财产为抵押财产。"质言之，被一般抵押担保的主债权必须是已经存在的主债权。换言之，设立一般抵押权为现时不存在的主债权作担保有悖于《民法典》第三百九十四条规定。《不动产登记暂行条例》第二十二条第（一）项规定，登记申请违反法律、行政法规的规定的，登记机构应当作不予登记处理。据此可知，本案中，张某和银行申请一般抵押权首次登记时，此一般抵押权内容中的 500 万元被担保主债权数额，应当是已经存在的主债权，但作为登记申请材料的借款合同显示该债权现时并不存在，而是将要存在的主债权，违反了《民法典》第三百九十四条规定，登记机构应当按《不动产登记暂行条例》第二十二条第（一）项规定作不予登记处理。《行政诉讼法》第二条规定，公民、法人或者其他组织认为行政机关和行政机关工作人员的行政行为侵犯其合法权益，有权依照本法向人民法院提起诉讼。按该法第七十条第（五）项规定，滥用职权的具体行政行为，人民法院经过审理，可以判决撤销或者部分撤销，并可以判决被告重新作出具体行政行为。概言之，本案中，若登记机构为张某和银行办理了一般抵押权首次登记，是将不应当登记的内容做了登记，系滥用职权的具体行政行为，利害关系人可以起诉登记机构，请求人民法院判决撤销该一般抵押权登记。如果该一般抵押权登记被人民法院生效的法律文书撤销，登记机构可能承受由此产生的赔偿等不利后果。

案例 56　无民事行为能力的自然人，可否作登记簿上记载的抵押权人

7 岁的小学生王小某，上学途中被林某驾车撞伤，经交警部门认定，林某负全责。因林某没有购买车辆相关保险，王小某的父亲王某、母亲张某与林某协商达成一致，以王小某的名义与林某签订赔偿协议，协议约定：林某赔偿王小某 45 万元，在协议签订时支付 15 万元，余下的 30 万元在 5 年内付清。为了保证赔偿协议的履行，林某以其房屋作抵押担保，王某、张某又以王小某的名义与林某签订了房屋抵押合同。尔后，王某、张某和林某共同向登记机构申请抵押权登记，抵押权人为王小某。试问：以王小某为抵押权人申请的抵押权登记，登记机构可否办理？

有观点认为，《民法典》第二十条规定，不满八周岁的未成年人为无民事行为能力人，由其法定代理人代理实施民事法律行为。据此可知，所谓民事行为能力，是指法律规定的，民事主体独立参加民事活动为自己创设权利，同时履行义务的资格。不满八周岁的未成年人，无民事行为能力，不能独立参加民事活动，也就不能独立为自己创设民事权利。本案中，房屋抵押权是民事权利中的财产性权利，王小某基于房屋抵押合同在林某房屋上设立的抵押权，不是由他自己独立参加民事活动创设，而是由其父亲王某和母亲张某参与民事活动创设，此抵押权应当属于参与民事活动的王某和张某，故以王小某作为抵押权人申请的抵押权登记，登记机构不可以办理。若以王某和张某为抵押权人申请的抵押权登记，登记机构则可以办理。笔者不支持此观点。

一、有无资格成为抵押权人，应当以民事主体是否有民事权利能力作为判定标准

《民法典》第十三条规定，自然人从出生时起到死亡时止，具有民事权利能力，依法享有民事权利，承担民事义务。据此可知，民事权利能力，是指法律赋予民事主体享有民事权利和履行民事义务的资格。民事权利能力与民事行为能力是两种不同的法律资格，民事权利能力是民事主体享有民事权利的资格，自然人的民事权利能力始于生，终于死。而民事行为能力是民事主体争取或创设民事权利的资格，自然人的民事行为能力与其年龄、心理、精神等密切相关。换言之，有生命的自然人，并不当然具有民事行为能力，但当然具有民事权利能力，与其年龄、心理、精神等无关。本案中，王小某只是无民事行为能力的自然人，不能通过独立参与民事活动为自己创设民事权利，但其因具有民事权利能力而具备享有民事权利的资格，即王小某可以作为抵押权人而享有抵押权。

二、只有债权人，才能够成为抵押权人

按《民法典》第三百九十四条规定，抵押权人须是被担保的主债权的债权人。该法第一百二十条规定，民事权益受到侵害的，被侵权人有权请求侵权人承担侵权责任。该法第一千一百八十七条规定，损害发生后，当事人可以协商赔偿费用的支付方式。协商不一致的，赔偿费用应当一次性支付；一次性支付确有困难的，可以分期支付，但是被侵权人有权请求提供相应的担保。该法第一千二百零八条规定，机动车发生交通事故造成损害的，依照道路交通安全法律和本法的有关规定承担赔偿责任。概言之，交通事故的受害人与加害人产生的赔偿关系是侵权之债，其中受害人是债权人，且受害人作为债权人是特定的；侵权之债的债权是可以被担保的，在抵押担保关系中，债权人就是抵押权人。据此可知，本案中，王小某是交通事故的受害人，是因交通事故产生的侵权之债的当然债权人，也是担保该债权实现的房屋抵押权的抵押权人。

三、一般情形下，代理人不能替代被代理人成为抵押权人

《民法典》第二十条规定，不满八周岁的未成年人为无民事行为能力人，由其法定代理人代理实施民事法律行为。该法第二十三条规定，无民事行为能力人、限制民事行为能力人的监护人是其法定代理人。该法第二十七条第一款规定，父母是未成年子女的监护人。概言之，代理，是指代理人在代理权限内，代被代理人参与民事活动，产生的后果归被代理人的法律行为。无民事行为能力的未成年人，由其父母代为参加民事活动，产生的民事权利依法归该未成年人。不满八周岁的未成年人为无民事行为能力人。本案中，王小某与林某之间就交通事故赔偿进行协商，属于民事活动，由于王小某不满八周岁，属于法定的无民事行为能力人，故此民事活动由王小某的父亲王某和母亲张某代其完成，由此产生的侵权赔偿债权及担保其实现的房屋抵押权依法归王小某，王某、张某只是履行法定监护义务，行使代理权（监护权）代王小某争取并创设了侵权赔偿债权及担保其实现的房屋抵押权。在不动产登记实务中，《不动产登记暂行条例实施细则》第十一条第一款规定，无民事行为能力人、限制民事行为能力人申请不动产登记的，应当由其监护人代为申请。据此可知，抵押权是不动产登记的内容之一，无民事行为能力的未成年人作为抵押权人时，应当由其监护人代其申请登记。本案中，王小某是无民事行为能力的未成年人，其在林某房屋上设立的抵押权，应当由其父母代其申请登记。

结论：无民事行为能力的自然人因具有民事权利能力，依法具备成为抵押权等民事权利主体的资格，其享有的不动产抵押权由其监护人代为申请登记。本案中，王某、张某和林某申请的以王小某为抵押权人的抵押权登记，满足登记要求时，登记机构应当办理。

案例57 最高额抵押权担保的债权中，债务人是否须是同一人

甲与乙银行签订循环借款合同，约定最高借款额度200万元。丙也

与乙银行签订循环借款合同，约定最高借款额度300万元。甲与乙签订最高额抵押合同，约定以其价值800万元的房屋为自己的200万元借款债务作抵押担保，且同时对丙与乙产生的300万元借款债务作抵押担保，即担保的最高债权额度共计500万元。现甲、乙、丙共同申请办理一个最高额抵押权登记。试问：对甲、乙、丙共同申请的一个最高额抵押权登记，登记机构可否办理？

有观点认为，最高额抵押权担保的债权范围内的债权人只要是同一人，至于各债权的债务人是否同一，则无限制的必要，完全由当事人约定，只要这种约定不损害当事人的利益，就应当是有效的，即只要抵押当事人在最高额抵押合同中约定，抵押人愿意为同一债权人对不同的债务人享有的债权作抵押担保，此约定在不损害他人利益时，是有效的，此债权也属于抵押当事人申请登记的最高额抵押权担保的债权范围。因此，本案中，乙基于循环借款合同对丙享有的债权，也属于乙与甲基于最高额抵押合同设立的最高额抵押权担保的范围，对甲、乙、丙共同申请的一个最高额抵押权登记，登记机构应当办理。笔者支持此观点。

一、只有基于同一基础法律关系连续发生的债权，才是最高额抵押权担保的债权

《民法典》第四百二十条规定："为担保债务的履行，债务人或者第三人对一定期间内将要连续发生的债权提供担保财产的，债务人不履行到期债务或者发生当事人约定的实现抵押权的情形，抵押权人有权在最高债权额限度内就该担保财产优先受偿。最高额抵押权设立前已经存在的债权，经当事人同意，可以转入最高额抵押担保的债权范围。"质言之，基于同一个基础法律关系连续发生的债权，才属于最高额抵押权担保的范围。申言之，在约定的期限内和约定的最高限额内，基于同一个连续发生债权的基础法律关系发生的债权才属于最高额抵押权担保的范围，未发生的债权，因无被担保对象，自然无须担保。在不动产登记实务中，

按《不动产登记暂行条例实施细则》第七十一条第一款规定，一定期间内连续发生债权的合同是当事人申请最高额抵押登记时应当提交的材料。该规定中的"一定期间内连续发生债权的合同"即前面所述的连续发生债权的基础法律关系。据此可知，本案中，乙基于与丙签订的循环借款合同对其享有的债权，产生于乙与甲签订的循环借款合同建立的债权之后，即乙对甲、乙享有的借款债权非基于同一个连续发生债权的基础法律关系，故乙对丙享有的债权，不属于乙与甲设立的同一个最高额抵押权担保的范围，对甲、乙、丙共同申请的一个最高额抵押权登记，登记机构应当不予办理。

二、两个以上的共同债务人基于同一基础法律关系连续发生的债务，可以设立同一个最高额抵押权担保

本案中，若甲、丙共同作为债务人，与乙签订一份循环借款合同，则乙对甲、丙享有的借款债权，是基于同一个连续发生债权的基础法律关系产生的债权，属于乙与甲设立的同一个最高额抵押权担保的范围，甲、乙、丙因此而共同申请的一个最高额抵押权登记，登记机构应当办理。

三、两个以上的债务人非基于同一基础法律关系连续发生的债务，也可以设立一个最高额抵押权担保其实现

两个以上的债务人非基于同一基础法律关系连续发生的债务，是否可以设立一个最高额抵押权担保其实现，即当事人基于同两个或两个以上连续发生债权的基础法律关系产生的债权，可否只设立一个最高额抵押权保障其实现？据笔者查考，现时的法律、行政法规没有明确规定。笔者从担保物权的不可区分性来解释此问题。

被担保的债权在未受全部清偿前，担保物权人得就担保标的物的全部行使其权利，称为担保物权的不可分性[①]。抵押物的分割、部分灭失

---

① 陈华彬：《物权法》，法律出版社2004年版，第467页。

或者毁损、债权的分割、让与或者部分清偿，对抵押权的行使不发生影响①。据此可知，担保物的不可分性有两种情形：一是指无论担保物是否被分割、部分灭失或者毁损，其各个部分均对整个债权有担保责任。如：一间大的商铺因担保贷款债权经登记设立抵押权后，抵押人取得规划许可手续，将该间大商铺分割成两间小商铺，两间小商铺均对前述贷款债权承担担保责任，即作为抵押物的大商铺虽然产生分割，但在该大商铺上的抵押权在分割后小商铺上仍然存续。二是无论债权是否被分割、让与或者部分清偿，均不对担保物权的存在产生影响。据此可知，一个债权分割成两个债权后，仍然被原来的担保物权担保。申言之，两个新建立的债权也可以设立一个担保物权保障其实现。按《民法典》第三百八十八条规定，设立担保物权，应当依照本法和其他法律的规定订立担保合同。担保合同包括抵押合同、质押合同和其他具有担保功能的合同。担保合同是主债权债务合同的从合同。据此可知，在有主债权债务合同存在的情形下，当事人设立担保物权的，应当签订最高额抵押合同等担保合同，担保合同是主债权债务合同的从合同。笔者据此认为，当事人设立担保物权时，不管是两个主债权债务合同对应一个担保合同，还是一个主债权债务合同对应两个担保合同，只要在主债权债务合同与担保合同中，能够明确主债权债务合同中的债权是欲基于担保合同设立的担保物权担保的债权，则此主债权债务合同与担保合同可形成担保物权设立的原因证明，抵押权属于担保物权，也应当遵循这些规则。因此，两个以上的债务人非基于同一基础法律关系连续发生的债务，也可以设立一个最高额抵押权担保其实现。本案中，对甲、乙、丙共同申请的一个最高额抵押权登记，登记机构应当办理。

案例 58 抵押权可否由权利人共同享有

甲银行、乙银行共同作为贷款人与丙公司签订借款合同，约定向丙

---

① 梁慧星：《中国民法典草案建议稿附理由：物权编》，法律出版社 2004 年版，第 345 页。

公司贷款 2000 万元，其中，甲银行贷给丙公司 1500 万元，乙银行贷给丙公司 500 万元。庚即，甲银行、乙银行共同作为抵押权人与丙公司签订房地产抵押合同，约定：丙公司以登记在其名下的房地产为前述 2000 万元的贷款作抵押担保。随后，甲、乙、丙共同向登记机构申请抵押权登记。试问：甲、乙、丙共同向登记机构申请登记的抵押权，可否登记为甲银行与乙银行共同享有？

笔者认为，甲、乙、丙共同向登记机构申请登记的抵押权，可以登记为甲银行与乙银行共同享有。

一、从理论上和法律规范上看，房屋抵押权也可以由两个以上的权利人共有

法理上，所谓共有，是指某项财产由两个或两个以上的权利主体共同享有的所有权[1]。但是，并不是只有所有权才能共有，其他财产性权利如他物权、知识产权等也可以共有。为了区别权利人对此类权利的共有与对所有权的共有，将此类共有称之为准共有。所谓准共有，即数人按份共有或共同共有所有权以外的财产权。例如数人共同享有一个抵押权[2]。简言之，准共有是对所有权以外的财产性权利的共有，即准共有只针对所有权以外的财产性权利。法律规范上，按《民法典》第三百一十条规定，两个以上组织、个人共同享有用益物权、担保物权的，参照适用该法第二编第八章的有关共有规定。据此可知，《民法典》的规定体现了准共有的民法理论，换言之，两个或两个以上的权利人共同享有一个房屋抵押权于法有据。在不动产登记实务中，按《国土资源部关于启用不动产登记簿证样式（试行）的通知》（国土资发〔2015〕25 号）附《不动产登记簿样式及使用填写说明》规定，共有情况属于登记簿上记载的不动产权利的内容。据此可知，不动产抵押权属于不

---

[1] 王利明、尹飞、程啸：《中国物权法教程》，人民法院出版社 2007 年版，第 257 页。
[2] 王利明：《民法学》，复旦大学出版社 2004 年版，第 318 页。

动产权利，不动产抵押权的共有情况，也属于登记簿记载的不动产抵押权的内容。本案中，甲和乙基于共同与丙签订的房地产抵押合同，共同在丙公司的房屋上设立一个抵押权并共同享有该抵押权既有法理依据，也符合现行法律的规定。

二、对权利人共同享有的抵押权应当登记为按份共有或共同共有

按《民法典》第三百一十条规定，权利人对不动产抵押权的共有可以参照该法对所有权共有的规定执行。笔者据此认为，对抵押权共有情况的登记，也应当参照不动产所有权共有情况的登记进行。《不动产登记操作规范（试行）》1.8.3.2条规定，共有的不动产，申请人应当在不动产登记申请书中注明共有性质。按份共有不动产的，应明确相应具体份额。共有份额宜采取分数或百分数表示。据此可知，房屋抵押权的共有情况参照房屋所有权的共有情况登记时，若权利人对抵押权是共同共有的，登记为共同共有；若权利人对抵押权是按份共有的，应当用分数或百分数登记各权利人享有的份额。本案中，甲与乙共同向丙公司贷款2 000万元，其中，甲向丙贷款1 500万元，乙向丙贷款500万元，因此，甲与乙对丙房屋抵押权的共有应当是按份共有，共有份额应当登记为甲占四分之三，乙占四分之一，或甲占75%，乙占25%。当然，甲与乙对共有情况有约定的，登记机构按其约定登记。

案例59　为公司发行债券作抵押担保，当事人可否申请抵押权登记

甲公司经批准公开发行总额5 000万元的债券，乙公司自愿以其所有的80幢工业用房为此5 000万元的债券发行作抵押担保。甲公司聘请丙机构为债券持有人的债券受托管理人。试问：为公司发行债券作担保的房屋抵押可否申请抵押权登记？如果可以登记，如何登记？

一、公司发行的债券是一种可以被担保的债权

《公司法》第一百五十三条规定，本法所称公司债券，是指公司依照

第四部分　抵押权登记

法定程序发行、约定在一定期限还本付息的有价证券。质言之，发行债券的公司与债券持有人基于债券的发行，建立了以在一定期限内还本付息为主要内容的债的关系，即公司债券是债券持有人对发行人享有的以还本付息为内容的债权凭证。在公司债券发行实务中，《公司债券发行试点办法》第十一条规定，为公司发行债券提供担保，应当符合《物权法》、《担保法》和其他有关法律、法规的规定。质言之，基于公司发行债券建立的债权，符合《物权法》、《担保法》（现时的《民法典》）和其他有关法律、法规规定的，就是一种可以被担保的债权。

《民法典》第三百八十七条第一款规定，债权人在借贷、买卖等民事活动中，为保障实现其债权，需要担保的，可以依照本法和其他法律的规定设立担保物权。质言之，凡民事活动中产生的合法的债权，需要担保的，当事人都可以设立担保物权保障其实现。按该法第三百八十七条第一款规定，抵押权，是指为担保债务的履行，债务人或者第三人不转移财产的占有，将该财产抵押给债权人，债务人不履行到期债务或者发生当事人约定的实现抵押权的情形，债权人就该财产享有优先受偿的权利。质言之，抵押权是债权人在债务人或第三人财产上设立并享有的担保物权。申言之，当事人基于民事活动产生的需要担保的债权，可以选择设立抵押权作为担保方式。据此可知，基于公司发行债券建立的债权，是债券发行人与债券持有人基于民事活动中产生的可以设立抵押权担保其实现的债权。

《民法典》第二百一十四条规定，不动产物权的设立、变更、转让和消灭，依照法律规定应当登记的，自记载于不动产登记簿时发生效力。在不动产登记实务中，《不动产登记暂行条例实施细则》第六十六条规定，自然人、法人或者其他组织为保障其债权的实现，依法以不动产设定抵押的，可以由当事人持不动产权属证书、抵押合同与主债权合同等必要材料，共同申请办理抵押登记。概言之，以房屋为债权的实现作抵押担保的，应当申请抵押权登记，且抵押权自记载于登记簿上时起生效。

据此可知，本案中，乙公司以其享有所有权的房屋为甲公司发行债券作抵押担保，抵押权应当自记载于登记簿上时起生效。

《民法典》第二编第十七章抵押权中，规定了两种抵押权类型，即一般抵押权和最高额抵押权。在不动产登记实务中，《不动产登记暂行条例实施细则》在第四章第九节抵押权的登记中，分别就一般抵押权和最高额抵押权的登记做了规定。本案中，乙以其享有所有权的房屋为甲发行债券作抵押担保，应当申请一般抵押权登记，还是申请最高额抵押权登记？

二、以房屋为公司发行债券作抵押担保，应当根据债券发行情形，确定申请一般抵押权登记或最高额抵押权登记

按《民法典》第四百条规定，设立抵押权，当事人应当采用书面形式订立抵押合同，且被担保债权的种类和数额是抵押合同必须包含的内容。在不动产登记实务中，《国土资源部关于启用不动产登记簿证样式（试行）的通知》（国土资发〔2015〕25号）附《不动产登记簿样式及使用填写说明》规定，被担保主债权的数额是登记簿上记载的抵押权的主要内容之一。概言之，一般抵押权担保的主债权数额必须是明确、具体的。

按《民法典》第四百二十条规定，最高额抵押权，是指为担保债务的履行，债务人或者第三人对一定期间内将要连续发生的债权提供担保财产的，债务人不履行到期债务或者发生当事人约定的实现抵押权的情形，抵押权人在被担保的最高债权额限度内就担保财产享有优先受偿的权利。质言之，最高额抵押权担保的主债权，在抵押权设立时是不确定的，在其担保的最高债权额限度内，凡基于同一基础法律关系发生的债权，无论是过去的，还是将来的，或是过去和将来的，只要抵押当事人愿意，都可以纳入被担保的范围。在不动产登记实务中，《国土资源部关于启用不动产登记簿证样式（试行）的通知》（国土资发〔2015〕25号）附《不动产登记簿样式及使用填写说明》规定，最高债权额和债权确定

的期间是登记簿记载的最高额抵押权的主要内容之一。概言之，最高额抵押权在确定前，其担保的主债权数额是不确定的、不具体的。

在债券发行实务中，《公司债券发行试点办法》第二十一条规定，发行公司债券，可以申请一次核准，分期发行。自中国证监会核准发行之日起，公司应在六个月内首期发行，剩余数量应当在二十四个月内发行完毕。质言之，公司债券发行时，总数额是明确、具体的，但具体发行方式可以是一次性发行，也可以是分期分批发行。

公司债券一次性地发行完毕，虽然债券被不同的人持有，但发行时债权总数额是明确、具体的，满足被一般抵押权担保的债权的基本要求，可以设立一般抵押权担保其实现。

公司债券分期分批发行，即基于债券发行建立的债的关系中，在被核准的债权总数额内，分期分批发行债券，则分期分批产生债的关系。换言之，公司发行债券时，在最高债权额限度内，再分期分批连续发生若干个债权，即虽然总债权数额是明确、具体的，但因分期分批发行而陆续建立的债权则不是一次性明确、具体的，满足被最高额抵押权担保的连续发生债权的基本要求，故应当设立最高额抵押权担保其实现。

因此，以房屋为公司发行债券作抵押担保时，根据债券发行情形，当事人可以申请一般抵押权登记，也可以申请最高额抵押权登记。

三、以房屋为公司发行债券作担保申请房屋抵押权登记时几个实务问题的处理

在不动产登记实务中，按《不动产登记暂行条例实施细则》第六十六条规定，主债权合同和抵押合同是申请一般抵押权登记时应当提交的登记材料。按该实施细则第七十一条规定，一定期间内将要连续发生的债权的合同和最高额抵押合同是申请最高额抵押权登记时应当提交的登记材料。按《国土资源部关于启用不动产登记簿证样式（试行）的通知》（国土资发〔2015〕25号）附《不动产登记簿样式及使用填写说明》规定，登记簿记载的一般抵押权的主要内容有抵押权人、抵押人和债务人、被担保主债权的数额、担保范围、债务履行期限；登记簿记载的最高额抵押权的主要内容有最高额抵押权人、抵押人和债务人、最高债权额、担保范围、债务履行期限、债权确定的期间。结合债券发行实务，以房屋为公司发行债券作担保申请房屋抵押权登记时，办理抵押权登记收件和核准登记后登记簿应当记载的内容中，注意以下几个实务问题的处理。

1. 抵押权人或最高额抵押权人

如前所述，抵押权人或最高额抵押权人应当是债权人，具体到债券发行实务中，各债券持有人为债权人，而此类债权人是多个不确定的个体，但登记簿记载的抵押权人或最高额抵押权人须是明确、具体的债权人，那么，以房屋为公司发行债券作担保申请的房屋抵押权被核准登记后，登记簿记载的抵押权人是谁？《公司债券发行试点办法》第二十三条规定，公司应当为债券持有人聘请债券受托管理人，并订立债券受托管理协议；在债券存续期限内，由债券受托管理人依照协议的约定维护债券持有人的利益。公司应当在债券募集说明书中约定，投资者认购本期债券视作同意债券受托管理协议。据此可知，基于规章的规定，持有债券的各债权人与债券受托管理人形成间接代理关系，所谓间接代理，系指代理人以自己的名义，为本人之计算，而为法律行为，其法律效果首先对间接代理人发生，然后依间接代理人与本人之内部关系，而移转于本人之制度[①]。体现在本案中，债券受托管理人丙机构代持有债券的各债权人行使权利和履行相关义务，产生的法律后果直接归债券受托管理人丙机构，最终基于间接代理关系转归各持有债券的债权人，故登记簿记载的抵押权人或最高额抵押权人可记载为债券受托管理人丙机构。当然，一般抵押权首次登记或最高额抵押权首次登记，由丙公司与乙公司共同申请。

---

① 梁慧星：《民法总论》，法律出版社2001年版，第222页。

2. 主债权合同或一定期间内将要连续发生债权的合同

一般情形下,主债权合同或一定期间内将要连续发生债权的合同是以合同书的形式体现,而债券发行实务中,债权是以权利人持有债券为体现形式,若如此,则不满足申请一般抵押权或最高额抵押权登记时提交登记材料的要求。按《证券法》第十七条规定,申请公司债券发行时,公司债券募集办法是申请人应当向核准机关报送的材料。按《公司债券发行试点办法》第二十条规定,作为公司债券发行核准机关的中国证监会,以行政决定的形式核准或不予核准公司债券发行。据此可知,中国证监会作出准予发行债券的决定后,债券才可以依照债券募集办法发行,债券发行并被认购后,债券发行人与债券持有人之间基于债券发行的债的关系建立,即被担保的主债权或最高额债权成立。概言之,中国证监会作出准予发行债券的决定与债券募集办法组合,形成申请一般抵押权登记时,申请人向登记机构提交的主债权存在的证明,以替代主债权合同,或申请最高额抵押权登记时,向登记机构提交的一定期间内将要连续发生的债权存在的证明,以替代一定期间内将要连续发生债权的合同。

3. 抵押合同

按《民法典》第四百条规定,设立抵押权,当事人应当采用书面形式订立抵押合同。《房地产管理法》第五十条规定,房地产抵押,抵押人和抵押权人应当签订书面抵押合同。概言之,抵押合同是抵押权设立的法定要件,也是抵押权设立的基础法律关系。抵押权人和抵押人未签订抵押合同的,抵押关系不存在,即抵押权的设立原因不存在。本案中,如前所述,抵押权人或最高额抵押权人为债券受托管理人丙机构,故抵押合同由抵押人乙公司与作为抵押权人或最高额抵押权人的丙公司签订,且抵押合同中被担保债权的种类明确为"甲公司发行债券",此合同作为登记机构办理抵押权登记时收取的材料。

4. 被担保主债权的数额或最高债权额

按《公司债券发行试点办法》第十二条规定,发行债券的数量是公司债券发行方案的主要内容之一。该办法第二十一条规定，发行公司债券，可以申请一次核准，分期发行。概言之，公司申请核准债券发行时，当次申请核准的债券数量是明确、具体的，如果核准后，公司一次性发行，则该数额为一般抵押权担保的债权数额。若公司分期分批发行，则该数额为最高额抵押权担保的最高债权数额。故登记簿记载的被担保主债权的数额或最高债权数额，为公司当次被核准发行的债券载明的债权总数额。

5. 债务履行期限或债权确定期间

如前所述，公司债券是在一定期限还本付息的有价证券。据此可知，该期限即为债务履行期限或债权确定期间。按《公司债券发行试点办法》第十二条规定，债券期限是公司债券发行方案的主要内容之一。因此，登记簿记载的债务履行期限或债权确定期间为经核准的债券发行方案上的债券期限。

案例 60　执行担保产生的抵押，登记机构可否办理抵押权登记

甲与乙发生民事诉讼，甲胜诉，但乙不履行人民法院生效的判决。甲遂申请人民法院执行，人民法院受理后，乙请求人民法院暂缓执行，但人民法院要求乙提供财产作暂缓执行的担保。案外人丙自愿用其不动产为乙作担保，人民法院经审查后予以许可，庚即向登记机构送达协助执行通知书，要求登记机构在丙的不动产上记载因执行担保产生的抵押权登记。试问：对于此种协助执行业务，登记机构可否受理？如果可以，受理后又该如何处理？

有观点认为，不动产登记机构在受理此类人民法院的协助执行要求时，登记机构不能应人民法院的要求，直接在担保人的不动产上作抵押权登记，而应当尽告知义务，即告知人民法院由当事人凭相关登记申请材料向登记机构申请抵押权登记。笔者不支持此观点。

第四部分 抵押权登记

一、人民法院送达协助执行通知书要求登记机构办理的因执行担保产生的抵押权登记，登记机构应当办理

《民法典》第三百九十四条规定："为担保债务的履行，债务人或者第三人不转移财产的占有，将该财产抵押给债权人的，债务人不履行到期债务或者发生当事人约定的实现抵押权的情形，债权人有权就该财产优先受偿。前款规定的债务人或者第三人为抵押人，债权人为抵押权人，提供担保的财产为抵押财产。"质言之，抵押权是保障民事活动中依法产生的债权实现的担保物权。在不动产登记实务中，《不动产登记暂行条例实施细则》第六十六条第一款规定，自然人、法人或者其他组织为保障其债权的实现，依法以不动产设定抵押的，可以由当事人持不动产权属证书、抵押合同与主债权合同等必要材料，共同申请办理抵押登记。据此可知，为了保障民事活动中依法产生的债权实现而设立的不动产抵押权，应当由抵押当事人向登记机构申请登记，同时提交相应的登记申请材料。概言之，为保障民事活动中建立的债权实现而设立的不动产抵押权，才须由申请人持相关材料向登记机构申请登记。

《民事诉讼法》第二百三十一条规定，在执行中，被执行人向人民法院提供担保，并经申请执行人同意的，人民法院可以决定暂缓执行及暂缓执行的期限。据此可知，人民法院在执行程序中的担保制度，是基于法律的规定设立的。但《民事诉讼法》不是为了保护民事主体的合法权益，调整民事关系，维护社会和经济秩序的民法，即《民事诉讼法》不是私法，而是保护当事人行使诉讼权利，保证人民法院查明事实，分清是非，正确适用法律，及时审理民事案件，确认民事权利义务关系，制裁民事违法行为，保护当事人的合法权益的公法。《民事诉讼法》的规定建立的执行担保制度，是公法对民法中的担保抵押制度的引进和利用。笔者据此认为，基于执行担保产生的不动产抵押权登记与为了保障民事活动中建立的债权实现而产生的不动产抵押权登记不能等量齐观。因此，基于执行担保产生的不动产抵押权登记与为了保障民事活动中建立的债

权实现而设立的不动产抵押权登记，也不尽相同。

在不动产登记实务中，《不动产登记暂行条例实施细则》第十九条第二款第（一）项规定，人民法院持生效法律文书和协助执行通知书要求不动产登记机构办理登记的，不动产登记机构直接办理不动产登记。质言之，人民法院持生效的法律文书和协助执行通知书要求登记机构办理登记的，登记机构应当根据人民法院送达的生效法律文书和协助执行通知书及时在登记簿上作记载，不得附加任何条件和环节。因此，本问中，人民法院向登记机构送达协助执行通知书，要求登记机构办理执行过程中案外第三人提供的执行担保产生的不动产抵押权登记，登记机构应当即时办理，无须告知人民法院需要由当事人持相关登记材料申请登记。

二、因执行担保产生的抵押权的登记内容

在不动产登记实务中，按《国土资源部关于启用不动产登记簿证样式（试行）的通知》（国土资发〔2015〕25号）附《不动产登记簿样式及使用填写说明》规定，基于申请人提交的登记申请材料，登记簿应当记载的抵押权的内容有抵押权人、抵押人、抵押不动产的类型、抵押方式、登记类型、登记原因、被担保主债权的数额、债务履行期限等。按《民事诉讼法》第二百三十一条规定，法律设立执行担保制度，旨在保障执行的完成，在非因人民法院的原因而使本应完成的执行不能完成，或不能充分完成时，人民法院可以执行担保财产。如前所述，基于执行担保产生的不动产抵押权登记与为了保障民事活动中建立的债权实现而产生的不动产抵押权登记不尽相同。因此，根据法律设立执行担保制度的目的，结合前述《不动产登记簿样式及使用填写说明》规定的登记簿上应当记载的抵押权的内容考虑，因执行担保产生的抵押权的登记内容主要有抵押权人、抵押人、登记原因，即根据人民法院送达的执行文书，登记簿上应当记载的抵押权人为人民法院或其指定的组织，抵押人为担保财产的权利人，登记原因为执行担保。

三、因执行担保产生的抵押权登记中可能产生的争执的调处

《关于建立和完善执行联动机制若干问题的意见》（法发〔2010〕15号）第二十三条规定，执行联动机制工作领导小组由各级政法委员会牵头，定期、不定期召开会议，通报情况，研究解决执行联动机制运行中出现的问题，确保执行联动机制顺利运行。据此可知，在因执行担保产生的抵押权登记中，如果因人民法院的执行员送达的执行文书载明内容不能明确抵押权人、抵押人、登记原因的，登记机构应当建议执行员予以补正。如果执行员不采纳建议而向登记机构作留置送达的，登记机构仍然应当按执行文书载明的内容即时在登记簿上作记载，但同时将此执行中产生的问题书面向执行法院及对该执行法院有领导权的政法委员会和登记机构所在地政法委员会报告，以求得争执的调处。

案例 61 抵押人变动产生的登记，适用抵押权变更登记，还是抵押权首次登记

乙向甲银行借款 50 万元，借款期限 3 年。丙以其房屋为乙向甲作抵押担保，甲与丙签订抵押合同后，办理了一般抵押权登记。1 年后，丙因调往外地工作，须转让房屋后去工作地，但乙不能还款付息了结债务，致使丙的房屋上设立的抵押权不能注销而使转让转移登记不能办理。丁愿意以自己的房屋代替丙继续为乙向甲作抵押担保。甲、丙、丁三方书面约定：同意丁代替丙以其房屋继续为乙向甲作抵押担保，丙退出抵押关系。试问：丁代替丙以其房屋继续为乙向甲作抵押担保申请登记时，适用抵押权首次登记，还是抵押权变更登记？

有观点认为，只要抵押权人不发生变化，即便抵押财产的所有权人即抵押人发生变化，也属于抵押权的变更，而非抵押权的转移，应当适用抵押权变更登记。

笔者认为，丁代替丙以其房屋继续为乙向甲作抵押担保申请登记的，应当适用抵押权首次登记。

《民法典》第四百六十四条第一款规定，合同是民事主体之间设立、变更、终止民事法律关系的协议。该法第四百六十五条规定，依法成立的合同，受法律保护。依法成立的合同，仅对当事人具有法律约束力，但是法律另有规定的除外。在不动产登记实务中，按《不动产登记操作规范（试行）》14.2.3条之4规定，因抵押权人或抵押人姓名、名称变更以外的情形申请抵押权变更时，抵押权人与抵押人约定相关变更内容的协议，是当事人应当向登记机构提交的材料。据此可知，一般情形下，抵押权人与抵押人约定变更抵押合同内容的协议仍然属于合同，抵押权人与抵押人在该合同中关于抵押权变更的约定，只对抵押权人与抵押人有法律约束力。申言之，基于抵押权变更协议申请的抵押权变更登记，只能针对抵押权人与抵押人先行申请登记并被记载于登记簿上的抵押权。

本案中，甲、丙、丁三方的书面约定表明，丙退出抵押关系，即甲与丙签订的抵押合同终止。丁虽然是代替丙以其房屋为乙继续向甲作抵押担保，但是甲与丁新建立抵押关系，换言之，该三方书面约定中关于甲接受丁代替丙作抵押人的约定，实质上为甲与丁新签订的抵押合同。概言之，甲、丙和丁的三方书面约定，包含了两个协议或合同，一个是甲与丙达成的解除抵押合同的协议，此系抵押权消灭的法定事由；另一个是甲与丁新建立的抵押合同，此系抵押权设立的法定原因。因此，基于该三方书面约定，一是甲与丙可以申请抵押权注销登记；二是甲与丁可以申请抵押权首次登记。据此可知，甲在丁的房屋上设立的抵押权，不是基于甲在乙的房屋上设立的抵押权变更而来的，而是基于新的抵押关系设立的。所以，抵押人变动产生的登记不适用抵押权变更登记，应当适用抵押权首次登记。

案例62　两处以上的房屋为同一债权作抵押担保时，申请人该申请几个抵押权登记

某商业银行与甲签订借款合同一份，约定贷款额为人民币500万元。

尔后，该商业银行与乙、丙、丁各签订房屋抵押合同一份，分别约定乙、丙、丁以各自所有的一处房屋为甲的 500 万元贷款作抵押担保，其中乙的房屋担保 200 万元，丙和丁的房屋各担保 150 万元。申请抵押权登记时，登记机构认为，应当分别在乙、丙、丁的房屋上记载抵押权，即抵押当事人应当分别申请三个抵押权登记，换言之，为了 500 万元贷款债权的实现，应当设定三个为之担保的房屋抵押权。抵押当事人则认为，只需在乙、丙、丁分别所有的三处房屋上设定一个共同的抵押权，即抵押当事人共同申请一个抵押权登记即可。试问：根据本案情形，抵押当事人是申请三个抵押权登记，还是只申请一个抵押权登记？

有观点认为，在房屋交易监管实务中，《城市房地产抵押管理办法》第十条规定："以两宗以上房地产设定同一抵押权的，视为同一抵押房地产。但抵押当事人另有约定的除外。"据此可知，以两处以上的房屋为同一债权作抵押担保时，将该两处以上的房屋视为一处抵押房屋，共同设定一个抵押权。本案中，乙、丙、丁用各自所有的房屋为一笔 500 万元的贷款债权作抵押担保，因此而申请登记的抵押权属于房屋共同抵押权。所谓房屋共同抵押权，是指为担保同一个债权的实现而在两处以上的房屋上设立的抵押权。故抵押当事人只需申请一个抵押权登记。笔者不支持此观点。

按《民法典》第四百条第二款规定，被担保债权的种类和数额，债务人履行债务的期限，抵押财产的名称、数量等情况，担保的范围等是抵押合同应当载明的内容。笔者据此认为，在两处以上的房屋为同一债权作抵押担保的前提下，如果各房屋的所有权人共同作为抵押人与抵押权人签订一份抵押合同，且将各自的房屋名称、数量、所有权归属、共同担保的债权数额在合同中载明，此情形下，应当将在同一抵押合同中载明的两处以上的房屋视为一处抵押房屋，在该两处以上的房屋上共同设定一个抵押权；如果各房屋的所有权人分别与抵押权人签订抵押合同，在各抵押合同中只载明抵押人所有的房屋名称、数量、所有权归属、担保的债权数额，此情形下，各处房屋分别作为不同的抵押房屋，应当分别在各房屋上设定相应的抵押权，即设定两个以上的抵押权。概言之，在两处以上的房屋为同一债权作抵押担保的前提下，若该两处房屋载明在一份抵押同中且共同担保一个债权的，只设定一个抵押权；若该两处以上的房屋分别载明在两份以上的抵押合同中，即使是担保同一个债权的，也须分别在各房屋上设定相应的抵押权。换言之，抵押合同是抵押权设立的原因，抵押权是抵押合同目的实现的结果，一个原因对应一个结果，即一份抵押合同对应设立一个抵押权。本案中，抵押人乙、丙、丁分别与抵押权人某商业银行签订抵押合同，应当相应地在乙、丙、丁的房屋上设定抵押权，即设定三个抵押权，故登记机构的认为是正确的。若乙、丙、丁共同与银行签订一份抵押合同且共同担保一个债权的，则只需在乙、丙、丁所有的三处房屋上设定一个共同的抵押权即可。故本案中，抵押当事人应当分别申请三个抵押权首次登记。

抵押权的设立，关系到抵押责任的承担。抵押权人实现抵押权时，为同一债权作担保的若干抵押人如何承担责任，法律和行政法规没有作规定。在司法实务中，《担保法司法解释》第七十五条规定，同一债权有两个以上抵押人的，当事人对其提供的抵押财产所担保的债权份额或者顺序没有约定或者约定不明的，抵押权人可以就其中任一或者各个财产行使抵押权。抵押人承担担保责任后，可以向债务人追偿，也可以要求其他抵押人清偿其应当承担的份额。据此可知，抵押权人与抵押人对各自担保的债权份额没有约定或者约定不明确的，共同抵押人间形成连带担保义务，抵押权人可以就任何一个或几个抵押人的抵押房屋行使抵押权，尔后，承担担保责任的抵押人向其他未承担担保责任的抵押人追偿。如果抵押权人与各抵押人分别约定担保债权额的，抵押权人依约定实现抵押权。本案中，如果抵押权人某商业银行分别在乙、丙、丁的房屋上设立抵押权，实现抵押权时，抵押权人应当分别对乙、丙、丁行使抵押权，乙、丙、丁分别在各自担保的债权份额内承担责任，且以房屋价值为限。如果抵押权人某商业银行在乙、丙、丁的房屋上设定一个共同的抵押权，则可以就三人中任何一个人或两个人的房屋行使抵押权，承担责任的抵押人再向未承担责任的抵押人追偿。

案例 63　抵押人以抵押期间届满为由单方申请抵押权注销登记的，登记机构可否受理

2018年12月28日，甲与乙银行签订借款合同，约定：贷款300万元，贷款期限2年。丙以登记在自己名下的房屋为甲作抵押担保，在甲、乙签订借款合同后的第二天，丙与乙签订抵押合同，约定：担保贷款额300万元，抵押期间2年。2021年1月，甲未清结借款债务，丙则单方持抵押权注销登记申请书、抵押合同等材料，以抵押期间届满为由向登记机构申请抵押权注销登记。试问：对丙单方申请的抵押权注销登记，登记机构可否受理？

有观点认为，物权中的所有权的无期限性，并不排斥其他物权的有期限性。作为定限物权的担保物权，在一定的期限内，限制所有权中的处分权能，此期间可以是债权存续期间，也可以是当事人约定的担保期间。当事人在担保合同中约定担保期间，符合意思自治的民法基本原则，表明抵押权人认可担保人以其财产在约定期间内为债权的清偿提供担保，换言之，担保物权人接受只在约定期间内存在的担保物权，并自愿承担期间届满后担保物权消灭的后果。因此，本案中，丙与乙约定的抵押期间届满，丙据此申请的抵押权注销登记，登记机构应当受理。笔者不支持此观点。

从实体上看，《民法典》第五百五十九条规定，债权债务终止时，债权的从权利同时消灭，但是法律另有规定或者当事人另有约定的除外。质言之，主债权消灭的，附于其上的从权利随之消灭。申言之，主债权消灭的同时，产生附于其上的抵押权消灭的结果。换言之，抵押权随主债权的存在而存在，该期间是被其担保的主债权的存续期间，不是当事人约定的抵押期间。《民法典》第一百九十二条规定，诉讼时效期间届满的，义务人可以提出不履行义务的抗辩。诉讼时效期间届满后，义务人同意履行的，不得以诉讼时效期间届满为由抗辩；义务人已经自愿履行的，不得请求返还。据此可知，超过诉讼时效期间，当事人自愿履行债务的，不受诉讼时效的限制。申言之，超过诉讼时效期间，债权并不消灭，仍然存在，只是不受国家公权力的保护。概言之，我国法律没有规定债权除诉期间。所谓债权除诉期间，是指经过法律规定的一定期间后权利人未主张债权的，债权消灭。因此，按我国现时的法律规定，即使超过诉讼时效期间，权利人未主张债权的，债权依然存在，作为其从权利的抵押权也随之存在，基于此，抵押权并不因约定的抵押期间届满而消灭。在司法实务中，《担保法司法解释》第十二条第一款规定，当事人约定的或者登记部门要求登记的担保期间，对担保物权的存续不具有法律约束力。质言之，当事人就担保物权因担保期间届满是否消灭产生诉讼时，人民法院不支持担保物权因担保期间届满而消灭的诉讼请求。另外，按《民法典》第三百九十三条、第二百二十九条和第二百三十一条规定，担保物权消灭的事由有：（一）主债权消灭；（二）担保物权实现；（三）债权人放弃担保物权；（四）生效的法律文书确认担保物权无效；（五）担保物灭失。据此可知，不动产担保物权的消灭事由，由法律以具体列举的方式作规定，当事人约定的担保期间届满，不是法定的担保物权消灭的事由。本案中，丙以约定的抵押期间届满为由申请的抵押权注销登记，于法无据，登记机构应当不予受理。

　　从程序上看，在不动产登记实务中，《不动产登记操作规范（试行）》14.4.2条规定，不动产登记簿记载的抵押权人与抵押人可以共同申请抵押权的注销登记。债权消灭或抵押权人放弃抵押权的，抵押权人可以单方申请抵押权的注销登记。人民法院、仲裁委员会生效法律文书确认抵押权消灭的，抵押人等当事人可以单方申请抵押权的注销登记。据此可知，人民法院、仲裁委员会生效的法律文书确认抵押权消灭的情形下，抵押人才可以单方申请抵押权注销登记。本案中，抵押人丙以约定的抵押期间届满为由单方申请抵押权注销登记，不满足抵押人可以单方申请的要求，登记机构应当不予受理。

结论：本案中，抵押人丙以抵押期间届满为由单方申请的抵押权注销登记，实体上不是法定的抵押权消灭事由，程序上也不符合《不动产登记操作规范（试行）》中关于抵押人可以单方申请抵押权注销登记的规定，由此申请的抵押权注销登记，登记机构不予受理。

案例 64　登记机构可否为违法记载的抵押权办理抵押权变更登记

2014 年 10 月，有一房屋，在取得房屋所有权证后，为获取贷款作抵押担保，办理了一般抵押权登记。债务人至今未履行还款义务。2021 年 1 月，房屋所有权人欲申请房屋分摊的国有建设用地使用权登记，并领取载明房屋所有权和国有建设用地使用权的不动产权属证书，抵押权人也愿意配合。试问：当事人该如何申请不动产登记？

有观点认为，在抵押权人的配合下，房地产权利人向登记机构申请房屋分摊取得的国有建设用地使用权登记并提交除房屋所有权证外的手续，抵押权人向登记机构提交房屋所有权证。国有建设用地使用权登记完成且房地产权利人领取不动产权属证书后，由抵押当事人持抵押权变更协议，共同向登记机构申请因抵押物权属证书类型变更产生的抵押权变更登记。笔者不支持此观点。

一、基于登记程序违法所作的登记也是错误的登记

《房地产管理法》第四十九条规定，房地产抵押，应当凭土地使用权证书、房屋所有权证书办理。据此可知，不动产统一登记前，载明房屋分摊的国有建设用地使用权的土地使用权证书，是登记机构办理房屋抵押权登记时必须收取的材料，否则，因登记材料不齐全、不充分而导致登记程序违法。本案中，登记机构为当事人办理一般抵押权登记时，抵押房屋分摊的国有建设用地使用权尚未登记,抵押人也没有领取土地使用权证书,换言之,登记机构为当事人办理一般抵押权登记时,没有收取抵押房屋的土地使用权证书,为申请人作的一般抵押权登记的登记程序违法。申言之,抵押权登记程序违法,由此记载在登记簿上的一般抵押权也系违法的记载,即登记簿上违法记载的内容是错误的。

二、一般抵押权变更登记的前提是记载在登记簿上的一般抵押权合法有效

《不动产登记暂行条例实施细则》第六十八条规定:"有下列情形之一的,当事人应当持不动产权属证书、不动产登记证明、抵押权变更等必要材料,申请抵押权变更登记:(一)抵押人、抵押权人的姓名或者名称变更的;(二)被担保的主债权数额变更的;(三)债务履行期限变更的;(四)抵押权顺位变更的;(五)法律、行政法规规定的其他情形。因被担保债权主债权的种类及数额、担保范围、债务履行期限、抵押权顺位发生变更申请抵押权变更登记时,如果该抵押权的变更将对其他抵押权人产生不利影响的,还应当提交其他抵押权人书面同意的材料与身份证或者户口簿等材料。"质言之,一般抵押权变更登记,是指依法记载在登记簿上的一般抵押权的权利主体不变,但该一般抵押权的内容、客体和其他事项发生变更导致的登记。据此可知,本案中,如前所述,登记簿上违法记载的一般抵押权是错误的,当事人因此失去了申请一般抵押权变更登记的前提。因此,本案中,国有建设用地使用权转移登记完成且房地产权利人领取不动产权属证书后,抵押当事人不应当申请一般抵押权变更登记。

三、本案的实务处理

《民法典》第二百二十条第一款规定,权利人、利害关系人认为不动产登记簿记载的事项错误的,可以申请更正登记。不动产登记簿记载的权利人书面同意更正或者有证据证明登记确有错误的,登记机构应当予

以更正。质言之，更正登记是纠正登记簿记载错误的登记类型，有确凿证据证明登记确有错误的，登记机构应当予以更正登记，更正登记记载于登记簿上后，产生消灭原来错误登记的效力。因此，本案中，如前所述，登记簿上违法记载的一般抵押权错误，抵押权人和抵押人（房地产权利人）共同配合完成国有建设用地使用权转移登记且领取载明房屋所有权和房屋分摊的国有建设用地使用权的不动产权属证书后，应当再次配合申请一般抵押权更正登记。此一般抵押权更正登记的原因是登记机构的登记程序错误，更正登记完成后，房地产权利恢复到之前的没有抵押权负担的状态，抵押当事人可凭原来的主合同、抵押合同、新领取的不动产权属证书等材料申请一般抵押权首次登记。原抵押合同中载明的抵押物证书号码等内容发生变动的，抵押当事人可以通过签订抵押合同补充协议的方式来解决，此补充协议也是重新申请一般抵押权首次登记时的申请材料。

案例 65　抵押权转移登记后是否影响其顺位

一个房屋上设定了两个或两个以上的抵押权，如果第一顺位的抵押权人因债权转让而随之转让，即此抵押权转让给第三人，需办理因主债权转让产生的抵押权转移登记。试问：此抵押权转移登记后，是否还处于第一顺位？在使用电子登记簿的前提下，记载于登记簿上的时点如何确定？

有观点认为，《民法典》第二百一十四条规定，不动产物权的设立、变更、转让和消灭，依照法律规定应当登记的，自记载于不动产登记簿时发生效力。在不动产登记实务中，《不动产登记操作规范（试行）》5.1.1条之1规定，记载于不动产登记簿的时点，使用电子登记簿的，以登簿人员将登记事项在登记簿上记载完成之时为准。据此可知，本案中，随主债权转让产生的抵押权转移登记记载于登记簿上的时点，为登簿人员将登记事项在登记簿上记载完毕的时间节点，且自该时间节点起，抵押权转移登记生效。但是，一个抵押物上设定的两个或两个以上的抵押权的顺位，以在登记簿上记载的先后次序决定，从本抵押权转移登记记载于登记簿上的时间节点上看，后于原来已经存在的抵押权，因此，该抵押权转移登记后，不再处于第一顺位。

笔者支持此观点中"抵押权转移登记生效的时间节点，为登簿人员将登记事项在登记簿上记载完毕的时间节点"的认为，不支持"抵押权转移登记后，不再处于第一顺位"的认为。

一、抵押权转移登记生效的时点为记载于登记簿上的时间节点，即登簿人员完成记载的时间节点

登记机构在受理抵押权转移登记后，履行查验、审核登记申请材料和询问申请人等职责后，对满足登记要求的，才能够将其记载在登记簿上。前已述及，按《民法典》第二百一十四条规定和《不动产登记操作规范（试行）》5.1.1 条之 1 规定，抵押权转移登记记载于登记簿上的时间节点，是抵押权转移登记生效的时间节点，且《民法典》第二百一十二条第一款第（三）项规定，如实、及时登记有关事项是登记机构的法定职责。为此，基于公平、合法和真实原则，抵押权转移登记记载于登记簿上的时间节点，应当是登簿人员将登记事项在登记簿上记载完毕的时间节点。

二、抵押权的转移不包括抵押权顺位的变动

《不动产登记暂行条例实施细则》第二十七条规定："因下列情形导致不动产权利转移的，当事人可以向不动产登记机构申请转移登记:（一）买卖、互换、赠与不动产的;（二）以不动产作价出资（入股）的;（三）法人或者其他组织因合并、分立等原因致使不动产权利发生转移的;（四）不动产分割、合并导致权利发生转移的（五）继承、受遗赠导致权利发生转移的;（六）共有人增加或者减少以及共有不动产份额变化的;（七）因人民法院、仲裁委员会的生效法律文书导致不动产权利发生转移的;

（八）因主债权转移引起不动产抵押权转移的；（九）因需役地不动产权利转移引起地役权转移的；（十）法律、行政法规规定的其他不动产权利转移情形。"质言之，不动产转移登记，是指登记簿上记载的不动产物权从此主体转移给彼主体产生的登记。据此可知，抵押权的转移登记，是将登记簿上记载的抵押权从此主体转移给彼主体产生的登记，并不是重新设立抵押权。随债权转让的抵押权是整体转让，其中也包括抵押权的顺位转让。换言之，抵押权的转让，只是抵押权人的变动，并不包括抵押权顺位的变动。在登记理论上，因转让取得的权利被称为继受取得，即承继取得前一手权利，该承继取得的权利有接续性。因此，抵押权转移登记后，其顺位应当与最初的首次登记组合起来看，不能分割开来看。故抵押权转移登记后，并不影响其原来的顺位。本案中，转移登记到受让人名下的抵押权，在该房屋上存在的全部的抵押权中仍然处于第一顺位。

三、抵押权顺位变更时，当事人应当申请抵押权变更登记，而非转移登记

法理上，性质相同的不动产物权，优先顺位与后续顺位之间可以交换其位置。顺位变更在各变更的顺位纳入登记后生效[①]。法律规范上，按《民法典》第四百零九条第一款规定，抵押权人与抵押人可以协议变更抵押权顺位。在不动产登记实务中，按《不动产登记暂行条例实施细则》第二十六条第（五）项规定，抵押权顺位变更属于当事人申请一般抵押权变更登记和最高额抵押权变更登记的情形。所谓抵押权顺位的变更，是指同一抵押物上有数个抵押权时，抵押权人间互相交换其抵押权顺位的情形。抵押权顺位的变更属于抵押权内容的变更，具体到房屋抵押权的顺位变更，则未经变更登记不生效力。换言之，同一房屋上存在两个或两个以上的抵押权时，抵押权顺位的变动，在当事人以协议形式约定后，须申请抵押权

---

① 梁慧星：《中国民法典草案建议稿附理由：物权编》，法律出版社2004年版，第36页。

变更登记且被记载于登记簿上后才生效。即抵押权顺位变更，当事人不应当通过申请抵押权转移登记完成。申言之，在我国现行的不动产物权制度中，实际上已经产生了在一宗不动产上设定多个物权的情形，这是不动产进入市场后以及不动产在人们生活中发挥多方面作用的反映。但这些权利的设立不是无序的，而是按照登记规则且在登记簿上以它们设立的时间先后排列为顺序的①。因此，已经记载于登记簿上的抵押权，随主债权转让而转让申请转移登记后，不变动其设立时的顺位。概言之，按首次登记的时间节点的先后决定抵押权在登记簿上的顺位。

案例 66　抵押房屋被生效的判决书变更权属产生的登记，登记机构该如何办理

2020 年 1 月 2 日，甲死亡。2020 年 1 月 10 日，其妻乙伪造继承权公证书，办理了继承转移登记，将房屋登记为乙单独所有。2020 年 1 月 15 日，乙用此房抵押贷款，并办理了一般抵押权登记。2020 年 9 月 10 日，乙的儿子丙发现母亲侵犯其继承权并用侵权所得房屋抵押贷款，遂以乙为被告起诉至人民法院。2020 年 12 月，人民法院生效的判决书确认此房屋为乙、丙共有。现丙持人民法院生效的确认所有权归属的判决书申请房屋登记。试问：对丙持人民法院生效的确认所有权归属的判决书申请的房屋登记，登记机构该如何办理？

观点一认为，丙申请登记的房屋上有银行善意取得的抵押权，银行善意取得的抵押权应当受到保护，为此，银行的抵押权可以限制变动此房屋所有权归属产生的后续登记。因此，丙持人民法院生效的确认所有权归属的判决书申请的房屋登记，登记机构不应当办理。

观点二认为，人民法院生效的法律文书将房屋判决为乙、丙共有，应当由他们共同申请登记，登记机构才可以办理。银行善意取得的抵押

---

① 梁慧星：《中国民法典草案建议稿附理由：物权编》，法律出版社 2004 年版，第 35 页。

权的保护通过其他法律途径救济。

笔者支持观点二。

一、实体上，抵押权对抵押房屋被生效的判决书变更权属无阻却作用

按 2020 年 12 月适用的《物权法》第二十八条规定，基于人民法院的法律文书设立物权的，自法律文书生效时起发生效力（现时的《民法典》第二百二十九条做了同样的规定）。质言之，人民法院生效的确认物权归属的法律文书，是权利人依法享有物权的凭证，不是权利人取得物权的权利来源的凭证。权利人基于人民法院生效的法律文书取得的物权，是干净的没有任何限制条件存在的物权。概言之，本案中，丙因人民法院生效的判决书与乙共同享有房屋的所有权，即丙成为房屋的共有人，故银行在乙因继承转移登记记载在登记簿上的房屋所有权上设立的抵押权，对人民法院将此房屋所有权变更为乙、丙共有没有阻却作用。申言之，诉争房屋上的抵押权，对丙基于生效的确认房屋所有权归属的判决书申请的转移登记的办理，没有阻却作用。

二、程序上，人民法院生效的法律文书导致不动产物权转移的，当事人应当申请转移登记

在不动产登记实务中，《不动产登记暂行条例实施细则》第二十七条第（七）项规定，因人民法院、仲裁委员会的生效法律文书导致不动产权利发生转移的，当事人可以申请转移登记。《不动产登记操作规范（试行）》2.1.3 条第一款规定，共有不动产的登记，应当由全体共有人共同申请。据此可知，本案中，现时的登记簿上记载的是乙因继承转移登记到其名下的房屋所有权，而人民法院生效的判决书却确认此房屋的所有权归乙、丙共有，即人民法院生效的判决书导致登记在乙名下的部分权利转移给丙，因此，登记机构可以告知乙、丙共同向登记机构申请转移登记，将房屋所有权由乙名下转移登记到乙、丙名下。

三、善意取得的抵押权的救济

2020年1月2日,甲死亡时适用的《继承法》第二十六条第一款规定,夫妻在婚姻关系存续期间所得的共同所有的财产,除有约定的以外,如果分割遗产,应当先将共同所有的财产的一半分出为配偶所有,其余的为被继承人的遗产(现时的《民法典》第一千一百五十三条第一款规定,夫妻共同所有的财产,除有约定的外,遗产分割时,应当先将共同所有的财产的一半分出为配偶所有,其余的为被继承人的遗产)。据此可知,本案中,乙、丙因甲的去世,对原由甲、乙夫妻共有的房屋所有权中的遗产部分的分割产生争执,尽管人民法院的生效判决只确认房屋归乙、丙共有,但基于甲死亡时适用的《继承法》第二十六条第一款规定(现时的《民法典》第一千一百五十三条第一款规定),乙、丙对争执房屋的共有应当是按份共有,其中乙占四分之三,丙占四分之一。在司法实务中,《担保法司法解释》第七十一条规定,抵押物被分割或者部分转让的,抵押权人可以就分割或者转让后的抵押物行使抵押权。概言之,乙、丙共同申请将房屋登记为其按份共有后,银行既有的抵押权在乙享有的份额上继续存在,且在实现抵押权的条件成就时,可以就乙享有的份额行使抵押权。当然,银行也可以通过变现乙的其他财产等途径保护自己的权益。

案例67 未办理转移登记的抵押权,受让人可否直接申请注销登记

2020年4月,甲向乙供货,签订了供货合同。甲、乙又签订了房屋抵押合同,乙将登记在其名下的房屋抵押给甲,以保障依供货合同的约定按时足额向甲支付货款。甲、乙共同申请并办理了一般抵押权登记。2021年1月4日,甲将供货合同债权转让给丙,由丙取代甲按供货合同继续向乙供货,甲和丙签订了供货合同转让协议,但没有将抵押权转移登记到丙名下。2021年1月6日,丙向乙供货时,乙明确向丙表示无法履行支付货款的义务,乙、丙经协商,委托拍卖公司拍卖抵押房屋实现抵押权。丁通过拍卖取得房屋所有权。为了给丁办理拍卖产生的转移登

记手续，丙申请注销登记在甲名下的房屋抵押权。试问：丙申请注销登记在甲名下的房屋抵押权，登记机构可否办理？

有观点认为，按《民法典》第二百一十六条规定，不动产登记簿是物权归属和内容的根据。因此，登记簿上记载的房屋抵押权人为甲，丙没有将房屋抵押权转移登记到其名下，即丙不是登记簿上记载的房屋抵押权人，丙申请注销登记在甲名下的房屋抵押权，登记机构不能办理。笔者支持此观点。

一、被担保债权的受让人，无须登记即取得依附于债权存在的房屋抵押权

按《民法典》第四百零七条规定，债权转让的，担保该债权的抵押权一并转让，但法律另有规定或者当事人另有约定的除外。该法第五百四十七条第一款规定，债权人转让债权的，受让人取得与债权有关的从权利，但是该从权利专属于债权人自身的除外。据此可知，作为依附于主债权设立并存在的抵押权，是主债权的从权利，随被其担保的主债权转移而转移，且自主债权转移完成之时，受让人随之取得担保主债权实现的房屋抵押权。换言之，受让人自受让取得主债权之时起，无须登记即依法、即时取得担保该债权实现的房屋抵押权。本案中，丙无须登记，自受让取得甲的供货合同债权之时起，也取得担保该债权实现的房屋抵押权。

二、当事人欲申请注销随主债权转移而转移的房屋抵押权，须先行申请将该抵押权转移登记到其名下

《不动产登记暂行条例实施细则》第二十四条规定，不动产首次登记，是指不动产权利第一次登记。未办理不动产首次登记的，不得办理不动产其他类型登记，但法律、行政法规另有规定的除外。据此可知，《不动产登记暂行条例实施细则》的规定确立了不动产登记的连续登记原则，首次登记是确立连续登记原则的基础登记类型。笔者认为，所谓连续登记原则，是指权利人的不动产物权未先行在登记簿上作记载的，后续的

转移登记、变更登记、注销登记、更正登记、异议登记、查封登记等均不得办理的不动产登记原则。按《不动产登记操作规范（试行）》14.4.1条规定，已经登记的抵押权，在使抵押权消灭的事由出现时，当事人才可以申请抵押权注销登记。据此可知，房屋抵押权已经记载在登记簿上，是申请人申请后续的抵押权注销登记的前提。本案中，丙虽然因受让甲的债权而依法、即时取得担保该债权实现的房屋抵押权，但登记簿上该房屋抵押权没有转移登记到丙名下，在抵押权受到侵害时，丙可以以抵押权人的名义直接要求侵害人停止侵害并赔偿相关损失，或诉请人民法院判决侵害人停止侵害并赔偿相关损失。然而，丙若因转移、消灭等处分现时登记在甲名下的房屋抵押权时，应当先行申请房屋抵押权转让转移登记，将房屋抵押权转移登记到丙名下后，后续的因转移、消灭等处分该抵押权产生的转移登记、注销登记才可以办理。故丙直接申请注销属于自己但现时还登记在甲名下的房屋抵押权的，登记机构不能办理。

三、抵押权随被其担保的主债权转让的，当事人可以申请抵押权转移登记

《不动产登记暂行条例实施细则》第六十九条规定，因主债权转让导致抵押权转让的，当事人可以持不动产权属证书、不动产登记证明、被担保主债权的转让协议、债权人已经通知债务人的材料等相关材料，申请抵押权的转移登记。据此可知，抵押权随被其担保的主债权转让的，主债权的转让人和受让人可以申请抵押权转移登记，将抵押权转移登记到债权受让人名下。本案中，丙因受让甲的债权而无须登记即依法、即时取得担保该债权实现的房屋抵押权，但甲、丙也应当及时申请抵押权转移登记，将房屋抵押权转移登记到丙名下，为丙因转移、消灭等处分该抵押权产生的登记得以及时办理提供方便，也使房屋抵押权的变动在登记簿上得到连续、完整的记载，显示房屋抵押权变化的过程，以遵循不动产登记的连续登记原则。

第五部分 更正登记

案例69 凭失效的身份证办理的转移登记，当事人可否申请更正登记

2019年12月，甲将房屋转让给乙，甲、乙凭双方的身份证、转让合同等手续共同申请转让转移登记，但乙提交的是有效期届满的身份证。转移登记完成后，乙领取了不动产权属证书。现甲、乙共同持乙新领取的有效的身份证，以申请转移登记时乙提交的是无效的身份证为由，申请将房屋更正登记回甲的名下。登记人员核查登记档案得知：存档的乙当时提交的有效期届满的旧身份证与现时有效的身份证上的姓名、身份证号码相同。试问：对甲、乙共同提出的将房屋更正登记回甲名下的申请，登记机构可否办理？

有观点认为，更正登记是纠正登记簿记载内容错误的不动产登记类型，当事人的姓名、身份证号码是登记簿记载的内容。本案中，存档的乙当时提交的有效期届满的旧身份证与现时新的身份证上的姓名、身份证号码相同，表明登记簿上记载的乙的姓名、身份证号码并无错误。身份证的有效或无效不是登记簿记载的内容，因此，对甲、乙以转移登记时乙提交的是无效的身份证为由申请的更正登记，登记机构不能办理。笔者不支持此观点。

一、登记机构凭无效的身份证办理的转移登记因程序不合法导致登记错误

《居民身份证法》第一条规定，为了证明居住在中华人民共和国境内的公民的身份，保障公民的合法权益，便利公民进行社会活动，维护社会秩序，制定本法。按该法第十一条第一款规定，居民身份证有效期满

的，公民应当换领新证。据此可知，有效的居民身份证才是我国公民参与社会活动的合法的身份证明，反之，有效期届满的居民身份证则不是我国公民参与社会活动的合法的身份证明。按《不动产登记暂行条例》第十六条第一款第（二）项规定，申请人申请不动产登记时，须向登记机构提交身份证明。按该条例第十八条第（三）项规定，登记机构应当查验登记申请是否违反法律、行政法规的规定。在不动产登记实务中，《不动产登记暂行条例实施细则》第九条第一款规定，申请不动产登记的，申请人应当填写登记申请书，并提交身份证明以及相关申请材料。据此可知，如果申请人提交的作为登记申请材料的身份证明是居民身份证时，登记机构应当查验该居民身份证的使用期间是否届满，这属于查验登记申请是否违反法律、行政法规规定的范围。换言之，使用期间届满的居民身份证，登记机构不得用作办理登记的证据材料。《不动产登记暂行条例实施细则》第九条所在的第三章专门规定"登记程序"，登记机构采用使用期间届满的居民身份证作为办理登记的证据材料，属于登记程序违法，据此记载在登记簿上的内容亦属于违法记载，属于当然的登记错误。因此，本案中，登记机构应甲、乙的申请办理的转让转移登记中，乙提交的使用期间届满而无效的居民身份证被用作登记的证据材料，登记机构因此而程序违法导致登记簿上记载在乙名下的转移登记错误。

二、本案中，对甲、乙共同提出的将房屋更正登记回甲名下的申请，登记机构应当办理

按2019年12月甲、乙申请转让转移登记时适用的《物权法》第十九条第一款规定，权利人、利害关系人认为不动产登记簿记载的事项错误的，可以申请更正登记。不动产登记簿记载的权利人书面同意更正或者有证据证明登记确有错误的，登记机构应当予以更正（现时的《民法典》第二百二十条第一款做了同样的规定）。质言之，更正登记是由登记簿上现时记载的权利人，或者由登记簿上现时记载的内容对其不动产物

第五部分 更正登记

权有影响的利害关系人申请的,旨在纠正登记簿记载内容错误的一种不动产登记类型。因此,本案中,如前所述,登记机构因使用乙无效的居民身份证作为办理转移登记的证明材料而导致登记程序违法,造成登记簿上记载在乙名下的转移登记错误,成就了当事人申请更正登记的前提。乙是登记簿上现时记载的权利人,也是更正登记的申请人之一,且以申请更正登记的行为同意更正。甲、乙作为更正登记申请人,主体适格,故对甲、乙共同提出的将房屋更正登记回甲名下的申请,登记机构应当办理。

三、其他

按《行政诉讼法》第七十条第(三)项规定,违反法定程序的行政行为,人民法院可以判决撤销或部分撤销。《不动产登记暂行条例》第六条规定,国务院国土资源主管部门负责指导、监督全国不动产登记工作。县级以上地方人民政府应当确定一个部门为本行政区域的不动产登记机构,负责不动产登记工作,并接受上级人民政府不动产登记主管部门的指导、监督。据此可知,不动产登记属于行政行为,登记机构违反程序办理的不动产登记,产生行政诉讼时,可能被人民法院判决撤销。申言之,被撤销的登记属于错误的登记,登记机构应当通过更正登记予以纠正。因此,本案中,如前所述,登记机构因使用乙无效的居民身份证作为办理转移登记的证明材料,如果甲以登记程序违法为由起诉登记机构,请求人民法院判决撤销登记簿上记载在乙名下的转移登记的,人民法院可能会支持甲的诉讼请求,若如此,登记机构应当根据人民法院生效的撤销登记簿上记载在乙名下的转移登记的判决书,通过更正登记将房屋从乙名下更正登记回甲的名下。

案例69 登记机构因程序瑕疵所作登记是否构成登记错误

甲、乙签订房屋转让合同后,向登记机构申请转让转移登记,提交了除契税缴纳凭证、土地增值税缴纳凭证外的其他转让转移登记所需材料。登记机构受理后核准了转让转移登记并将转移登记记载于登记簿，买方乙领取了不动产权属证书。现甲、乙以登记簿记载错误为由，共同申请更正登记，欲将房屋重新登记到甲名下。试问：对甲、乙申请的更正登记，登记机构可否办理？

有观点认为，登记机构在没有充分收取登记材料的情形下准予转移登记，并将转移登记记载于登记簿，属于登记程序有瑕疵，由此所作的转移登记是违法登记。更正登记属于纠正登记簿记载错误的不动产登记类型，不是纠正违法的登记类型，甲、乙应当向上级行政机关申请行政复议，请求撤销此转移登记，或向人民法院起诉，请求判决撤销此转移登记。因此，对甲、乙申请的更正登记，登记机构不能办理。笔者不支持此观点。

一、登记机构因程序瑕疵所作登记也构成登记错误，此登记错误也是更正登记的事由

《契税暂行条例》第十一条规定，纳税人应当持契税完税凭证和其他规定的文件材料，依法向土地管理部门、房产管理部门办理有关土地、房屋的权属变更登记手续。纳税人未出具契税完税凭证的，土地管理部门、房产管理部门不予办理有关土地、房屋的权属变更登记手续。《土地增值税暂行条例》第十二条规定，纳税人未按照本条例缴纳土地增值税的，土地管理部门、房产管理部门不得办理有关的权属变更手续。质言之，契税缴纳凭证、土地增值税缴纳凭证是当事人申请转让房屋所有权、土地使用权产生的转移登记时必须提交的材料。换言之，当事人申请转让房屋所有权、土地使用权产生的转移登记时，提交契税缴纳凭证、土地增值税缴纳凭证是其应尽的申请义务，登记机构收取契税缴纳凭证、土地增值税缴纳凭证也是应当履行的职责。《不动产登记暂行条例》第十七条第（三）项规定，申请材料不齐全或者不符合法定形式的，应当当场书面告知申请人不予受理并一次性告知需要补正的全部内容。该条例

第五部分 更正登记

第二十二条第（一）项规定，登记申请违反法律、行政法规规定的，登记机构应当作不予登记处理。据此可知，本案中，甲、乙申请转让转移登记时未提交契税缴纳凭证、土地增值税缴纳凭证，不符合行政法规《契税暂行条例》第十一条之规定和《土地增值税暂行条例》第十二条之规定，登记机构应当不予受理并一次性告知申请人需要补充提交契税缴纳凭证、土地增值税缴纳凭证，登记机构却做了准予登记并将转移登记记载于登记簿的处理，此登记行为也不符合行政法规《不动产登记暂行条例》第二十二条第（一）项之规定，属于违法行为。笔者据此认为，违法的登记行为在登记簿上记载的全部内容均属于错误记载，换言之，登记机构因其违法的登记行为在登记簿上所作记载，均构成登记簿记载错误。《民法典》第二百二十条第一款规定，权利人、利害关系人认为不动产登记簿记载的事项错误的，可以申请更正登记。不动产登记簿记载的权利人书面同意更正或者有证据证明登记确有错误的，登记机构应当予以更正。质言之，更正登记属于纠正登记簿记载错误的不动产登记类型，且登记簿上现时记载的权利人书面同意更正或者有证据证明登记确有错误的，登记机构应当予以更正。据此可知，本案中，登记机构因未收取契税缴纳凭证、土地增值税缴纳凭证，使登记程序不充分而违反行政法规的规定，构成登记簿的记载错误。鉴于此，登记簿上现时记载的权利人乙以申请更正登记的行为同意更正登记，因此，对甲、乙共同申请的更正登记，登记机构应当办理。

二、违法登记被撤销后，一般情形下，也是通过更正登记恢复到原权利人名下

按《行政复议法》第二十八条第一款第（三）项规定，对违反法定程序的行政行为，行政复议机关可以作撤销处理。按《行政诉讼法》第七十条第（三）项规定，人民法院经过审理，对违反法定程序的行政行为，可以判决撤销。据此可知，对违反法定程序的行政行为，在行政复

议中,得不到行政复议机关的维持;在行政诉讼中,也得不到人民法院的维持。《不动产登记暂行条例》第六条规定,国务院国土资源主管部门负责指导、监督全国不动产登记工作。县级以上地方人民政府应当确定一个部门为本行政区域的不动产登记机构,负责不动产登记工作,并接受上级人民政府不动产登记主管部门的指导、监督。质言之,不动产登记属于行政行为。本案中,作为不动产登记之房屋登记属于当然的行政行为,如前所述,登记机构因未收取契税缴纳凭证、土地增值税缴纳凭证,使房屋转让转移登记程序不充分而违反行政法规的规定,无论在行政复议还是在行政诉讼中,都可能被撤销。笔者据此认为,违法的登记被撤销,表明登记簿上基于此违法登记记载的内容也是错误的,登记簿上因此而存在的违法(错误)登记应当恢复到此违法(错误)登记前的状态,如前所述,更正登记属于纠正登记簿记载错误的登记类型,在不动产登记实务中,一般情形下,违法(错误)登记被撤销后,应当通过更正登记恢复到违法(错误)登记前的状态。

基本结论:登记机构因程序瑕疵所作登记也构成登记错误,此登记错误也是更正登记的事由,登记机构应当事人的申请,可以直接作更正登记处理,无须通过行政复议或行政诉讼的途径撤销违法登记后,再通过更正登记纠正登记簿上因违法登记存在的错误登记,以方便当事人,节省行政资源、司法资源。

案例 70 登记机构可否撤销错误的登记

2017 年 12 月,甲、乙离婚,但对登记为甲、乙共同共有的房屋未作处理约定。离婚后,乙外出经商,甲、乙的不动产权属证书由甲保管。2018 年 1 月,甲持伪造的乙的身份证、伪造的约定房屋归甲的离婚协议和一个自称是乙的人,到登记机构申请离婚转移登记,将房屋由甲、乙共同共有登记为甲单独所有。2021 年 1 月,乙持盖有婚姻登记机构的复印专用章的离婚协议,以甲虚报、瞒报为由向登记机构申请撤销甲的离婚转移登记。登记机构经核对档案发现：乙提交的离婚协议签订时间早于甲提交的离婚协议,且甲提交的离婚协议上没有盖婚姻登记机构的章,即甲提交的离婚协议不真实。试问：登记机构可否应乙的申请,撤销甲的离婚转移登记？

有观点认为,登记机构经核对档案发现乙提交的离婚协议签订时间早于甲提交的离婚协议,且甲提交的离婚协议上没有盖婚姻登记机构的章,乙提交的离婚协议上有婚姻登记机构的复印专用章,可以确定甲提交的离婚协议不真实。换言之,甲已经完成的离婚转移登记系虚报、瞒报的,登记机构可以应乙的申请,撤销甲的离婚转移登记。笔者不支持此观点。

一、登记机构无错误登记撤销权

依《行政诉讼法》第七十条规定,错误的行政行为,人民法院可以判决撤销或部分撤销。依《行政复议法》第二十八条规定,对错误的行政行为,行政复议机关可以以行政复议决定的形式撤销。按《不动产登记暂行条例》第六条规定,不动产登记属于行政行为。据此可知,错误的不动产登记行为,可以由人民法院判决撤销或行政复议机关以行政复议决定的形式撤销。笔者查阅现时的法律、行政法规和规章,没有关于登记机构可以撤销自己错误的不动产登记行为的规定,"法无授权不可为",即在现行制度环境下,登记机构无错误登记的撤销权。概言之,错误的不动产登记行为,只有人民法院和行政复议机关才有权撤销,登记机构无权撤销自己在登记簿上作的错误登记,故本案中,登记机构不可以应乙的申请,撤销甲因虚报、瞒报被记载在登记簿上的错误的离婚转移登记。

二、本案中,如果甲配合,甲、乙可以共同申请更正登记

《民法典》第二百二十条第一款规定,权利人、利害关系人认为不动产登记簿记载的事项错误的,可以申请更正登记。不动产登记簿记载的

权利人书面同意更正或者有证据证明登记确有错误的,登记机构应当予以更正。质言之,更正登记是纠正登记错误的一种登记类型。本案中,乙与甲虽然同为房屋的共同所有权人,但乙不是现时记载在登记簿上的所有权人,而是与登记簿上现时记载的房屋所有权有利害关系的人,即甲、乙均具备申请更正登记的主体资格。甲凭虚假的离婚协议申请并被核准将甲、乙共有的房屋转移登记为其单独所有,造成登记簿上记载的所有权人情形与实际情况不相符合,即登记簿上现时的所有权人记载错误,具备申请更正登记的前提。因此,如果甲、乙相互配合,无须通过撤销登记途径,由甲、乙凭盖有婚姻登记机构复印专用章的离婚协议等材料,共同申请将错误登记给甲单独所有的房屋更正登记为甲、乙共同共有,即通过更正登记恢复到错误的离婚转移登记前的状态。

三、本案中,如果甲不配合,乙可以申请异议登记后再诉讼

《民法典》第二百二十条第二款规定,不动产登记簿记载的权利人不同意更正的,利害关系人可以申请异议登记。登记机构予以异议登记,申请人自异议登记之日起十五日内不提起诉讼的,异议登记失效。质言之,异议登记以更正登记不能为前提,异议登记后,异议人可以通过诉讼途径解决争执。本案中,如果甲不配合乙申请更正登记,则构成更正登记不能,成就了乙申请异议登记的前提。但在不动产登记实务中,乙申请异议登记时,须向登记机构提交甲不配合的证明,此证明往往无法提交,故乙可以单方向登记机构申请更正登记,登记机构作不予受理处理时,乙可以要求登记机构出具不予受理的书面回复,登记机构也有义务给予乙书面回复,并在回复中说明不予受理的理由和依据,登记机构的此书面回复也是乙申请更正登记不能的证明,乙可以据此向登记机构申请异议登记。异议登记被记载于登记簿上后,乙可以向人民法院起诉甲,请求人民法院判令甲返还自己对房屋的应有部分,登记机构再凭人民法院生效的判决书办理相关登记。当然,登记机构也可以按《不动产

登记暂行条例实施细则》第八十一条规定启动依职权更正登记，纠正错误的离婚转移登记。

案例 71　错误登记的房屋可否直接更正登记给继承人

甲、乙按份共有一处商品房，共有份额各占二分之一，且各自持有相应的不动产权属证书。2020 年 3 月，甲持乙出具的遗赠公证书、乙的死亡证明公证书、权利人为乙的不动产权属证书遗失的登报声明等材料申请遗赠转移登记，经查验，登记机构将原由乙享有的二分之一份额的房屋所有权转移登记在甲名下。甲享有了房屋的全部所有权。2021 年 1 月，乙的继承人丙持乙的不动产权属证书、继承权公证书等材料申请继承转移登记，欲将乙名下的二分之一份额的房屋所有权转移登记到丙名下，登记机构核查登记簿后，将此二分之一份额房屋所有权已经因遗赠转移登记到甲名下的情况告知丙。丙到为甲办理遗赠公证书和死亡证明公证书的公证机构查询，公证机构遂向登记机构发函，告知登记机构甲提交的办理遗赠转移登记的遗赠公证书和死亡证明公证书不是其出具的，即甲提交的办理遗赠转移登记的遗赠公证书和死亡证明公证书是虚假的。丙再次向登记机构申请继承转移登记。试问：对丙申请的继承转移登记，登记机构可否办理？

有观点认为，对丙申请的继承转移登记，登记机构可以办理，但登记机构应当凭公证机构出具的证明甲提交的办理遗赠转移登记的遗赠公证书和死亡证明公证书是虚假的函，先行撤销甲的遗赠转移登记，将二分之一份额的房屋所有权恢复到乙名下后，再为丙办理继承转移登记。笔者不支持此观点。

一、继承转移登记必须以登记簿上记载的被继承房屋权利合法、有效为前提

在不动产登记实务中，按《不动产登记操作规范（试行）》9.3.1 条规定，申请房屋所有权转移登记时，被转移登记的房屋所有权现时应当记载在登记簿上。如果被转移登记的房屋所有权现时没有记载在登记簿上，则申请转移登记的前提不成立，登记机构应当作不予登记处理。因此，本案中，原由乙享有的二分之一份额的房屋所有权，已经因遗赠转移登记到甲名下，即现时登记簿上没有被继承房屋的所有权记载，丙申请继承转移登记的前提不成立，故对丙申请的继承转移登记，登记机构应当不予办理。

二、登记机构无权作撤销登记处理

原《房屋登记办法》第八十一条规定，司法机关、行政机关、仲裁委员会发生法律效力的文件证明当事人以隐瞒真实情况、提交虚假材料等非法手段获取房屋登记的，房屋登记机构可以撤销原房屋登记，收回房屋权属证书、登记证明或者公告作废，但房屋权利为他人善意取得的除外。据此可知，登记机构可以用作撤销房屋登记证据的是司法机关、仲裁机构出具的法律文书和行政机关出具的行政文书。那么，公证机构出具的函是法律文书，还是行政文书？《公证法》第二条规定，公证是公证机构根据自然人、法人或者其他组织的申请，依照法定程序对民事法律行为、有法律意义的事实和文书的真实性、合法性予以证明的活动。该法第六条规定，公证机构是依法设立，不以营利为目的，依法独立行使公证职能、承担民事责任的证明机构。据此可知，公证机构是法定的开展证明活动的证明机构，换言之，公证机构既不是司法机关、仲裁机构，也不是行政机关。申言之，公证机构出具的公证文书或其他文件，既不是法律文书，也不是行政文书。因此，本案中，即使按原《房屋登记办法》的规定，登记机构也不能凭公证机构出具的证明甲提交的办理遗赠转移登记的遗赠公证书和死亡证明公证书是虚假的函，撤销甲的遗赠转移登记。此外，现时办理不动产登记适用的《不动产登记暂行条例》和《不动产登记暂行条例实施细则》的规定，均没有授权登记机构可以撤销登记簿上错误的登记。"法无授权不可为"，本案中，登记机构无权

第五部分　更正登记

作撤销登记处理。当然，当事人通过行政诉讼或行政复议途径撤销登记的，登记机构应当按生效的判决书或行政复议决定书办理相关登记。

三、错误登记的房屋所有权可以直接更正登记给继承人

乙死亡时适用的《继承法》第二条规定，继承从被继承人死亡时开始（现时的《民法典》第一千一百二十一条第一款做了同样的规定）。《物权法》第二十九条规定，因继承或者受遗赠取得物权的，自继承或者受遗赠开始时发生效力（现时的《民法典》第二百三十条规定，因继承取得物权的，自继承开始时发生效力）。据此可知，自被继承人死亡时起，继承人无须登记即依法、即时对被继承人遗留的不动产享有权利。《民法典》第二百二十条第二款规定，不动产登记簿记载的权利人不同意更正的，利害关系人可以申请异议登记。登记机构予以异议登记，申请人自异议登记之日起十五日内不提起诉讼的，异议登记失效。在不动产登记实务中，《不动产登记暂行条例实施细则》第七十九条第一款规定，权利人、利害关系人认为不动产登记簿的记载有错误的，可以申请更正登记。该实施细则第八十条第一款规定，不动产权利人或者利害关系人申请更正登记，不动产登记机构认为不动产登记簿记载确有错误的，应当予以更正。据此可知，登记簿的记载确有错误的，登记簿记载的权利人和利害关系人据此申请的更正登记，登记机构应当核准。因此，本案中，公证机构出具的证明甲提交的办理遗赠转移登记的遗赠公证书和死亡证明公证书是虚假的函，表明现时因遗赠转移登记在甲名下的二分之一份额的房屋所有权是错误的，具备申请更正登记的前提。另外，自乙死亡时起，丙因继承无须登记即依法、即时享有乙遗留的二分之一份额的房屋所有权，但此二分之一份额的房屋所有权现时登记在甲名下，丙与之有利害关系，即丙是因遗赠错误登记在甲名下的二分之一份额的房屋所有权的利害关系人，换言之，丙具备申请更正登记的主体资格。若登记簿记载的权利人甲与利害关系人丙共同申请更正登记的，登记机构可以直

接将房屋的二分之一份额更正登记给乙的继承人丙，此情形下，是将登记簿上错误记载的权属状况更正登记为正确的权属状况，而非将之更正回错误登记前的状态。若甲不协助申请更正登记，丙可将甲作为被告向人民法院起诉，请求确认因遗赠登记在甲名下的二分之一份额的房屋所有权的归属，登记机构凭生效的法律文书办理相关登记。当然，登记机构也可以按《不动产登记暂行条例实施细则》第八十一条规定启动依职权更正登记，纠正不正确的遗赠转移登记。

案例 72　继承权公证书被撤销后，权利人应当通过什么登记将其应当享有的房地产权利登记到自己名下

甲、乙是夫妻，无生育，丙是甲、乙唯一的养子。甲的父母先于其死亡。甲死亡后，乙凭继承权公证书等材料申请继承转移登记，将原来属于甲、乙共同共有的房屋所有权和房屋分摊的国有建设用地使用权转移登记到乙名下。丙发现后，向公证处申请撤销乙据以办理继承转移登记的继承权公证书，公证处经过审查后，作出撤销继承权公证书的决定。试问：丙怎样才能将应当继承享有的房屋所有权和房屋分摊的国有建设用地使用权登记到自己名下？

有观点认为，丙只能通过诉讼程序解决问题，即丙持撤销继承权公证书的决定，先行向登记机构申请异议登记，以暂时击破登记簿的公信力，提醒欲与乙为交易的善意第三人谨慎为之。异议登记后 15 日内，丙须向人民法院起诉，请求人民法院解决继承纠纷，明确房屋归属，然后凭生效的法律文书申请登记。笔者认为，这确实是解决问题的一种办法，但还有另外一种解决问题的途径。

《民法典》第一千一百五十三条第一款规定，夫妻共同所有的财产，除有约定的外，遗产分割时，应当先将共同所有的财产的一半分出为配偶所有，其余的为被继承人的遗产。据此可知，本案中，发生争议的房屋系甲和乙的夫妻共同财产，乙对该房屋享有 50% 的所有权，另 50%

的所有权才属于甲的遗产,由其继承人继承。按《民法典》第一千一百二十七条规定,被继承人的配偶和养子属于第一顺序的继承人。该法第一千一百三十条规定,同一顺序继承人继承遗产的份额,一般应当均等。据此可知,本案中,乙、丙对甲的遗产享有平等的继承权,换言之,该房屋50%的所有权属于甲的遗产,应当由乙、丙共同均等继承。概言之,继承后,乙享有房屋75%的份额,丙享有25%的份额。但现时登记簿上的房屋所有权全部登记在乙名下,与所有权的实际状况不符,即登记簿的记载出现错误。《民法典》第二百二十条第一款规定,权利人、利害关系人认为不动产登记簿记载的事项错误的,可以申请更正登记。据此可知,本案中,乙、丙在协商一致的前提下,可以共同申请更正登记,将房屋由乙一人所有更正登记为乙、丙按份共有,其中乙占75%份额,丙占25%份额。

延伸思考:如果乙的继承权被人民法院判决剥夺的,该房屋是否全部归丙所有?

《民法典》第一千一百二十五条第一款规定:"继承人有下列行为之一的,丧失继承权:(一)故意杀害被继承人;(二)为争夺遗产而杀害其他继承人;(三)遗弃被继承人,或者虐待被继承人情节严重;(四)伪造、篡改、隐匿或者销毁遗嘱,情节严重;(五)以欺诈、胁迫手段迫使或者妨碍被继承人设立、变更或者撤回遗嘱,情节严重。"据此可知,若乙具有丧失继承权的情形的,丙可以诉请人民法院撤销乙的继承权,若乙的继承权被人民法院撤销,则甲的遗产由丙独自继承,即该房屋50%的所有权由丙独自继承而享有,另50%属于乙基于夫妻关系享有的权利,不属于甲的遗产,不因其继承权的被撤销而减少或失去,换言之,在乙的继承权被人民法院撤销后,该房屋仍然由乙、丙按份共有,但各占50%的份额。

第六部分 异议登记

案例 73　当事人申请异议登记是否须以更正登记不能为前提

甲与乙是夫妻，有一3岁的儿子丙。2018年6月，甲、乙经人民法院判决离婚。2019年3月，甲与丁再婚。不久甲、丁离婚。甲、乙婚姻存续期间共有的一套住房登记在甲名下，2020年12月，甲、乙持结婚证将该住房转移登记到儿子丙名下。2021年1月，丁持甲、乙生效的确认登记在甲名下的住房归甲所有的离婚判决书、甲与丁约定此住房属于二人夫妻共同财产的约定、甲出具的为儿子办理转移登记的结婚证系其伪造的书面证明等材料，就登记簿上记载在丙名下的房屋，向登记机构申请异议登记。试问：对丁申请的异议登记，登记机构可否办理？

有观点认为，按《民法典》第二百二十条规定，异议登记的申请人是利害关系人。本案中，人民法院生效的判决书确认登记在甲名下的房屋归其所有，自此判决书生效时起，甲与乙在婚姻关系存续期间取得的且登记在甲名下的住房，由甲单独所有。甲与丁再婚后，书面约定此住房属于甲与丁的夫妻共同财产，但此住房现时却登记在丙名下，直接影响到丁对此住房所有权的共有，丁与甲是房屋的共同所有权人，就记载在丙名下的房屋所有权，丁以利害关系人的身份依法向登记机构申请的异议登记，登记机构应当办理。笔者不支持此观点。

一、申请异议登记须以更正登记不能为前提

按《民法典》第二百二十条规定，权利人、利害关系人认为不动产登记簿记载的事项错误的，可以申请更正登记。不动产登记簿记载的权利人不同意更正的，利害关系人可以申请异议登记。据此可知，在办理异议登记前，利害关系人必须首先提出更正登记，只有在权利人不同意或者登记机关拒绝更正的情况下，更正登记申请人才可以提出异议登记[①]。简言之，申请异议登记须以更正登记不能为前提。换言之，未经更正登记不能，权利人或利害关系人不得申请异议登记。本案中，按甲、乙于2018年6月经人民法院判决离婚时适用的《物权法》第二十八条规定，基于生效的法律文书取得不动产物权的，自法律文书生效时起，权利人无须登记即依法、即时享有此不动产的物权（现时的《民法典》第二百二十条做了同样的规定）。据此可知，人民法院生效的甲、乙离婚的判决书确认登记在甲名下的房屋归其所有，即自此判决书生效时起，甲与乙在婚姻关系存续期间取得的且登记在甲名下的住房，归甲单独所有。但现时此房屋所有权却因甲、乙的虚报、瞒报及其提交假的结婚证而转移登记在丙名下，由于用作转移登记材料的结婚证是假证，导致登记机构办理的转移登记程序违法，加之甲、乙的虚报、瞒报，最终导致登记簿上记载的所有权人与实际情况不一致而使登记簿的记载错误。甲与丁再婚后，书面约定此住房属于甲与丁的夫妻共同财产，但此住房现时却登记在丙名下，直接影响到丁对此住房所有权的共有，即丁与记载在丙名下的房屋所有权有直接的利害关系，丁是利害关系人。此情形下，丁应当请求丙协助申请更正登记，将房屋所有权更正登记到甲名下，若丙不配合，丁方可向登记机构申请异议登记。故丁未以申请更正登记不能为前提而直接向登记机构申请的异议登记，登记机构应当不予办理。

二、夫妻财产约定不是权利人享有物权的证明

甲与丁约定此住房属于二人夫妻共同财产时适用的《物权法》第十五条规定，当事人之间订立有关设立、变更、转让和消灭不动产物权的合同，除法律另有规定或者合同另有约定外，自合同成立时生效；未办理物权登记的，不影响合同效力（现时的《民法典》第二百一十五条规

[①] 王利明、尹飞、程啸：《中国物权教程》，人民法院出版社2007年版，第112页。

定，当事人之间订立有关设立、变更、转让和消灭不动产物权的合同，除法律另有规定或者当事人另有约定外，自合同成立时生效；未办理物权登记的，不影响合同效力）。质言之，《物权法》(《民法典》)的规定确立了严格区分物权与债权的原则，换言之，以取得不动产物权为目的的合同自其生效时起，只有债权效力，是取得物权的原因，经申请登记并被记载于登记簿上后，债权目的实现，权利人才取得该不动产的物权。按当时适用的《婚姻法》第十九条规定，夫妻可以约定婚姻关系存续期间所得的财产以及婚前财产归各自所有、共同所有或部分各自所有、部分共同所有。约定应当采用书面形式。夫妻对婚姻关系存续期间所得的财产以及婚前财产的约定，对双方具有约束力（现时的《民法典》第一千零六十五条做了同样的规定）。质言之，夫或妻可以将其婚前财产书面约定为夫妻共有，但此约定仅对夫妻有约束力，对他人无约束力。换言之，夫妻间的书面财产约定，只在夫妻间有相对的债权效力，而无公开的、对世的物权效力。申言之，夫妻间的书面财产约定，不是夫或妻享有约定的财产的物权的权利凭证，而是权利来源的凭证。本案中，甲、丁虽然在书面的夫妻财产约定中约定房屋归夫妻二人共有，但此约定只对甲、丁有效，是甲、丁共同享有房屋所有权的原因，只具有债权效力，不是甲、丁共同享有房屋所有权的权利凭证，只有甲、丁凭此协议及其他材料申请登记并被记载于登记簿上后，甲、丁才成为房屋的共同所有权人，因此，丁还不是登记簿记载的权利人，不能以权利人的身份申请更正登记，只能以利害关系人的身份申请。

三、更正登记不能办理的证明是申请异议登记时应当提交的材料

如前所述，按《民法典》第二百二十条规定，不动产登记簿记载的权利人不同意更正是申请异议登记的前提，此处"不动产登记簿记载的权利人不同意更正"，应当是指更正登记不能办理的证明，而不是仅指登记簿记载的权利人不同意更正的证明。该证明是申请人申请异议登记时

应当向登记机构提交的材料，那么，更正登记不能办理的证明有哪些形式呢？笔者认为，一是登记簿上记载的权利人出具的不同意更正或不同意协助申请更正登记的书面材料；二是按《民法典》第二百二十条第一款规定，权利人、利害关系人认为不动产登记簿记载的事项错误的，可以申请更正登记。不动产登记簿记载的权利人书面同意更正或者有证据证明登记确有错误的，登记机构应当予以更正。据此可知，在登记簿记载的权利人不出具不同意更正或不同意协助申请更正登记的书面材料的情形下，权利人或利害关系人可凭登记簿记载内容与其有利害关系的证明，单方直接向登记机构申请更正登记，如果满足更正登记要求，登记机构作更正登记处理，自无可言。若不满足更正登记要求，登记机构应当书面告知权利人或利害关系人不予更正的理由和依据，登记机构的此书面告知，也是更正登记不能的证明，权利人或利害关系人凭此书面告知申请异议登记的，登记机构应当用作异议登记的证据。

案例 74　当事人以保障债权清偿为由申请的异议登记，登记机构可否受理

甲将登记在其名下的房屋赠与弟弟乙，甲、乙办理赠与合同公证后，共同申请了赠与转移登记。登记机构受理赠与转移登记后，在赠与转移登记被记载于登记簿上前，甲的债权人丙，持甲欠其货款的凭证等手续，以保障货款债权清偿为由申请异议登记。试问：对丙以保障货款债权清偿为由申请的异议登记，登记机构可否受理？

笔者认为，对丙以保障货款债权清偿为由申请的异议登记，登记机构应当不予受理。

一、申请人申请异议登记的前提是现时登记簿上记载的内容错误且该错误内容与其有利害关系

按《民法典》第二百二十条规定，权利人、利害关系人认为不动产登记簿记载的事项错误的，可以申请更正登记。不动产登记簿记载的权利人不同意更正的，利害关系人可以申请异议登记。质言之，权利人、利害关系人申请异议登记的前提，一是登记簿上现时记载的内容有错误且该错误内容与其有利害关系；二是登记簿上现时记载的权利人不同意当事人的更正登记请求。据此可知，本案中，第三人丙申请异议登记的目的是保障货款债权的清偿，并不针对登记簿上现时记载在甲名下的房屋权利主体、房屋权利客体、房屋权利内容和其他相关事项等登记簿上记载的内容，即第三人丙申请的异议登记的原因与现时登记簿记载的内容无关，更说不上与之有利害关系，故不满足异议登记的法定要求，因此，对丙申请的异议登记，登记机构应当不予受理。

二、异议登记不能时，债权人可以通过财产保全方式保障自己的权益

《民事诉讼法》第一百零一条规定，利害关系人因情况紧急，不立即申请保全将会使其合法权益受到难以弥补的损害的，可以在提起诉讼或者申请仲裁前向被保全财产所在地、被申请人住所地或者对案件有管辖权的人民法院申请采取保全措施。质言之，在债务人处分可能影响债权人之债权清偿的财产时，债权人可以在起诉前，先行申请人民法院采取财产保全措施，阻却债务人的财产处分行为。在司法实务中，《最高人民法院、国土资源部、建设部关于依法规范人民法院执行和国土资源房地产管理部门协助执行若干问题的通知》（法发〔2004〕5号）第九条规定，对登记机构已经受理被执行人转让房屋的过户登记申请，尚未核准登记的，人民法院可以进行查封。该通知第二十二条规定，登记机构对被人民法院依法查封的房屋，在查封期间不得办理抵押、转让等权属变更、转移登记手续。在不动产登记实务中，按《不动产登记操作规范（试行）》4.8.2条之9规定，不动产被依法查封期间，权利人处分该不动产申请登记，登记机构不予登记。因此，本案中，第三人丙为了保障自己的货款债权的清偿而欲阻却甲、乙申请的赠与转移登记，可以向人民法院申

请诉前财产保全，人民法院受理后，将向登记机构送达查封裁定书和协助执行通知书，登记机构将查封事项记载在登记簿上后，才能停止办理已经受理的赠与转移登记。

三、赠与转移登记完成后，债权人也可以诉请人民法院撤销赠与

按《民法典》第五百三十八条规定，债务人无偿转让财产，影响债权人的债权实现的，债权人可以请求人民法院撤销债务人的行为。按该法第一百二十二条规定，因他人没有法律根据，取得不当利益，受损失的人有权请求其返还不当利益。质言之，债务人无偿转让财产的行为不利于债权人的债权清偿的，债权人可以诉请人民法院判决撤销债务人对其财产的无偿处分行为。处分行为被撤销后，基于处分行为取得的权利成为不当得利，取得人应当返还原权利人。据此可知，本案中，甲将房屋赠与乙，系无偿处分房屋的行为，若此行为不利于丙的货款债权清偿，即使赠与转移登记已经被记载于登记簿上，丙仍然可以诉请人民法院判决撤销甲对乙的赠与行为，若人民法院判决撤销甲对乙的赠与，基于甲的赠与登记在乙名下的房屋成为不当得利，应当通过法定程序返还甲并恢复登记到其名下，以利于丙的货款债权的清偿。

案例 75　配偶一方擅自转让夫妻共有房屋，完成转让转移登记后，利益受到损害的对方配偶可否对受让人申请异议登记

甲、乙是夫妻，在婚姻关系存续期间购买了一套住房，登记在甲名下，但登记簿和不动产权属证书的共有情况栏目没有填写信息，保留空白。甲趁乙外出期间，擅自将房屋转让，并与受让人一起申请并完成了转让转移登记。乙回来后，得知房屋已经被转让，经与受让人协商，欲将自己应当享有的二分之一份额更正登记到其名下，被受让人书面拒绝，乙遂对受让人申请异议登记，为诉讼解决问题做准备。试问：乙对受让人申请的异议登记，登记机构可否受理？

有观点认为，《民法典》第二百一十六条第一款规定，不动产登记簿

是物权归属和内容的根据。据此可知,本案中,房屋登记在甲名下,甲是具有法律意义的房屋所有权人,有权依照自己的意思转让该房屋。乙虽然是甲的配偶,但不是登记簿记载的所有权人或共有权人,乙对登记在甲名下的房屋主张享有共有权于法无据。换言之,甲和受让人之间转让房屋的行为与乙没有直接的因果关系。申言之,就甲转让房屋而言,乙既不是具有法律意义的权利人,也不是利害关系人,故乙作为异议登记的申请人不适格,其申请的异议登记,登记机构应当不予受理。笔者不支持此观点。

按《民法典》第二百二十条规定,权利人、利害关系人认为不动产登记簿记载的事项错误的,可以申请更正登记。不动产登记簿记载的权利人书面同意更正或者有证据证明登记确有错误的,登记机构应当予以更正。不动产登记簿记载的权利人不同意更正登记的,利害关系人可以申请异议登记。质言之,异议登记,是指利害关系人对不动产登记簿上记载的物权归属等事项有异议,且其更正登记请求被登记簿上记载的权利人拒绝后,通过在登记簿上记载异议,警示欲与登记簿上记载的权利人进行交易的第三人慎重为之的登记类型。本案中,乙的更正登记请求被登记簿上现时记载的所有权人,即受让人书面拒绝,具备了申请异议登记的前提条件,此情形下,只有与记载在登记簿上的房屋所有权有利害关系的人,才可以对此房屋所有权申请异议登记,乙是不是利害关系人呢?

按《民法典》第一千零六十二条规定,一般情形下,夫妻在婚姻关系存续期间所得的财产,为夫妻的共同财产。据此可知,一般情形下,夫或妻基于夫妻关系,与对方共同享有其婚姻存续期间取得的不动产权利,是由法律规定的,而法律是对公众公开的,具有公信力。申言之,夫妻基于婚姻关系共同享有的不动产权利,也应当受到法律的保护。本案中,房屋虽然登记在甲名下,但登记簿和不动产权属证书的共有情况栏目没有填写信息,保留空白,表明该房屋不属于甲单独所有,应当视为乙基于夫妻关系,与甲共同对该房屋享有所有权,甲在未经乙许可的前提下,擅自转让房屋,使乙的利益受到损害,乙因此而与甲和受让人间转让房屋的行为产生直接的利害关系，即乙具有利害关系人资格，且有权对登记簿上现时登记在受让人名下的房屋所有权主张享有权利，换言之，乙对登记簿上记载的该房屋所有权的归属产生异议。概言之，乙作为异议登记申请人适格，主张异议登记的理由于法有据，其申请的异议登记，登记机构应当受理。

按《民法典》第二百二十条第二款规定，登记机构予以异议登记的，申请人自异议登记之日起十五日内不起诉，异议登记失效。异议登记不当，造成权利人损害的，权利人可以向申请人请求损害赔偿。据此可知，异议登记申请权，是申请人享有的登记程序上的权利，只要符合法律、法规和规章的规定，申请人申请异议登记，登记机构应当受理并予以登记。至于登记后，申请人是否起诉，或起诉后是否胜诉，相应的法律后果由申请人或被申请异议登记的人承受。

案例 76　在不知道异议人是否已起诉或被驳回诉讼请求的情形下，登记机构可否径为注销失效的异议登记

甲在乙的房屋上记载异议登记后，一直没有出现过，其是否已起诉，人民法院是否受理或驳回其诉讼请求，登记机构不得而知。十五日期限届满后，乙决定将房屋进行转让。为了消除异议登记对房屋转让的不利影响，乙以《民法典》第二百二十条第二款规定的十五日期限届满为由，要求登记机构径为注销异议登记，但未提交人民法院是否受理或驳回甲诉讼请求的证明材料。试问：在不知道甲是否向人民法院起诉或是否被人民法院驳回诉讼请求的情形下，登记机构可否径为注销异议登记？登记机构是否有义务向人民法院调查了解受理或驳回甲的诉讼请求的情况？

一、在不知道甲是否已向人民法院起诉或是否被人民法院驳回诉讼请求的情形下，登记机构不可以径为注销异议登记

《民法典》第二百二十条第二款规定，登记机构予以异议登记的，申请人在异议登记之日起十五日内不起诉，异议登记失效。质言之，异议登记的存在，警示欲与登记簿上记载的权利人发生交易的第三人，该不动

存在争执，慎重为之。但如果异议登记长期存在，势必对登记簿上记载的权利人行使不动产权利造成不利影响，但异议登记不能决定权利归属，只有当事人间的约定和人民法院的裁判才能决定产生异议的不动产权利的归属。所以，基于公平和利益平衡，《民法典》第二百二十条第二款作出规定，申请人在异议登记之日起十五日内不起诉，异议登记失效，即异议登记被登记机构记载在登记簿上后十五日内，当事人没有和解解决，也没有向人民法院起诉，逾期，则记载在登记簿上的异议登记自动失效。

异议登记虽然不决定房屋权利归属，但也是一种不动产登记类型，登记机构办理时也应当按法定职权和程序进行。法律、行政法规对逾期没有起诉的异议登记应不应当注销、如何注销未作规定，作为登记机构实务操作依据的《不动产登记暂行条例实施细则》《不动产登记操作规范（试行）》对此也没有作规定，不动产登记属于行政行为，"法无授权不可为"，记载在登记簿上的异议登记虽然依法失效，登记机构不能径为注销，但它的存在不影响不动产权利的行使，让它在登记簿上空挂。

二、登记机构没有义务向人民法院调查了解受理或驳回甲诉讼请求的情况

《民法典》第二百二十条第二款规定，登记机构予以异议登记的，申请人在异议登记之日起十五日内不起诉，异议登记失效。质言之，异议登记之日起十五日期限届满后，异议登记申请人唯有向人民法院提起诉讼，才可以延续异议登记的效力。本案中，甲欲使异议登记在十五日的时限届满后延续效力，应当向登记机构提交人民法院的立案或案件受理证明，否则，该异议登记逾期依法自动失效。异议登记逾期后，登记机构在不知晓甲是否起诉及案件的处理情况时，无须向人民法院查询了解，逾期依法失效的异议登记不影响权利人对不动产权利的行使，登记机构可按正常程序处理相关业务，由此产生的不利后果由异议登记申请人甲自行承担。

第七部分　预告登记

案例 77　监护人代未成年人申请的预购商品房抵押预告登记，登记机构可否办理

甲、乙是夫妻，有一个 13 岁的儿子丙。甲、乙、丙共同签订商品房预售合同，以按揭方式购买住房一套，合同中载明：甲、乙各占 5% 份额，丙占 90% 份额。甲、乙、丙又共同与银行签订借款合同和抵押合同，将预购的商品住房抵押给银行以获得购房的后续资金贷款。办完预购商品房预告登记后，甲、乙、甲和乙代丙与银行向登记机构申请预购商品房抵押预告登记。试问：对甲、乙、丙和银行申请的预购商品房抵押预告登记，登记机构可否办理？

有观点认为，监护人代被监护人以按揭方式购买住房，并将被监护人预购的商品住房抵押给银行以获得购房的后续资金贷款，是为了改善被监护人的居住、生活环境，以利于被监护人的身心成长，属于为了被监护人利益的情形。因此，本案中，对甲、乙、丙和银行向登记机构申请的预购商品房抵押预告登记，登记机构应当办理。

笔者认为，本案中，甲、乙、丙对申请预购商品房抵押预告登记的商品住房系按份共有，即甲、乙各占 5% 份额，丙占 90% 份额，若甲、乙以自己享有的份额设立抵押并申请预购商品房抵押预告登记的，登记机构应当办理，但对以丙的份额设立抵押并申请的预购商品房抵押预告登记，登记机构则不应当办理。

一、使未成年人承担经济、法律义务有悖于法律的规定

按《民法典》第三十四条第一款规定，监护人的职责是代理被监护人实施民事法律行为,保护被监护人的人身权利、财产权利以及其他合法权益等。在司法实务中,《民法通则司法解释》第十条规定:"监护人的监护职责包括:保护被监护人的身体健康,照顾被监护人的生活,管理和保护被监护人的财产,代理被监护人进行民事活动,对被监护人进行管理和教育,在被监护人合法权益受到侵害或者与人发生争议时,代理其进行诉讼。"质言之,监护人的监护职责就是维护被监护人的人身、财产及其他合法权益,使其不受非法侵害,更不得使被监护人为此履行义务。《未成年人保护法》第十条规定,父母或者其他监护人应当创造良好、和睦的家庭环境,依法履行对未成年人的监护职责和抚养义务。质言之,为未成年人营造良好的居住、生活等家庭环境,是未成年人的父母应当履行的监护职责。概言之,本案中,作为监护人的甲、乙预购商品住房,属于其履行创造良好、和睦的家庭环境的监护职责的行为,但甲、乙却代丙签订商品房预售合同,以按揭方式购买住房,又代丙与银行签订借款合同和抵押合同,将丙享有的预购商品住房份额抵押给银行以获得购房的后续资金贷款,使丙基于借款合同、抵押合同承担了归还贷款等经济、法律义务,有悖于前述《民法典》《民法通则司法解释》和《未成年人保护法》的规定。《不动产登记暂行条例》第二十二条第(一)项规定,登记申请不符合法律、行政法规规定的,登记机构应当不予登记。据此可知,如前所述,本案中,甲、乙、丙共同与银行签订借款合同和抵押合同而使未成年人丙承担了经济、法律责任,违反了《民法典》《民法通则司法解释》和《未成年人保护法》的相关规定,因此而申请的预购商品房抵押预告登记中,关于丙享有的份额部分,登记机构不得办理预购商品房抵押预告登记。

二、按份共有人可将其享有的预购商品房份额作抵押

按《民法典》第三百九十五条第一款第(五)项规定,正在建造的建筑物属于可以抵押的财产。《城市房地产抵押管理办法》第三条第四款

规定，本办法所称预购商品房贷款抵押，是指购房人在支付首期规定的房价款后，由贷款银行代其支付其余的购房款，将所购商品房抵押给贷款银行作为偿还贷款履行担保的行为。据此可知，预购商品房属于正在建造的建筑物，可以作为保障债务履行的抵押标的，但抵押担保的债权仅限于购房人支付其预购商品房的后续购房款而建立的贷款债权。《担保法司法解释》第五十四条第一款规定，按份共有人以其共有财产中享有的份额设定抵押的，抵押有效。质言之，按份共有人可以用其享有的份额为合法的债权的实现设定抵押担保。因此，本案中，甲、乙对申请预购商品房抵押预告登记的房屋各占5%份额，甲、乙有权对自己享有的份额为自己的贷款债务设立抵押担保，故甲、乙若以自己享有的份额设立抵押并申请预购商品房抵押预告登记的，登记机构应当办理。

三、延伸思考：关于被监护人利益的讨论

《民法典》第三十五条第一款规定，监护人应当按照最有利于被监护人的原则履行监护职责。监护人除为维护被监护人利益外，不得处分被监护人的财产。其中"处分财产"，具体到房屋，主要指对房屋按市场价格进行有偿转让或以房屋抵押获取贷款。但"为被监护人的利益"具体指的是什么？法律、行政法规、司法解释都没有明确规定。笔者认为，一是被监护人从处分房屋所得款项直接受益，无须经过其他环节，如直接用处分房屋所得款项支付就医、就学费用。如用被监护人的房屋投资入股，虽然被监护人能享有入股收益，但中间有吸收股份的企业的经营环节，不属于被监护人从处分房屋所得款项直接受益的情形。二是处分房屋所得款项直接用于支付未成年人应当履行的法定义务或判决义务。如按《民法典》第一千一百六十一条第一款规定，继承人以所得遗产实际价值为限清偿被继承人依法应当缴纳的税款和债务。因此，若被监护的未成年人继承其父母遗留的为保障贷款债权实现而设定有抵押权的房屋，则应当用处分被监护人继承的房屋的款项代其父母清偿贷款债务；

如果被监护人超过监护人力所能及的监护范围侵害他人合法权益，被法院判决承担赔偿责任的，则应当用处分被监护人的房屋所得款项履行法院的判决义务等。

案例 78　当事人应当怎样申请因离婚产生的预购商品房预告登记和预购商品房抵押预告登记

甲、乙夫妻二人以按揭方式购买商品住宅一套，与房地产开发企业签订了商品房预售合同，也与银行签订了贷款合同和抵押合同，办理了预购商品房预告登记和预购商品房抵押预告登记。在房屋完工交付前，甲、乙离婚，离婚协议约定：① 预购商品房归甲所有，与之相关的义务由甲履行；② 购房产生的按揭贷款由甲归还，与之相关的权利由甲行使等。试问：甲应当怎样申请因离婚产生的预购商品房预告登记和预购商品房抵押预告登记？

一、本案中，离婚协议也是债权债务转移协议

按《民法典》第五百四十五条第一款规定，一般情形下，债权人可以将债权的全部或者部分转让给第三人。该法第五百四十六条第一款规定，债权人转让债权，未通知债务人的，该转让对债务人不发生效力。该法第五百五十一条第一款规定，债务人将债务的全部或者部分转移给第三人的，应当经债权人同意。质言之，当事人可以将自己基于合同享有的债权或应当履行的债务转移给他人，但转移债务的，应当经债权人同意；转移债权的，原债权人应当通知债务人。据此可知，本案中，甲、乙与房地产开发企业签订商品房预售合同，与银行签订了贷款合同和抵押合同，甲、乙、房地产开发企业、银行分别基于这些合同享有债权和承担债务。甲、乙在离婚协议中约定：① 预购商品房归甲所有，与之相关的义务由甲履行；② 购房产生的按揭贷款由甲归还，与之相关的权利由甲行使。据此可知，此离婚协议内容表明乙将其在商品房预售合同、贷款合同和抵押合同中享有的债权及应当履行的债务全部转移给甲，简言之，此离婚协议也是债权债务转移协议。

二、乙向甲转移债权、债务的实务处理

如前所述，本案中，甲、乙签订的离婚协议实质上是乙将其在商品房预售合同、贷款合同和抵押合同中享有的债权及应当履行的债务全部转移给甲，从而退出商品房预售合同关系、贷款合同关系和抵押合同关系。如前所述，合同的当事人转移债务的，应当经债权人同意；转移债权的，原债权人应当通知债务人。合同的权利义务是相对应的：一方的权利即对方的义务，一方的义务即对方的权利。据此可知，本案中，甲、乙分别与房地产开发企业、银行签订了商品房预售合同、贷款合同和抵押合同，甲、乙通过这些合同取得了相应的债权，同时也设立了相应的债务，甲若通过离婚协议将商品房预售合同、贷款合同和抵押合同中的债权债务转让给乙，甲须告知房地产开发企业、银行或取得房地产开发企业、银行的许可，具体的方式是甲、乙凭离婚协议与房地产开发企业签订商品房预售合同变更协议，与银行签订贷款合同和抵押合同变更协议。

三、甲、乙、银行应当申请的预告登记

甲、乙是基于商品房预售合同建立的债权的共同债权人，共同享有预购商品房预告登记的权利，也是预购商品抵押预告登记的义务的共同承担人，基于离婚协议约定，乙退出对预购商品房预告登记的权利的共有，甲将单独成为预购商品房预告登记的权利人，即甲也将单独成为预购商品抵押预告登记的义务的承担人。则甲、乙、银行应当分别申请下列登记：

（1）乙将属于自己的预告登记的债权转移给甲，故甲、乙可凭商品房预售合同变更协议、载明预购商品房预告登记的不动产登记证明等材料申请预购商品房预告登记转移登记，将预告登记的权利人由甲、乙转移登记为甲。

（2）基于离婚协议约定且与抵押权人银行签订贷款合同和抵押合同变更协议后，甲将单独成为预购商品抵押预告登记的义务的承担人，表明原来在乙基于商品房预售合同享有的债权上设立的预购商品房抵押预告登记消灭，在甲从乙名下新获得的债权上将重新设立预购商品房抵押预告登记，但甲原来基于商品房预售合同享有的债权上设立的预购商品房抵押预告登记不变，则甲和银行将要申请的登记包括对原乙基于商品房预售合同享有的债权上设立的预购商品房抵押预告登记的注销登记和在甲从乙名下新获得的债权上重新设立的预购商品房抵押预告登记的设立登记。笔者认为，甲、乙和银行可凭贷款合同和抵押合同变更协议、载明预购商品房抵押预告登记的不动产登记证明等材料申请预购商品房抵押变更登记，将预告登记义务人由甲、乙变更为甲，变更登记记载于登记簿上时，原乙基于商品房预售合同享有的债权上设立的预购商品房抵押预告登记注销，甲从乙名下新获得的债权上重新设立预购商品房抵押权预告登记的设立登记完成。由于不是预告登记的权利人变动，故笔者认为不适用预购商品房抵押预告登记转移登记。

案例 79　当事人以延长期限为由申请的房屋所有权转移预告登记变更登记，登记机构可否受理

2020 年 9 月，张三将房屋转让给李四，李四支付给张三 50% 的购房款后，双方签订了房屋转让合同，合同约定：张三协助李四办理房屋所有权转移预告登记。2020 年 10 月 9 日，张三和李四共同申请了房屋所有权转移预告登记。当日，登记机构将预告登记记载于登记簿上。尔后，张三因事去了北京。2021 年 1 月 5 日，李四持张三在北京出具的公证委托书，申请房屋所有权转移预告登记变更登记。公证委托书载明：委托李四代为申请房屋所有权转移预告登记变更登记，将预告登记期限的截止日变更为 2021 年 3 月 9 日。试问：李四持张三出具的公证委托书，以变更预告登记期限为由申请的房屋所有权转移预告登记变更登记，登

记机构可否受理？

笔者认为，当事人以变更预告登记期限为由申请的房屋所有权转移预告登记变更登记，登记机构应当不予受理。

一、预告登记期限是不能由当事人约定变更的法定期限

2020年10月9日，张三和李四共同申请房屋所有权转移预告登记时适用的《物权法》第二十条规定，当事人签订买卖房屋或者其他不动产物权的协议，为保障将来实现物权，按照约定可以向登记机构申请预告登记。预告登记后，未经预告登记的权利人同意，处分该不动产的，不发生物权效力。预告登记后，债权消灭或者自能够进行不动产登记之日起三个月内未申请登记的，预告登记失效（现时的《民法典》第二百二十一条规定，当事人签订买卖房屋的协议或者签订其他不动产物权的协议，为保障将来实现物权，按照约定可以向登记机构申请预告登记。预告登记后，未经预告登记的权利人同意，处分该不动产的，不发生物权效力。预告登记后，债权消灭或者自能够进行不动产登记之日起九十日内未申请登记的，预告登记失效）。据此可知，预告登记的目的，是限制预告登记的义务人（不动产权利人）在与他人建立处分不动产的债权后再另行处分该不动产，以保障预告登记权利人（不动产权利取得人）将来确定地取得该不动产的物权。但是，自处分不动产的债权消灭，或能够申请不动产登记之日起三个月（九十日）内未申请登记的，预告登记失效，即因处分不动产的债权消灭，应当申请预告登记注销登记而未申请的，预告登记自动失效；具备申请因处分产生的不动产登记的，自具备申请条件之日起超过三个月（九十日）而未申请的，预告登记自动失效。预告登记失效后，不再对不动产权利人再处分该不动产有限制作用。质言之，不动产转移预告登记只是一种有期限的，对不动产权利人再另行处分该不动产的一种限制措施，这个期限就是"三个月（九十日）"，但此期限是由法律规定的，不是由当事人通过合同或协议约定的，自然也不能由当事人通过合同或协议予以变更。因此，本案中，李四持张三出具的公证委托书，以变更预告登记期限为由申请的房屋所有权转移预告登记变更登记，登记机构应当不予受理。

二、预告登记期限不是登记簿记载的可以申请变更登记的内容

房屋所有权转移预告登记变更登记，是指记载于登记簿上的房屋所有权转移预告登记的权利主体不变，权利客体、权利内容和其他事项变动导致的登记。

在不动产登记实务中，《不动产登记操作规范（试行）》15.2.1条规定，预告登记当事人姓名、名称、身份证明类型或身份证明号码等登记簿记载内容发生变更的，当事人可以申请预告登记变更登记。《国土资源部关于启用不动产登记簿证样式（试行）的通知》（国土资发〔2015〕25号）附《不动产登记簿样式及使用填写说明》没有将"三个月（九十日）"预告登记期限规定为登记簿应当记载的不动产转移预告登记的内容。质言之，预告登记期限不是登记簿记载的内容，申请人就不能以变更该期限为由申请变更登记。因此，本案中，李四持张三出具的公证委托书，以变更预告登记期限为由申请的房屋所有权转移预告登记变更登记，登记机构应当不予受理。

三、本案的实务处理

《不动产登记操作规范（试行）》9.3.2条规定，国有建设用地使用权及房屋所有权转移登记应当由当事人双方共同申请。据此可知，本案中，张三在北京，不能到登记机构与李四一起申请转让转移登记，属于不具备申请转移登记的条件的情形。至于张三只委托李四代为申请房屋所有权转移预告登记变更登记，而没有委托其代为申请房屋所有权转移登记，也表明转移登记条件不具备。若如此，登记机构应当告知申请人，张三、李四共同申请并被记载于登记簿上的房屋所有权转移预告登记，即使过了2020年1月8日，因不具备申请转移登记的条件，也不受"三个月（九

十日）"期限的约束而仍然有效，无须再另行申请房屋所有权转移预告登记变更登记。

案例 80　预购商品房预告登记的权利人死亡后，继承人可否申请预购商品房预告登记转移登记

甲婚前购买商品住房一套，签订商品房预售合同后，办理了预购商品房预告登记。婚后不久，甲意外死亡。继承权公证书显示，甲预购的商品房由其配偶乙继承。试问：乙欲代替甲成为预告登记的权利人，该如何申请登记？

有观点认为，《不动产登记暂行条例实施细则》第八十五条第三款规定，预告登记后，债权未消灭且自能够进行相应的不动产登记之日起 3 个月内，当事人申请不动产登记的，不动产登记机构应当按照预告登记事项办理相应的登记。据此可知，预购商品房预告登记后，能够进行转移登记时，当事人申请转移登记的，登记机构应当按预购商品房预告登记事项办理转移登记。因此，本案中，预购商品房预告登记权利人甲已经死亡，失去民事权利能力，即失去享有民事权利和承担民事义务的资格，在将来转移登记条件成就时，无法作为当事人申请转移登记，更不能成为登记簿上新记载的房屋所有权人。因此，乙可以凭继承权公证书，先行与预购商品房预告登记义务人房地产开发企业解除合同，尔后，向登记机构申请注销预购商品房预告登记。预购商品房预告登记注销后，就该房屋，由乙与房地产开发企业重新签订商品房预售合同，然后，再重新办理预购商品房预告登记，预告登记权利人为乙。

笔者认为，此观点虽然是一种解决问题的思路，但要付诸实施，须消灭原来的法律关系后，申请注销现有的预告登记，再另行建立新的法律关系，且须得到房地产开发企业的支持和配合，可谓纷繁复杂。如果通过申请预购商品房预告登记继承转移登记解决问题，会收到事半功倍的效果。

《民法典》第二百二十一条第一款规定，当事人签订买卖房屋的协议或者签订其他不动产物权的协议，为保障将来实现物权，按照约定可以向登记机构申请预告登记。预告登记后，未经预告登记的权利人同意，处分该不动产的，不发生物权效力。质言之，预告登记并不导致不动产物权的转移，而是对以取得物权为目的的合同或协议债权的一种保障措施。《民法典》第一千一百二十一条第一款规定，继承从被继承人死亡时开始。该法第一千一百二十二条第一款规定，遗产是自然人死亡时遗留的个人合法财产。因此，甲的配偶乙基于继承，自甲死亡时开始，继承取得甲基于商品房预售合同建立并经预告登记的以取得预购商品房所有权为目的的债权，从而在此基础上取代甲成为预购商品房预告登记的权利人。

在不动产登记实务中，按《不动产登记操作规范（试行）》15.3.3条规定，因继承导致不动产预告登记转移的，当事人可以申请预告登记的转移。据此可知，因继承取得预购商品房预告登记的权利的，继承人可以申请预购商品房预告登记转移登记。因此，本案中，乙若要取代甲成为预购商品房预告登记的权利人，可凭甲名下的载明预购商品房预告登记的不动产登记证明、继承权公证书等材料，单方向登记机构申请预购商品房预告登记转移登记，将预购商品房预告登记的权利人由甲转移登记为乙。此方法将既存的法律关系和现时的法律关系有机结合，且无须他人配合，简便、快捷、有效。当然，甲应当履行的义务，也随之由乙继承。

如果甲没有办理预告登记，在房屋所有权转移登记条件成就时，以甲的名义签订的商品房买卖合同与继承权公证书组合，构成乙取得房屋所有权的原因凭证，乙可据此取代甲，在房地产开发企业的协助、配合下，也可以依法申请将房屋所有权转移登记，将房屋转移登记到其名下。

第八部分 协助执行

案例 81　协助执行中，未经首次登记的房屋可否直接首次登记给执行申请人

人民法院的执行员持裁定书和协助执行通知书，要求登记机构办理房屋所有权登记。裁定书载明的裁定事项：……将乙位于某处的房屋折价抵偿给甲。协助执行通知书载明的协助执行事项：将乙位于某处的房屋所有权登记到甲名下。登记人员查询后得知：此房由乙于2018年合法修建并已经竣工，但一直未办理房屋所有权首次登记。试问：登记机构协助人民法院执行未办理所有权首次登记的房屋，该如何办理登记？

有观点认为，《不动产登记操作规范（试行）》1.2.3条规定，未办理不动产首次登记的，不得办理不动产其他类型登记。据此可知，按不动产登记的连续登记原则，登记机构应当告知人民法院的执行员，须提交建房手续先行将房屋所有权首次登记到乙名下，然后再按执行文书的要求转移登记到甲名下。笔者不支持此观点。

一、基于人民法院生效的确认权属的法律文书取得他人未经首次登记的房屋的，适用首次登记

2018年房屋竣工时适用的《物权法》第二十八条规定，因人民法院、仲裁委员会的法律文书或者人民政府的征收决定等，导致物权设立、变更、转让或者消灭的，自法律文书或者人民政府的征收决定等生效时发生效力（现时的《民法典》第二百二十九条做了同样的规定）。质言之，权利人基于人民法院生效的确认权属的法律文书取得的不动产物权，自该法律文书生效时起，无须登记即依法、即时享有此不动产的物权。据此可知，本案中，人民法院的裁定书载明将乙位于某处的房屋折价抵偿给甲，表明自此裁定书生效时起，甲无须登记即依法、即时享有此由乙合法建造的房屋的所有权，此裁定书是甲享有房屋所有权的权利凭证，而非权源凭证。在不动产登记实务中，《不动产登记暂行条例实施细则》第二十四条第一款规定，不动产首次登记，是指不动产权利第一次登记。据此可知，本案中，甲是基于人民法院生效的裁定书取得由乙合法建造的房屋的所有权，在此之前，乙却没有申请将此房屋的所有权记载在登记簿上，换言之，人民法院要求登记机构将由乙合法建造的房屋的所有权登记到甲名下，虽然房屋是抵债才归甲所有，但该房屋的所有权是第一次在登记簿上作记载，故适用房屋所有权首次登记，但其中有抵债转移登记的元素。

二、连续登记原则不适用于因人民法院生效的确认权属的法律文书取得他人未经登记的房屋产生的登记

按《民法典》第二百三十二条规定，非基于法律行为享有不动产物权的，处分该物权时，依照法律规定需要办理登记的，未经登记，不发生物权效力。在不动产登记实务中，《不动产登记操作规范（试行）》1.2.3条规定，未办理不动产首次登记的，不得办理不动产其他类型登记。质言之，权利人处分其非基于法律行为享有的不动产物权的，应当先行申请将此不动产物权记载在登记簿上，否则，此处分行为导致的不动产物权变动不产生法律上的效力，基于处分该不动产物权产生的登记不能被直接记载在登记簿上，此规定确立了不动产的连续登记原则。据此可知，本案中，乙的房屋是由法院裁定抵偿给甲，并不是乙出于自己的意思表示处分给甲，即所有权人乙没有因抵债而自行处分自己的房屋，而是由人民法院采取强制措施，裁定将乙未办理所有权首次登记的房屋抵偿给甲，换言之，人民法院要求登记机构将甲基于生效的裁定取得的房屋所有权作登记，而非要求登记机构办理甲处分其基于生效的裁定取得的房

屋所有权产生的登记。因此，从本质上讲，人民法院裁定将乙未办理所有权首次登记的房屋抵偿给甲有别于乙自行将房屋处分给甲，故人民法院裁定将乙未经所有权首次登记的房屋抵偿给甲不受《民法典》第二百三十二条规定的约束。如前所述，此裁定书是甲享有房屋所有权的权利凭证，而非权源凭证，甲将此房屋所有权通过首次登记的途径记载在登记簿上，一是起公示作用；二是为以后申请处分房屋产生的登记打基础，此举也是遵循连续登记原则。所以，本案中，无须先行将房屋所有权首次登记到乙名下后，再转移登记到甲名下。

三、登记机构无权质疑人民法院生效的确认权属的法律文书

《最高人民法院关于转发住房和城乡建设部〈关于无证房产依据协助执行文书办理产权登记有关问题的函〉的通知》（法〔2012〕151号）第一条规定，要防止"违法建筑"等不符合法律、行政法规规定的房屋通过协助执行行为合法化。《最高人民法院、国土资源部、建设部关于依法规范人民法院执行和国土资源房地产管理部门协助执行若干问题的通知》（法发〔2004〕5号）第三条第二款规定，国土资源、房地产管理部门在协助人民法院执行土地使用权、房屋时，不对生效法律文书和协助执行通知书进行实体审查。《最高人民法院关于审理房屋登记案件若干问题的规定》（法释〔2010〕15号）第二条规定，房屋登记机构根据人民法院、仲裁委员会的法律文书或者有权机关的协助执行通知书以及人民政府的征收决定办理的房屋登记行为，公民、法人或者其他组织不服提起行政诉讼的，人民法院不予受理，但公民、法人或者其他组织认为登记与有关文书内容不一致的除外。质言之，基于人民法院的执行文书确认的房屋权属，都具有合法性，登记机构无权对其提出质疑，即使按生效的法律文书确定的范围办理的登记错误，登记机构也不承担任何责任。

《最高人民法院关于转发住房和城乡建设部〈关于无证房产依据协助执行文书办理产权登记有关问题的函〉的通知》（法〔2012〕151号）第

二条规定，执行程序中处置未办理初始登记的房屋时，具备初始登记条件的，执行法院处置后可以依法向房屋登记机构发出《协助执行通知书》。笔者据此认为，其中"具备初始登记条件"，是指被执行房屋具备合法的用地、规划、竣工手续，但房屋是否具备初始登记条件，属于人民法院审查的范围，登记机构无须过问。人民法院送达执行文书，要求登记机构办理登记时，若同时送达该房屋的用地、规划、竣工手续的，登记机构可以作为该房屋权属来源的"其他材料"收取归档。如果人民法院没有送达的，登记机构无须主动索取，直接按执行文书办理登记即可。

案例 82　协助执行通知书与同时送达的法律文书不匹配产生的转移登记，登记机构可否办理

有一套房屋登记在甲、乙夫妻名下，按份共有，甲、乙各占 50% 份额。2020 年 9 月，甲、乙经人民法院调解离婚，离婚民事调解书载明该房屋归甲。2020 年 12 月，甲没有将房屋全部登记在自己名下（即甲没有将原来属于乙的 50% 份额以离婚分割为由转移登记到其名下），就将房屋转让给丙，乙不配合丙申请转让转移登记。2021 年 1 月，甲凭离婚民事调解书申请人民法院执行，人民法院向登记机构送达协助执行通知书和离婚民事调解书，协助执行通知书要求登记机构将此房屋转移登记给丙。试问：协助执行通知书要求将此房屋转移登记给丙产生的转移登记，登记机构该怎样处理？

观点一认为，《民事诉讼法》第二百五十一条规定，在执行中，需要办理有关财产权证照转移手续的，人民法院可以向有关单位发出协助执行通知书，有关单位必须办理。据此可知，登记机构仅凭人民法院送达的协助执行通知书就可以办理有关财产权证照转移登记手续。因此，本案中，登记机构无须收取甲、乙的离婚民事调解书，直接凭人民法院送达的协助执行通知书为丙办理转让转移登记。

观点二认为，《最高人民法院、国土资源部、建设部关于依法规范人民法院执行和国土资源房地产管理部门协助执行若干问题的通知》（法发〔2004〕5号）第三条第二款规定，国土资源、房地产管理部门在协助人民法院执行土地使用权、房屋时，不对生效法律文书和协助执行通知书进行实体审查。因此，本案中，登记机构对人民法院附随协助执行通知书送达的甲、乙的离婚民事调解书应该收取，但对其内容无须过问，按协助执行通知书要求为丙办理转让转移登记即可。

笔者不支持此两种观点。

一、作为协助执行通知书基础的生效的法律文书也是登记机构应当收取的材料

《民事诉讼法》第二百三十六条第二款规定，调解书和其他应当由人民法院执行的法律文书，当事人必须履行。一方拒绝履行的，对方当事人可以向人民法院申请执行。该法第二百五十一条规定，在执行中，需要办理有关财产权证照转移手续的，人民法院可以向有关单位发出协助执行通知书，有关单位必须办理。据此可知，人民法院向有关单位或个人发出协助执行通知书，旨在保证生效的法律文书确定的权利实现、义务履行。换言之，人民法院作出协助执行通知书的基础是生效的法律文书，申言之，协助执行通知书应当与作为其基础的生效的法律文书组合使用。在工作实务中，《最高人民法院、国土资源部、建设部关于依法规范人民法院执行和国土资源房地产管理部门协助执行若干问题的通知》（法发〔2004〕5号）第三条第二款规定，国土资源、房地产管理部门在协助人民法院执行土地使用权、房屋时，不对生效法律文书和协助执行通知书进行实体审查。据此可知，若人民法院在向登记机构送达协助执行通知书时不同时送达相关生效的法律文书，也无须作出登记机构"不对生效法律文书和协助执行通知书进行实体审查"的规定，换言之，人民法院在向登记机构送达协助执行通知书时，应当同时送达相关生效的法律文书，申言之，登记机构在签收人民法院送达的协助执行通知书时，须同时收取人民法院附随协助执行通知书送达的相关生效的法律文书。

当然，若人民法院只向登记机构送达协助执行通知书，没有附随送达相关法律文书的，登记机构不得主动索取。因此，本案中，人民法院向登记机构送达协助执行通知书时同时送达的甲、乙的离婚民事调解书，也是应当收取的材料。

二、登记机构对执行文书和生效的法律文书的核对不是对其实施实体审查

《民事诉讼法》第一百六十四条第一款规定，当事人不服地方人民法院第一审判决的，有权在判决书送达之日起十五日内向上一级人民法院提起上诉。该法第一百六十八条规定，第二审人民法院应当对上诉请求的有关事实和适用法律进行审查。据此可知，我国的民事审判实行二审终审制，对当事人就一审人民法院作出的法律文书提出的上诉，二审人民法院对该法律文书确认的事实是否清楚和适用的法律是否正确进行审查。笔者据此认为，二审法院对上诉后的一审人民法院作出的法律文书的审查即实体审查。本案中，登记机构没有对甲、乙的离婚民事调解书载明的事实是否清楚和适用的法律是否正确进行审查，只是就法律文书载明的需要在登记簿上记载的事项和协助执行文书与法律文书是否匹配进行必要的核对，属于履行合理审慎的注意义务，不是对人民法院生效的法律文书实施实体审查。

三、本案的处理

2020年9月，甲、乙经人民法院调解离婚时适用的《物权法》第二十八条规定，因人民法院、仲裁委员会的法律文书或者人民政府的征收决定等，导致物权设立、变更、转让或者消灭的，自法律文书或者人民政府的征收决定等生效时发生效力（现时的《民法典》第二百二十九条规定，因人民法院、仲裁机构的法律文书或者人民政府的征收决定等，导致物权设立、变更、转让或者消灭的，自法律文书或者征收决定等生效时发生效力）。按该法第三十一条规定，基于生效的法律文书享有不动

第八部分 协助执行

产物权的,处分该物权时,依照法律规定需要办理登记的,未经登记,不发生物权效力(现时的《民法典》第二百三十二条做了同样的规定)。在司法实务中,《物权法司法解释(一)》第七条规定,人民法院、仲裁委员会在分割共有不动产或者动产等案件中作出并依法生效的改变原有物权关系的判决书、裁决书、调解书,以及人民法院在执行程序中作出的拍卖成交裁定书、以物抵债裁定书,应当认定为物权法第二十八条所称导致物权设立、变更、转让或者消灭的人民法院、仲裁委员会的法律文书。该解释第二十二条规定,本解释自 2016 年 3 月 1 日起施行。按《不动产登记暂行条例》第十四条第二款第(三)项规定,基于生效的法律文书取得的不动产物权,可由权利人单方申请登记。在不动产登记实务中,《不动产登记操作规范(试行)》9.3.1 条规定,经过登记的国有建设用地使用权及地上房屋所有权方可申请转让转移登记。据此可知,2016 年 3 月 1 日立案后,人民法院作出的分割共有不动产并依法生效的改变原有物权关系的民事调解书,是当事人享有不动产物权的权利凭证,与依法生效的改变原有物权关系的民事判决书具有同等效力,当事人欲将基于该民事调解书取得的不动产物权转让给他人并申请转让转移登记的,须先行凭民事调解书将该不动产登记在自己名下后才可以。本案中,甲应当持生效的民事调解书等材料单方申请离婚转移登记,将房屋登记到其名下后,再与丙共同申请转让转移登记。

另外,如前所述,协助执行通知书的目的是保证生效的法律文书确定的权利实现、义务履行。具体到本案中,应当是要求登记机构将乙的份额登记给甲,但要求登记机构将属于乙的份额直接转移登记给买方丙,与作为执行基础的甲、乙的离婚民事调解书确定的权利义务无关。在工作实务中,《最高人民法院、国土资源部、建设部关于依法规范人民法院执行和国土资源房地产管理部门协助执行若干问题的通知》(法发〔2004〕5 号)第三条第二款规定,国土资源、房地产管理部门认为人民法院查封、预查封或者处理的土地、房屋权属错误的,可以向人民法院提出审查建议,但不应当停止办理协助执行事项。因此,本案中,登记机构在签收执行文书后,应当启动转移登记程序,同时以协助执行事项与相关法律文书无关和执行中处理的房屋权属错误为由,向实施执行措施的人民法院送达书面审查建议。

案例 83 对人民法院送达协助执行通知书要求办理的抵债产生的房屋转移登记,登记机构是否作询问笔录和收取契税凭证

某人民法院向登记机构送达协助执行通知书和裁定书,裁定书载明:将登记在甲名下的房屋抵债给乙。协助执行通知书载明:将登记在甲名下的房屋过户登记给乙。试问:对人民法院送达协助执行通知书要求办理的抵债产生的房屋转移登记,登记机构是否作询问笔录和收取契税凭证?

笔者认为,对人民法院送达协助执行通知书要求办理的抵债产生的房屋转移登记,登记机构无须作询问笔录和收取契税凭证。

一、询问笔录适用于依当事人的申请启动的不动产登记

按《民法典》第二百一十二条第一款第(二)项规定,就有关登记事项询问申请人是不动产登记机构应当履行的职责。在不动产登记实务中,《不动产登记操作规范(试行)》2.1.5 条第一款规定,申请不动产登记,申请人本人或者其代理人应当到不动产登记机构办公场所提交申请材料并接受不动产登记机构工作人员的询问。据此可知,登记机构在不动产登记中,履行询问职责时,被询问的对象是登记申请人,换言之,询问笔录适用于依当事人的申请启动的不动产登记。本案中,人民法院送达协助执行通知书要求办理的抵债产生的房屋转移登记,是依人民法院的协助执行通知书启动的不动产登记,属于有权的国家机关以嘱托文书的方式启动的嘱托登记,不属于依当事人的申请启动的登记,登记中没有申请人,故没有被询问的对象存在,登记机构也无须作询问笔录。

二、依人民法院送达的协助执行通知书启动的房屋转移登记，登记机构无须收取契税凭证

《契税暂行条例》第十一条规定，纳税人应当持契税完税凭证和其他规定的文件材料，依法向土地管理部门、房产管理部门办理有关土地、房屋的权属变更登记手续。纳税人未出具契税完税凭证的，土地管理部门、房产管理部门不予办理有关土地、房屋的权属变更登记手续。据此可知，契税完税凭证是申请人（纳税人）向登记机构申请房屋权属变更（转移）登记时应当提交的材料。在不动产登记实务中，《不动产登记暂行条例实施细则》第十九条第二款第（一）项规定，人民法院持生效法律文书和协助执行通知书要求不动产登记机构办理登记的，不动产登记机构直接办理不动产登记。据此可知，人民法院持生效法律文书和协助执行通知书要求不动产登记机构办理的登记，登记机构无须要求人民法院经过其他与该登记无关的任何环节，也无须要求人民法院提交除生效法律文书和协助执行通知书外的其他任何材料，按生效法律文书和协助执行通知书载明的事项直接办理相关登记即可。本案中，如前所述，抵债产生的房屋转移登记是依人民法院送达的协助执行通知书启动的不动产登记，而非依申请人（纳税人）的申请启动，登记机构应当凭此协助执行通知书和裁定书直接将房屋从甲名下转移登记给乙，无须要求人民法院提交契税完税凭证。

三、其他

按《契税暂行条例》第一条、第二条规定和《契税暂行条例实施细则》第八条规定，以房屋抵债属于应当缴纳契税的行为，纳税人为房屋的取得人。本问中，如前所述，登记机构虽然无须要求人民法院提交契税完税凭证，但人民法院送达协助执行通知书和裁定书时，一并送达契税完税凭证的，登记机构应当收取。《国家税务总局关于人民法院强制执行被执行人财产有关税收问题的复函》（国税函〔2005〕869号）规定：

"鉴于人民法院实际控制纳税人因强制执行活动而被拍卖、变卖财产的收入,根据《中华人民共和国税收征收管理法》第五条的规定,人民法院应当协助税务机关依法优先从该收入中征收税款。"据此可知,实施执行措施的人民法院有协助税务机关征收税款的义务,但该人民法院是否履行协助税务机关征收税款的义务,登记机构无须过问。因此,若人民法院没有送达契税完税凭证的,登记机构宜在签收协助执行通知书和裁定书的送达回证上加注"未送达契税缴纳或免征凭证",以证明登记机构对房屋取得人应当履行的契税缴纳义务尽到了合理审慎的注意义务。

案例 84 轮候查封法院处分被查封房屋产生的转移登记,登记机构可否办理

王某将房屋抵押给银行以获取贷款,贷款期限届满后,王某无力还款,抵押权至今没有注销。在此期间,王某因另一个借款纠纷案,甲人民法院查封了此抵押房屋。抵押权人银行得知王某抵押的房屋被甲人民法院查封后,以归还贷款本息为由将王某起诉到乙人民法院,应银行的申请,乙人民法院轮候查封了该抵押房屋。乙人民法院拍卖此房屋后向登记机构送达协助执行通知书,要求协助办理拍卖房屋产生的转移登记。试问:对乙人民法院要求协助办理的房屋转移登记,登记机构可否办理?

有观点认为,根据《担保法司法解释》的相关规定,已抵押房屋被查封的,不应影响抵押权的效力。据此可知,本案中,乙人民法院虽然是轮候查封法院,但其拍卖被查封的抵押房屋,是保障抵押权实现,即不影响抵押权效力的体现,登记机构应当凭乙人民法院送达的协助执行通知书办理拍卖房屋产生的转移登记。笔者不支持此观点。

一、轮候查封法院处分被查封房屋产生的转移登记,登记机构不能办理

《民事诉讼法司法解释》第四百八十六条规定,对被执行的财产,人民法院非经查封、扣押、冻结不得处分。《最高人民法院、国土资源部、建设部关于依法规范人民法院执行和国土资源房地产管理部门协助执行若干问题的通知》(法发〔2004〕5号)第二十条规定,查封法院依法解除查封的,排列在先的轮候查封自动转为查封;查封法院对查封的土地使用权、房屋全部处理的,排列在后的轮候查封自动失效;查封法院对查封的土地使用权、房屋部分处理的,对剩余部分,排列在后的轮候查封自动转为查封。概言之,轮候查封转为查封前,不具有查封的效力,即轮候查封不具有限制权利人处分房地产的效力。换言之,轮候查封不是查封,申言之,轮候查封法院无权处分被查封的房屋。据此可知,本案中,作为轮候查封法院的乙人民法院无权处分被甲人民法院查封的房屋。最高人民法院等联合发布的《关于建立和完善执行联动机制若干问题的意见》(法发〔2010〕15号)第十二条规定,轮候查封的人民法院违法要求协助办理房屋登记手续的,依法不予办理。因此,本案中,作为轮候查封法院的乙人民法院处分被甲人民法院查封的房屋产生的转移登记,登记机构不能办理。

二、被查封房屋上既存的抵押权的效力通过从变现款中优先受偿来体现

《担保法司法解释》第五十五条规定,已经设定抵押的财产被采取查封、扣押等财产保全或者执行措施的,不影响抵押权的效力。《最高人民法院关于人民法院执行工作若干问题的规定(试行)》第四十条规定,人民法院对被执行人所有的其他人享有抵押权、质押权或留置权的财产,可以采取查封、扣押措施。财产拍卖、变卖后所得价款,应当在抵押权人、质押权人或留置权人优先受偿后,其余额部分用于清偿申请执行人的债权。概言之,已经抵押的房屋,人民法院也可以实施查封、变现,但查封、变现后,不影响被查封房屋上既存的抵押权的效力,即房屋被查封前已经存在的抵押权,优于申请执行的债权人从房屋变现款中受偿。因此,本案中,作为轮候查封法院的乙人民法院拍卖被查封的抵押房屋,

尽管是实现抵押权的方式，但不是体现抵押权效力的有效方式，而是违反了《民事诉讼法司法解释》的相关规定，不可取。

三、轮候查封法院处分被查封房屋产生的转移登记争执的处理

在不动产登记实务中，轮候查封法院处分被查封房屋后，向登记机构送达协助执行通知书并坚持要求按协助执行通知书办理相关登记的情形时有出现。最高人民法院等联合发布的《关于建立和完善执行联动机制若干问题的意见》（法发〔2010〕15号）第二十二条和第二十三条规定，为保障执行联动机制的建立和有效运行，成立执行联动机制工作领导小组。执行联动机制工作领导小组由各级政法委员会牵头，定期、不定期召开会议，通报情况，研究解决执行联动机制运行中出现的问题，确保执行联动机制顺利运行。据此可知，轮候查封法院处分查封房屋后，向登记机构送达协助执行通知书并坚持按协助执行通知书办理相关登记时，出于对司法权威的维护，登记机构应当签收人民法院送达的协助执行通知书，但应当在签收协助执行通知书的送达回证上注明"房屋上有查封记载，暂不协助办理相关登记"。尔后，登记机构应当将相关情况及时书面呈报辖制该轮候查封人民法院的政法委和登记机构所在地政法委，请求协调解决争执，登记机构再按协调结果办理相关登记。

案例85 之前生效的民事判决可否对抗现时的查封登记

2020年12月24日，甲人民法院作出终审民事判决书，判决登记在乙名下的房屋归丙。2020年12月30日，丁人民法院因审理案件需要，向登记机构发出协助执行通知书，要求查封登记在乙名下的房屋，登记机构在登记簿上做了查封登记。2021年1月5日，甲人民法院向登记机构送达协助执行通知书和终审民事判决书，要求将乙名下的房屋登记到丙名下。问：登记机构可否凭甲人民法院的协助执行通知书，将乙名下的房屋登记到丙名下？

有观点认为，按甲人民法院作出终审民事判决时适用的《物权法》

第二十八条规定（现时的《民法典》第二百二十九条规定），自甲作出的终审民事判决书生效时起，丙无须登记即取得了登记在乙名下的房屋所有权，乙则丧失对此房屋享有的所有权，在乙的房屋上作的查封登记当然无效，丙若持终审民事判决书，申请将乙名下的房屋登记到丙名下，登记机构应当办理。在甲送达协助执行通知书要求办理的情形下，登记机构更应当将乙名下的房屋登记到丙名下。笔者不支持此观点。

一、之前生效的民事判决不能对抗现时的查封登记

《最高人民法院、国土资源部、建设部关于依法规范人民法院执行和国土资源房地产管理部门协助执行若干问题的通知》（法发〔2004〕5号）第二十二条第一款规定，国土资源、房地产管理部门对被人民法院依法查封、预查封的土地使用权、房屋，在查封、预查封期间不得办理抵押、转让等权属变更、转移登记手续。质言之，查封登记的目的是限制办理被查封房屋因权属变动产生的登记。据此可知，本案中，丙虽然基于终审民事判决书取得了登记在乙名下的房屋所有权，享有将该房屋从乙名下转移登记到自己名下的申请权，但现时还登记在乙名下的房屋上有丁人民法院的查封登记，对丙提出的变更（转移）乙的房屋权属到自己名下的登记申请有限制效力，换言之，之前生效的民事判决不能对抗现时的查封登记，故由丙持终审民事判决书提出的将乙的房屋所有权转移登记到其名下的申请，登记机构不能办理。

那么，在甲人民法院送达协助执行通知书和终审民事判决书的前提下，登记机构能否协助甲人民法院将登记在乙名下的房屋转移登记到丙名下呢？

最高人民法院等联合发布的《关于建立和完善执行联动机制若干问题的意见》（法发〔2010〕15号）第十二条规定，轮候查封的人民法院违法要求协助办理房屋登记手续的，依法不予办理。依此规定，轮候查封法院送达的协助执行通知书要求办理的房屋登记，登记机构尚且不予

办理,作为非轮候查封法院的甲人民法院向登记机构送达的要求办理房屋登记的协助执行通知书,登记机构更不应当办理。因此,本案中,丙如果在自己申请房屋登记不能的情形下,申请甲人民法院执行,即使甲人民法院向登记机构送达协助执行通知书和终审民事判决书,登记机构也不能协助甲人民法院将乙名下的房屋转移登记到丙名下。

二、申请基于生效的法律文书取得的房屋所有权登记,也应当遵循"一物一权"的原则

基于生效的确认权属的法律文书取得的不动产权利,属于干净的、无任何负担的权利,且是对不动产权利的原始取得,生效的确认权属的法律文书是权利人依法、即时享有不动产权利的权利凭证,而非权源凭证,权利人可凭此向登记机构申请首次登记。如前所述,丙无法申请将登记簿上记载在乙名下的房屋所有权变动登记到自己名下,那么,丙可否申请首次登记,将房屋所有权登记到自己名下呢?《民法典》第二百四十条规定,所有权人对自己的不动产或者动产,依法享有占有、使用、收益和处分的权利。质言之,权利人对不动产或动产拥有全部的支配权,或称权利人对不动产或动产拥有完整的支配权。申言之,一个不动产或动产上只能承载一个所有权,即"一物一权",这是物权法的基本原则之一。因此,本案中,若丙凭终审民事判决书申请首次登记,登记机构也为丙办理了首次登记,首次登记完成后,则对于同一房屋,现时的登记簿上既记载了一个属于乙的没有被注销的所有权,又记载了一个属于丙的所有权,换言之,同一房屋承载了两个所有权,有悖于"一物一权"的物权法的基本原则。因此,申请基于生效的法律文书取得的房屋所有权登记,也应当遵循"一物一权"的原则,故丙不能通过首次登记途径,将房屋所有权登记到自己名下。

案例 86　被查封的房屋可否办理因展期产生的抵押权变更登记

张三为获取贷款,用房屋向银行作抵押担保,办理了一般抵押权登

记，登记簿上记载的债务履行期间：2018年12月28日—2020年12月27日。2020年11月26日，张三抵押给银行的房屋被人民法院查封，登记簿上记载的查封期限3年。2020年12月31日，张三与银行签订展期协议，将债务履行期间延长至2021年12月26日。2021年1月4日，张三与银行共同向登记机构申请因展期产生的抵押权变更登记。试问：对张三与银行共同向登记机构申请的因展期产生的抵押权变更登记，登记机构可否办理？

笔者认为，对张三与银行共同向登记机构申请的因展期产生的抵押权变更登记，登记机构不得办理。

一、在查封登记前记载于登记簿上的抵押权顺位优先

《最高人民法院关于人民法院执行工作若干问题的规定（试行）》第四十条规定，人民法院对被执行人所有的其他人享有抵押权、质押权或留置权的财产，可以采取查封、扣押措施。财产拍卖、变卖后所得价款，应当在抵押权人、质押权人或留置权人优先受偿后，其余额部分用于清偿申请执行人的债权。质言之，对已经抵押的房屋，人民法院仍然可以查封，但查封后变现的，在查封登记记载在登记簿上之前就存在的抵押权的抵押权人，优先于查封登记的申请人受偿。换言之，在查封登记记载在登记簿上之前就存在的抵押权的顺位优先于查封登记。据此可知，本案中，银行的抵押权先于人民法院的查封记载在登记簿上，其顺位优先于人民法院的查封登记。

二、变更登记等后续的登记不改变登记簿上记载在先的不动产物权或事项的顺位

所谓顺位，就是不动产物权在不动产登记簿上依设立的时间先后所排列的顺序中所占据的位置[①]。据此可知，以不动产物权在登记簿上表现出来的确定位置为基准，按照登记的前后次序来排列物权实现的先后

---

① 梁慧星：《中国民法典草案建议稿附理由：总则编》，法律出版社2004版，第34页。

顺序，登记在前的权利具有优势地位，其实现的机会比后登记者更有保障，登记顺位在后的权利只有在之前的权利完全实现后，才具有实现的机会。申言之，不动产物权或事项在登记簿上记载的先后决定其顺位，在现时登记簿上记载的不动产物权或事项基础上产生的转移登记、变更登记和更正登记等后续登记，只是对已经记载在登记簿上的不动产物权或事项的主体、内容进行变动，并不是将不动产物权或事项消灭后重新设立，因此，转移登记、变更登记和更正登记等后续的登记不改变不动产物权或事项在登记簿上的记载次序，即不影响不动产物权或事项既有的顺位。本问中，张三与银行共同向登记机构申请因展期产生的抵押权变更登记，只是变动抵押权内容中的债务履行期间，不因此改变该抵押权既有的顺位，即变更登记完成后，银行的抵押权的顺位仍然优于人民法院的查封登记。

三、不影响查封登记的顺位和加重被查封房屋负担的抵押权变更登记，登记机构均可以办理

《最高人民法院、国土资源部、建设部关于依法规范人民法院执行和国土资源房地产管理部门协助执行若干问题的通知》（法发〔2004〕5号）第二十二条第一款规定，国土资源、房地产管理部门对被人民法院依法查封、预查封的土地使用权、房屋，在查封、预查封期间不得办理抵押、转让等权属变更、转移登记手续。笔者据此认为，其中，不得办理抵押登记手续，应当是指登记机构不得为当事人办理加重被查封房屋负担的抵押权首次登记、增加被担保债权数额的抵押权变更登记等；不得办理权属变更手续，是指不得办理权利人变更、减少房屋面积产生的所有权变更登记等。本问中，如前所述，张三与银行共同向登记机构申请因展期产生的抵押权变更登记，只是变动抵押权内容中的债务履行期间，登记机构可否办理呢？

四、债务履行期间的变动会加重抵押房屋的负担

《民法典》第三百八十九条规定,担保物权的担保范围包括主债权及其利息、违约金、损害赔偿金、保管担保财产和实现担保物权的费用。当事人另有约定的,按照其约定。据此可知,一般情形下,被担保债权在债务履行期间产生的利息,属于担保物权担保的范围。本问中,张三与银行签订展期协议,将债务履行期间由 2018 年 12 月 28 日—2020 年 12 月 27 日延长至 2021 年 12 月 26 日,则被担保的主债权在 2020 年 12 月 27 日—2021 年 12 月 26 日间产生的利息也由抵押房屋担保其实现,即债务履行期间延长后的利息也由抵押房屋担保其实现,若如此,势必加重被查封的抵押房屋的担保负担,影响生效的法律文书确认的权益实现或充分实现,因此,张三与银行共同向登记机构申请因展期产生的抵押权变更登记,登记机构不得办理。

案例 87 登记机构凭人民法院送达的要求撤销担保协议的协助执行通知书,可否注销记载在登记簿上的抵押权

2021 年 1 月某日,甲人民法院向登记机构送达协助执行通知书,要求协助执行内容为:按乙中级人民法院(2020)某民终字第 300 号民事判决书执行。但该判决书的结论是维持甲人民法院(2019)某民初字第 218 号民事判决书"撤销丙公司与丁公司签订的《还款及担保协议》"。登记人员查阅甲人民法院附随协助执行通知书送达的其他法律文书知悉:甲人民法院系因审理其他案件而以(2019)某民初字第 218 号民事判决书撤销丙公司与丁公司签订的《还款及担保协议》,那么,甲人民法院要求登记机构协助执行的内容应当是撤销丙公司与丁公司签订的《还款及担保协议》,不是房屋登记事宜。登记机构遂告知执行法官这不属于登记机构协助执行的事项,但执行法官不予采纳,口头严厉要求登记人员签收协助执行通知,并凭此协助执行通知书注销丁公司基于《还款及担保协议》在丙公司房屋上设立的抵押权。试问:登记机构凭此协助执

行通知书,可否注销丁公司在丙公司房屋上设立的抵押权?

笔者认为,登记机构凭此撤销担保协议的协助执行通知书,不能注销丁公司在丙公司房屋上设立的抵押权。

一、本案中,人民法院的协助执行通知书及判决书,只要求撤销丙公司与丁公司签订的《还款及担保协议》,没有要求注销抵押权

《民法典》第二百一十五条规定,当事人之间订立有关设立、变更、转让和消灭不动产物权的合同,除法律另有规定或者当事人另有约定外,自合同成立时生效;未办理物权登记的,不影响合同效力。质言之,我国《民法典》采债权与物权区分主义,设立、变更、转让和消灭不动产物权的债权生效,但基于此债权设立、变更、转让和消灭的不动产物权并不随之生效,须登记后方生效。申言之,作为设立房屋抵押权原因的债权因被撤销而失效,但基于此设立并记载于登记簿上的房屋抵押权并不随之失效,须办理注销登记后才失效。本案中,丙公司与丁公司签订的《还款及担保协议》被生效的法律文书撤销后,基于该协议设立的房屋抵押权消灭的事由产生。甲人民法院的协助执行通知书载明内容仅是使抵押权消灭的事由,不是直接消灭抵押权。为此,登记机构不能凭此协助执行通知书注销丁公司的抵押权。

二、登记机构凭撤销担保协议的协助执行通知书注销抵押权后可能面临的后果

《最高人民法院关于审理房屋登记案件若干问题的规定》(法释〔2010〕15号)第二条第一款规定,房屋登记机构根据人民法院的协助执行通知书办理的房屋登记行为,公民、法人或者其他组织不服提起行政诉讼的,人民法院不予受理,但公民、法人或者其他组织认为登记与协助执行通知书内容不一致的除外。据此可知,登记机构根据人民法院送达的协助执行通知书办理相关不动产登记时,办理的不动产登记超出了协助执行通知书内容的,当事人因此提起诉讼时,人民法院会受理。

申言之，登记机构协助人民法院执行时，办理的不动产登记超出了协助执行通知书内容的，诉讼中，登记机构可能会承受不利后果。本案中，甲人民法院的协助执行通知书没有明确要求登记机构注销抵押权登记，若登记机构凭此办理抵押权注销登记，则办理的注销登记行为属于登记事项与协助执行通知书内容不一致，即登记行为超出了协助执行通知书的范围，在可能出现的行政诉讼中将承担由此产生的不利后果。

三、登记机构对本案的处理

为了充分履行协助执行义务，维护司法权威，本案中，登记机构可以建议甲人民法院将协助执行事宜明确为"注销丁公司的房屋抵押权"。如果甲人民法院不采纳，登记机构可请求当地人大、政法委或检察院，协调或监督其依法开展执行工作。

当然，本案的当事人也可以凭乙中级人民法院（2020）某民终字第300号民事判决书和甲人民法院（2019）某民初字第218号民事判决书另案起诉丁公司，请求确认丁公司的抵押权无效，若人民法院支持当事人的诉讼请求，登记机构可凭生效的判决书办理抵押权注销登记。

案例88　查封期内作出的处理被查封房屋的有效判决书可否在查封期届满后执行

甲中级人民法院于2018年12月28日查封A房屋，查封期限2年，登记机构做了查封登记。乙人民法院于2019年1月3日也查封A房屋，登记机构做了轮候查封登记。2021年1月4日，甲中级人民法院向登记机构送达一份判决日期为2020年12月25日的终审民事判决书和一份协助执行通知书，民事判决书载明A房屋归C所有，协助执行通知书要求登记机构将A房屋过户登记给C。试问：登记机构可否凭甲中级人民法院的协助执行通知书和判决书将A房屋转移登记给C？

有观点认为，甲中级人民法院查封A房屋的查封登记于2018年12

月 28 日记载在登记簿上，但直至 2020 年 12 月 27 日查封期限届满，该法院仍未办理续封登记手续，自 2020 年 12 月 28 日起，乙人民法院由轮候查封自动转为查封。故甲中级人民法院送达协助通知书，要求登记机构将已被乙人民法院查封的 A 房屋过户登记给 C，登记机构应当不予办理。笔者不支持此观点。

一、查封期内作出的处理被查封房屋的有效判决书可在查封期届满后执行

按甲中级人民法院作出终审民事判决时适用的《物权法》第二十八条规定（现时的《民法典》第二百二十九条规定），基于法律文书取得物权的，自法律文书生效时起发生法律效力。质言之，基于法律文书取得的不动产物权，自法律文书生效时起，权利人无须登记即依法、即时享有该不动产的物权。据此可知，本案中，甲中级人民法院作出的是确认 A 房屋归 C 所有的终审民事判决书，终审民事判决书自作出时起生效，故自该终审民事判决书生效时起，C 已经依法取得了 A 房屋的所有权。在司法实务中，《最高人民法院、国土资源部、建设部关于依法规范人民法院执行和国土资源房地产管理部门协助执行若干问题的通知》（法发〔2004〕5 号）第二十条规定，查封法院对查封的土地使用权、房屋全部处理的，排列在后的轮候查封自动失效；查封法院对查封的土地使用权、房屋部分处理的，对剩余部分，排列在后的轮候查封自动转为查封。据此可知，查封法院对被其查封的财产已全部处理的，排列在后的轮候查封自动失去效力。本案中，甲中级人民法院在查封期间将 A 房屋判决归 C 所有，即以判决书的方式对被其查封的 A 房屋做了处理，排列在后的乙人民法院的轮候查封自该处理房屋的判决书生效时起自动失效。因此，本案中，甲中级人民法院执行确认 A 房屋归 C 所有的终审民事判决书于法有据，登记机构应当协助执行，将 A 房屋转移登记给 C。

第八部分　协助执行

二、初审法院在查封期满后未续封的，其查封期内作出的处理被查封房屋的初审判决书即使被终审法院维持，也不受原查封的保障

《民事诉讼法》第一百六十四条第一款规定，当事人不服地方人民法院第一审判决的，有权在判决书送达之日起十五日内向上一级人民法院提起上诉。该法第一百七十五条规定，第二审人民法院的判决、裁定，是终审的判决、裁定。概言之，当事人对初审判决提起上诉后，该初审判决书不产生法律上的效力，就诉讼事项，以终审判决的判决结论为准。申言之，当事人对确认物权归属的初审判决书，在上诉期内向上级人民法院提起上诉后，此初审判决不产生法律上的效力，当事人不能基于此初审判决书取得物权。据此可知，本案中，如果甲中级人民法院作出的是判决 A 房屋归 C 所有的初审民事判决书，则 C 不能基于此初审民事判决书即时取得 A 房屋的所有权。换言之，虽然被甲中级人民法院判决 A 房屋归 C 所有的初审民事判决书在原查封期限内作出，但因其未产生法律效力，处理被其查封的 A 房屋不产生法律效果。即使以后终审法院维持了此初审判决书，C 对 A 房屋依法享有所有权的时间节点也应当是终审民事判决书生效的时间节点。在司法实务中，《最高人民法院、国土资源部、建设部关于依法规范人民法院执行和国土资源房地产管理部门协助执行若干问题的通知》（法发〔2004〕5 号）第十一条第二款规定，查封期限届满，人民法院未办理继续查封手续的，查封的效力消灭。据此可知，本案中，若在终审民事判决书生效前，作为初审法院的甲中级人民法院在查封期限届满后，没有办理续封登记，则其查封失效，乙人民法院的轮候查封自动转为查封。《关于建立和完善执行联动机制若干问题的意见》（法发〔2010〕15 号）规定，轮候查封的人民法院违法要求协助办理房屋登记手续的，依法不予办理。据此可知，轮候查封法院发出的协助执行通知登记机构尚且不予办理，非轮候查封法院向登记机构发出协助执行通知书，登记机构更不应当受理。因此，本案中，若甲中级人民法院作出的是判决A房屋归C所有的初审民事判决书，此初审判决书即使得到终审人民法院的维持，如前所述，因其在查封期限届满前未办理续封或重新查封手续，其既不是查封法院，也不是轮候查封法院，此情形下，甲中级人民法院若送达协助执行通知书，要求将A房屋登记给C的，登记机构应当不予办理。

案例89 登记机构办理再续封产生的查封登记时是否收取高级法院的批准手续

甲人民法院因审理案件需要，向登记机构送达查封裁定书和协助执行通知书，要求登记机构协助执行对乙的房屋实施第三次查封。登记人员告知执行员，本次查封是对同一房屋实施第三次查封，即再续封，除送达查封裁定书和协助执行通知书外，还应当同时送达高级人民法院同意再续封的批准手续。执行员认为那是他们内部的事，登记机构无权过问。试问：登记机构协助人民法院办理再续封手续时，是否必须收取高级人民法院支持再续封的批准手续？

有观点认为，《最高人民法院、国土资源部、建设部关于依法规范人民法院执行和国土资源房地产管理部门协助执行若干问题的通知》（法发〔2004〕5号）第十一条规定，人民法院对土地使用权、房屋的查封期限不得超过二年。期限届满可以续封一次，……续封的期限不得超过一年。确有特殊情况需要再续封的，应当经过所属高级人民法院批准，且每次再续封的期限不得超过一年。据此可知，人民法院对同一土地使用权或房屋实施再续封的，必须取得对其有领导权的高级人民法院的批准。因此，本案中，甲人民法院要求登记机构对乙的房屋办理再续封手续时，应当提交高级人民法院批准再续封的手续。笔者不支持此观点。

一、从实体上看，登记机构无须收取高级人民法院批准再续封的手续

《最高人民法院、国土资源部、建设部关于依法规范人民法院执行和国土资源房地产管理部门协助执行若干问题的通知》(法发〔2004〕5号)第三条第二款规定,国土资源、房地产管理部门在协助人民法院执行土地使用权、房屋时,不对生效法律文书和协助执行通知书进行实体审查。其中,若对生效法律文书和协助执行通知书进行实体审查,该如何审查?法律和司法解释对此没有作明确系统的规定。《民事诉讼法》第一百七十条规定,第二审人民法院对上诉案件的审查,主要包括原审认定事实是否清楚,适用法律是否正确,是否违反法定程序等。笔者据此认为,此规定是第二审人民法院对原审法律文书的实体审查内容,可以类推适用于对执行中的生效法律文书和协助执行通知书进行实体审查的内容。换言之,对执行中的生效法律文书和协助执行通知书进行实体审查,主要看生效法律文书和协助执行通知书的事实认定是否清楚、适用法律法规是否正确和是否依法定程序作出。按该通知第十一条规定,人民法院再续封土地使用权、房屋的,应当经过高级人民法院批准。据此可知,该规定是对人民法院内部的执行工作程序的规定,属于司法程序,由实施查封的人民法院遵守,且由其上级人民法院监督履行,与其他机构无关。本案中,若登记机构要求办理再续封手续的人民法院提交高级人民法院的批准手续,是对送达的生效法律文书和协助执行通知书是否依法定程序作出进行审查,即对生效法律文书和协助执行通知书进行实体审查,与该通知第三条第一款规定相悖。故从实体上看,登记机构无须收取高级人民法院批准再续封的手续。

二、从程序上看,登记机构无须收取高级人民法院批准再续封的手续

《最高人民法院关于人民法院执行工作中若干问题的规定(试行)》第四十一条第二款规定,对有产权证照的动产或不动产的查封,应当向有关管理机关发出协助执行通知书,要求其不得办理查封财产的转移过户手续。《最高人民法院、国土资源部、建设部关于依法规范人民法院执

行和国土资源房地产管理部门协助执行若干问题的通知》（法发〔2004〕5号）第一条第一款规定，人民法院在办理案件时，需要国土资源、房地产管理部门协助执行的，国土资源、房地产管理部门应当按照人民法院的生效法律文书和协助执行通知书办理协助执行事项。据此可知，人民法院要求登记机构协助办理相关事项时，只向登记机构送达协助执行通知书，同时附随送达作为执行基础的生效的法律文书。换言之，不动产登记机构协助人民法院办理相关手续时，只收取生效的作为执行证据的法律文书和协助执行通知书，而高级人民法院同意再续封的手续是人民法院内部的司法文件，不是法律文书。因此，从程序上看，本案中，登记机构协助甲人民法院办理对乙的房屋的再续封手续时，无须收取高级人民法院批准再续封的手续。

三、从法律责任上看，登记机构无须收取高级人民法院批准再续封的手续

按《民法典》第二百一十二条第一款第（三）项规定，如实、及时登记有关事项是登记机构的职责。在司法实务中，《最高人民法院、国土资源部、建设部关于依法规范人民法院执行和国土资源房地产管理部门协助执行若干问题的通知》（法发〔2004〕5号）第三条第一款规定，对人民法院查封或者预查封的土地使用权、房屋，国土资源、房地产管理部门应当及时办理查封或者预查封登记。据此可知，登记机构协助人民法院办理查封手续，就是按执行文书的要求及时将查封事项记载在登记簿上，限制被查封人处分查封标的产生的登记的办理，保障生效的法律文书目的的实现。《最高人民法院关于审理房屋登记案件若干问题的规定》（法释〔2010〕15号）第二条第一款规定，房屋登记机构根据人民法院、仲裁委员会的法律文书或者有权机关的协助执行通知书以及人民政府的征收决定办理的房屋登记行为，公民、法人或者其他组织不服提起行政诉讼的，人民法院不予受理，但公民、法人或者其他组织认为登

记与有关文书内容不一致的除外。据此可知,登记机构按人民法院送达的协助执行通知书内容如实、及时地在登记簿上作记载,是履行其法定职责,当事人因此而提起诉讼的,人民法院不予受理。申言之,登记机构协助人民法院执行相关事项,在登记簿上记载的事项没有超出协助执行通知书内容的,即使对当事人造成损害,登记机构也无须承担法律责任。换言之,协助执行中登记机构是否对登记事项承担责任,以此登记事项是否及时记载在登记簿上和是否超出人民法院送达的协助执行通知书内容为准,与其他手续无关。因此,本案中,登记机构只要按甲人民法院送达的协助执行通知书内容及时在登记簿上作查封记载,此记载即使对乙造成损害,登记机构也无须承担责任,与是否收取高级人民法院批准再续封的手续无关。故从法律责任上看,登记机构无须收取高级人民法院批准再续封的手续。

案例 90　房屋所有权转移预告登记记载于登记簿上后,登记机构可否协助人民法院执行对该预告登记的预查封

甲因改善住房条件而重新购买住房,需出让现有房屋筹集购房款,乙欲受让甲的房屋,经过协商,签订了房屋转让合同,约定:① 房屋转让款为 80 万元人民币,自合同签订时乙向甲付款 60 万元,余款自甲协助完成房屋转移登记手续后结清;② 甲在 1 年后向乙交付房屋;③ 甲协助乙办理房屋所有权转移预告登记手续。尔后,甲、乙共同申请办理了房屋所有权转移预告登记。不久,乙因与他人发生诉讼,人民法院向登记机构送达协助执行通知书,要求对权利人为乙的房屋所有权转移预告登记实施预查封,试问:登记机构可否对房屋所有权转移预告登记办理预查封?

有观点认为,《最高人民法院、国土资源部、建设部关于依法规范人民法院执行和国土资源房地产管理部门协助执行若干问题的通知》(法发〔2004〕5 号)第十五条规定:"下列房屋虽未进行房屋所有权登记,人民法院也可以进行预查封：（一）作为被执行人的房地产开发企业，已办理了商品房预售许可证且尚未出售的房屋；（二）被执行人购买的已由房地产开发企业办理了房屋权属初始登记的房屋；（三）被执行人购买的办理了商品房预售合同登记备案手续或者商品房预告登记的房屋。"据此可知，本条规定以具体列举的方式规定了人民法院实施预查封的范围，即人民法院实施预查封的对象只能是房地产开发企业尚未预售的未竣工的商品房及购房人购买的尚未登记到其名下的商品房。本案中，乙受让的是自然人甲的存量房，而非房地产开发企业直接转让的商品房，故不属于人民法院实施预查封的范围，登记机构应当不予办理此预查封登记，并向实施预查封的人民法院提出书面执行异议。笔者不支持此观点。

一、从法律规定和不动产登记实务上看，办理了房屋所有权转移预告登记的房屋，登记机构应当协助人民法院执行预查封

按《民法典》第二百二十一条第一款规定，当事人签订买卖房屋的协议或者签订其他不动产物权的协议，为保障将来实现物权，按照约定可以向登记机构申请预告登记。质言之，凡是买卖房屋的协议，当事人都可以按照约定向登记机构申请预告登记，即买卖存量房的协议，当事人也可以按照约定向登记机构申请预告登记。在不动产登记实务中，按《不动产登记暂行条例实施细则》第八十五条第一款第（二）项规定，买卖存量房属于当事人可以申请预告登记的情形。按《国土资源部关于启用不动产登记簿证样式（试行）的通知》（国土资发〔2015〕25号）附《不动产登记簿样式及使用填写说明》规定，预告登记的信息属于登记簿记载的内容。概言之，基于存量房买卖协议申请的房屋所有权转移预告登记，买卖存量房的相关信息属于登记簿记载的内容。申言之，基于存量房买卖协议申请的预告登记完成后，具备协助人民法院实施预查封的条件，即预查封事项可以在登记簿上作记载。本案中，人民法院送达协助执行通知书，要求对权利人为乙的房屋所有权转移预告登记实施预查

封，登记机构应当及时办理预查封登记。

二、从司法实务上看，办理了房屋所有权转移预告登记的房屋，登记机构应当协助人民法院执行预查封

按《最高人民法院、国土资源部、建设部关于依法规范人民法院执行和国土资源房地产管理部门协助执行若干问题的通知》（法发〔2004〕5号）第十五条规定，预查封的范围仅限于商品房。但该通知第三条第一款规定，对人民法院查封或者预查封的土地使用权、房屋，国土资源、房地产管理部门应当及时办理查封或者预查封登记。据此可知，不动产查封、预查封，应当按照执行文书的要求，在相应的不动产登记簿上作查封或预查封事项记载，换言之，登记机构协助人民法院对未经所有权登记的房屋实施预查封，也应当将预查封事项记载于登记簿上。申言之，只要登记簿上记载有房屋权利的相关信息，就具备协助实施预查封的条件，即商品房以外的尚未取得所有权登记的房屋信息若被依法记载于登记簿上，登记机构也应当协助人民法院办理预查封登记。

三、即使登记机构对协助执行事项有异议，也应当及时办理预查封登记

《最高人民法院、国土资源部、建设部关于依法规范人民法院执行和国土资源房地产管理部门协助执行若干问题的通知》（法发〔2004〕5号）第三条第二款规定，国土资源、房地产管理部门在协助人民法院执行土地使用权、房屋时，不对生效法律文书和协助执行通知书进行实体审查。国土资源、房地产管理部门认为人民法院查封、预查封或者处理的土地、房屋权属错误的，可以向人民法院提出审查建议，但不应当停止办理协助执行事项。据此可知，对人民法院送达的协助执行通知书，登记机构无权作实体审查，在力所能及的范围内，须及时按协助执行通知书的内容办理相关登记，即使登记机构对协助执行内容有异议的，也必须在及时办理协助执行事项的前提下，向人民法院提出书面审查建议，对此建议是否采纳，

由人民法院决定。因此，本案中，登记机构对人民法院送达的协助执行通知书中要求对权利人为乙的房屋所有权转移预告登记实施预查封的内容即使有异议，也不应当不办理或暂缓办理预查封登记，而应当及时办理预查封登记，尔后，再向人民法院提出书面审查建议。

案例91　登记机构可否基于协助执行通知书公告不动产登记证明作废

甲、乙于2020年8月签订抵押合同，约定：甲将登记在自己名下的房屋抵押给乙，作为履行承揽加工水果罐头合同的担保，债务履行期限二年，甲、乙申请并办理了抵押权登记。2021年1月，人民法院向登记机构送达协助执行通知书，协助执行通知书载明：因执行其他案件需要，要求登记机构注销登记在乙名下的抵押权。登记机构签收协助执行通知书后，却无法收回乙持有的不动产登记证明。试问：对无法收回的不动产登记证明，登记机构应当如何处理？

有观点认为，登记机构应当凭人民法院送达的协助执行通知书撤销乙的抵押权，然后公告乙持有的不动产登记证明作废。笔者不支持此观点。

撤销登记，是指行政复议机关以行政复议决定，或人民法院以行政判决书的方式作出的，使登记簿上记载的不正确的不动产登记自始无效的行为，如人民法院判决撤销房屋所有权登记等。撤销登记实质上是国家公权力对不动产登记的强制性干涉，对不正确的登记予以纠正，溯及既往地剥夺登记簿上记载的不动产权利的法律效力，即让登记簿上记载的不正确的不动产权利或事项自始无效。但撤销登记不是不动产登记类型，只是一种公权力的强制手段。原《房屋登记办法》第八十一条规定："司法机关、行政机关、仲裁委员会发生法律效力的文件证明当事人以隐瞒真实情况、提交虚假材料等非法手段获取房屋登记的，房屋登记机构可以撤销原房屋登记，收回房屋权属证书、登记证明或者公告作废，但房屋权利为他人善意取得的除外。"据此可知，房屋登记机构可以依据司法机关、行政机关、仲裁委员会发生法律效力的法律文书或行政公文直接办理撤销房屋登记。

不动产统一登记后,《不动产登记暂行条例实施细则》及《不动产登记操作规范(试行)》的规定没有授予登记机构以不动产登记撤销权,法律、行政法规也没有授予登记机构有权撤销不动产登记的规定,"法无授权不可为",因此,现时的登记机构不能办理不动产撤销登记。因此,本案中,登记机构不能凭人民法院送达的协助执行通知书撤销乙的抵押权。

那么,本案中,登记机构该怎样办理协助执行事宜呢?按《民法典》第二百一十六条第一款规定,不动产登记簿是物权归属和内容的根据。按该法第二百一十七条规定,不动产权属证书是权利人享有该不动产物权的证明。在不动产登记实务中,《不动产登记暂行条例实施细则》第二十条第一款规定,不动产登记机构应当根据不动产登记簿,填写并核发不动产权属证书或者不动产登记证明。概言之,登记簿的记载是权利人享有不动产权利的根据,不动产权属证书是权利人享有不动产权利的外在表现方式,因此,本案中,登记机构应当按人民法院的协助执行通知书要求,先行在登记簿上对乙的抵押权作注销记载,对乙持有的无法收回的不动产登记证明,在注销登记完成后,由登记机构公告作废,以杜绝或减少其流失社会造成的负面影响,使协助执行事项从物权归属的根据和外在表现方式上均归于消灭,从而充分履行法定的协助执行义务。在司法实务中,《最高人民法院关于审理房屋登记案件若干问题的规定》第二条第一款规定,房屋登记机构根据人民法院的协助执行通知书办理的房屋登记行为,公民、法人或者其他组织不服提起行政诉讼的,人民法院不予受理。质言之,不动产登记机构根据人民法院的协助执行通知书办理登记,是不动产登记机构必须履行的法定义务,是人民法院司法权的延伸,由此产生的诉讼不属于人民法院行政诉讼的受案范围。据此可知,本案中,登记机构按人民法院送达的协助执行通知书办理乙的抵押权注销登记后,再公告未收回的不动产登记证明作废,并不超出协助执行通知书的内容,登记机构亦不会因此承受不利后果。

第九部分 其 他

案例 92 未办理离婚转移登记的房屋因被拆迁取得的还房产生的登记，登记机构该如何办理

2010 年 5 月，甲、乙夫妻离婚，离婚协议约定原登记为甲、乙共同共有的房屋归甲，但没有办理离婚转移登记。2019 年 10 月，该房屋被拆迁了，甲单独与拆迁人签订的拆迁补偿安置协议约定：被拆除的旧房和安置给甲的新房各作各价、互补差价。2021 年 1 月，甲和拆迁人持离婚协议和拆迁补偿安置协议，申请将拆迁安置房屋登记为甲单独所有。试问：对甲和拆迁人申请的房屋登记，登记机构可否办理？如果安置给甲的房屋是等面积调换且互不补差价呢？

笔者认为，被拆除的旧房和安置给甲的新房在互补差价的情形下申请的登记，可以将新房登记为甲单独所有。但安置给甲的房屋在等面积调换且互不补差价情形下申请登记为甲单独所有的，则不可以办理。

一、未办理离婚转移登记的房屋拆迁时，拆迁补偿安置协议的被拆迁人应当是原夫妻

2010 年 5 月甲、乙离婚时适用的《物权法》第十五条规定，当事人之间订立有关设立、变更、转让和消灭不动产物权的合同，除法律另有规定或者合同另有约定外，自合同成立时生效；未办理物权登记的，不影响合同效力（现时的《民法典》第二百一十五条规定，当事人之间订立有关设立、变更、转让和消灭不动产物权的合同，除法律另有规定或者当事人另有约定外，自合同成立时生效；未办理物权登记的，不影响合同效力）。据此可知，基于合同或协议设立、变更、转让和消灭不动产

物权的，未经登记，不产生设立、变更、转让和消灭不动产物权的效力，但该合同或协议仍然有效。依《不动产登记暂行条例》第十四条第一款规定，基于协议或合同申请不动产登记的，应当由当事人双方共同申请。因此，本案中，甲基于离婚协议单独取得原属于夫妻共有的房屋，但甲、乙没有共同申请因离婚产生的转移登记，将原属于夫妻共有的房屋转移登记给甲单独所有。离婚协议虽然有效，但只是甲单独取得此房屋所有权的原因，没有完成离婚转移登记，甲单独取得房屋所有权的结果没有产生。所以，法律意义上，此房屋仍然属于甲、乙共有的财产。2019年10月房屋拆迁时适用的《物权法》第三十九条规定，所有权人对自己的不动产或者动产，依法享有占有、使用、收益和处分的权利（现时的《民法典》第二百四十条做了同样的规定）。据此可知，被拆迁人与拆迁人协商房屋拆迁事宜实质上是权利人对房屋所有权的处分，拆迁补偿安置协议本质上是权利人处分房屋产生的协议。因此，拆迁补偿安置协议的被拆迁人应当是全部的房屋所有权人。本案中，如前所述，没有完成离婚转移登记的房屋仍然属于甲、乙共有，即甲、乙共同为此房屋的所有权人，用作房屋登记申请材料的拆迁补偿安置协议应当由甲、乙共同与拆迁人签订。

二、被拆除的旧房和安置给甲的新房，在各作各价、互补差价的情形下，可以登记为甲单独所有

本案中，若拆迁补偿安置协议的主要内容为：一是作价将甲、乙共同共有的旧房屋转让给拆迁人后，由拆迁人拆迁；二是将拆迁人提供的新房屋作价转让给甲，使甲享有其所有权。按2019年10月房屋拆迁时适用的《物权法》第九十七条规定，处分共同共有的不动产的，应当经全体共同共有人同意（现时的《民法典》第三百零一条做了同样的规定）。《合同法》第五十六条规定，合同部分无效，不影响其他部分效力的，其他部分仍然有效（现时的《民法典》第一百五十六条规定，民事法律行

为部分无效，不影响其他部分效力的，其他部分仍然有效）。据此可知，如前所述，本案中，用作申请房屋登记证据的拆迁补偿安置协议应当由甲、乙共同与拆迁人签订，却是甲单独与拆迁人签订。因此，该拆迁补偿安置协议中，作价将甲、乙共同共有的旧房屋转让给拆迁人供拆迁人拆迁的合同内容违反《物权法》第九十七条规定（现时的《民法典》第三百零一条规定）。但将拆迁人提供的新房屋作价转让给甲，使甲享有其所有权的合同内容却不违反法律规定，应当是有效内容，不因为其他内容的无效影响其效力，登记机构应当事人的申请，可凭此内容将房屋登记为甲单独所有。至于新旧房屋的价格补差，虽然关系到乙的权益，但笔者认为，应当作债权处理，由乙向拆迁人、甲主张权利，与现时申请的房屋登记无直接的因果关系。

三、安置给甲的房屋是等面积调换且互不补差价情形下，则不可以登记为甲单独所有

本案中，若拆迁补偿安置协议约定，安置给甲的房屋与被拆的旧房屋等面积调换且互不补差价时，本质上属于房屋的互换。房屋互换，就是房屋所有权人之间相互交换彼此的房屋所有权，通过交换使对方依法享有自己的房屋所有权。在房屋互换中，有等价互换和差价互换。等价互换，是指价值额相等的房屋之间产生的交换；差价互换，是指价值额不相等的房屋间产生的交换。据此可知，房屋互换也属于房屋处分的范畴。本案中，由于用于互换的安置房屋尚未登记，故属于特殊情形下的房屋互换。但甲、乙共同共有的用于互换的房屋已经登记，以拆迁补偿安置协议的形式互换时，按《物权法》第九十七条规定（现时的《民法典》第三百零一条规定），应当由甲、乙共同与拆迁人签订拆迁补偿安置协议，但却是甲单独与拆迁人签订，甲系无权处分，此协议效力待定，不能作为房屋登记的证据，由此申请将房屋登记为甲单独所有的，登记机构应当不予办理。当然，如果乙书面声明此房屋归甲单独所有，登记

机构也可以凭此协议和乙的声明等材料，将房屋登记为甲单独所有。

案例 93　被继承人在继承人离婚前死亡，遗留房屋没有办理继承转移登记，继承人离婚时，该遗留房屋是否应当作为夫妻共同财产分割

被继承人 A 于 2018 年 1 月 5 日死亡，遗留房屋一处，A 无遗嘱指定继承人。A 的继承人只有其独子 B。2021 年 1 月，B 与妻子 C 离婚，C 要求分割 A 遗留的房屋，B 以该房屋未转移登记到自己名下，不属于自己所有为由而拒绝分割。试问：B 的认为是否正确？

有观点认为，按继承发生时适用的《物权法》第十四条规定，不动产物权的设立、变更、转让和消灭，依照法律规定应当登记的，自记载于不动产登记簿时发生效力（现时的《民法典》第二百一十四条做了同样的规定）。据此可知，本案中，继承人 B 没有在被继承人 A 死亡后，将 A 遗留的房屋所有权及房屋分摊的国有建设用地使用权转移登记到自己名下，故其认为该房屋所有权及房屋分摊的国有建设用地使用权不属于自己，有法律上的依据，即 B 的认为正确。笔者不支持此观点。

按 2018 年 1 月 5 日继承发生时适用的《继承法》第二条规定，继承从被继承人死亡时开始（现时的《民法典》第一千一百二十一条第一款做了同样的规定）。《物权法》第二十九条规定，因继承或者受遗赠取得物权的，自继承或者受遗赠开始时发生效力（现时的《民法典》第二百三十条规定，因继承取得物权的，自继承开始时发生效力）。据此可知，自被继承人死亡时起，继承人无须登记即依法、即时取得被继承人遗留不动产的权利。本案中，在被继承人 A 于 2018 年 1 月 5 日死亡之时，继承人 B 无须申请登记就已经取得了 A 遗留的房屋所有权及房屋分摊的国有建设用地使用权，属于《物权法》第十四条规定的不动产物权非经登记不生效力的例外情形。

按 2018 年 1 月 5 日继承发生时适用的《婚姻法》第十七条第一款第（四）项和第十八条第（三）项规定（现时的《民法典》第一千零六十二

条第一款第（四）项和第一千零六十三条第（三）项规定），婚姻关系存续期间，夫或妻因法定继承取得的财产属于夫妻共同财产。据此可知，B继承取得A遗留的房屋所有权及房屋分摊的国有建设用地使用权的时间是在B和C婚姻关系存续期间，且A死亡时无遗嘱指定具体的继承人，尽管B继承的是其父A遗留的房屋所有权及房屋分摊的国有建设用地使用权，但仍然依法视为B与C的夫妻共同财产，离婚时，C有权要求对该房屋所有权及房屋分摊的国有建设用地使用权进行分割，因此，B拒绝分割的主张不正确。

案例94 代理人代委托人申请不动产登记后，不动产登记被记载于登记簿上前，可否代委托人撤回登记申请

甲、乙是朋友，甲在外地工作，以公证委托书的形式委托乙代其转让老家的房屋并申请转移登记。乙代甲将房屋转让给丙，并与丙一起向登记机构申请了转让转移登记。转让转移登记记载于登记簿上前，由于种种原因，乙、丙达成退房协议，乙持甲委托其代为申请转移登记的公证书与丙一起申请撤回转移登记申请。试问：对乙持甲委托其代为申请转移登记的公证书与丙一起申请的撤回转移登记申请，登记机构可否准许？

有观点认为，甲委托乙代为申请转让转移登记，转让转移登记已经申请完毕，乙的代理权终止。登记申请撤回与甲对乙的授权没有关系，乙持甲委托其代为申请转让转移登记的公证书申请撤回该转让转移登记申请，属于无权代理，登记机构不应当准许。笔者不支持此观点。

一、登记申请权与登记申请撤回权

《不动产登记暂行条例实施细则》第十三条规定，申请登记的事项记载于不动产登记簿前，全体申请人提出撤回登记申请的，登记机构应当将登记申请书以及相关材料退还申请人。据此可知，此规定关系到登记申请权和登记申请撤回权两种不动产登记程序上的权利。登记申请权，是指当事人根据不动产登记法律、法规和规章的规定，将自己基于法律规定或民事活动取得的不动产权利或事项，申请登记机构予以登记的权利。登记申请撤回权，是指当事人申请的不动产登记被记载于登记簿上前，申请登记的当事人向登记机构请求撤回先前的登记申请，终止已经启动的登记程序的权利。据此可知，登记申请撤回权以登记申请权为前提，即没有申请，就没有申请的撤回。申言之，登记申请撤回权不是不动产登记程序上独立的权利，而是依附于登记申请权"派生"的权利，且谁申请谁撤回。

二、受托人基于先前代为申请登记的委托书自然取得登记申请撤回权

在不动产登记中，如果权利人委托他人代为申请不动产登记，受托人虽然不是申请人，但权利人委托受托人代为申请登记，在实施登记行为上，受托人取代了权利人的申请人地位，在登记程序启动后，申请登记的不动产被记载于登记簿上前，可以代申请人为与登记直接相关的行为，笔者认为，包括可以代为申请登记，也可以代为申请撤回登记。申言之，受托人就是本件登记中实施登记申请及与该申请相关的行为的"申请人"，基于委托人先前委托其代为申请不动产登记的委托书自然取得登记申请撤回权。故本案中，乙持甲委托其代为申请转移登记的公证书与丙一起申请撤回转移登记申请，登记机构应当支持。

三、理论上的认识

在实践中，被代理人向代理人出具委托手续时，由于知识、认识、生活经验等原因，往往不能穷尽实施代理行为时所必需的代理权限，如果拘泥于被代理人向代理人明确授予的代理权限，在出现事先无法预料的情形时，势必束缚代理人实施代理行为，不利于维护被代理人的利益，也有悖于法律建立代理制度以充分保护被代理人利益的本意。因此，应当在立法中建立默示代理权制度。所谓默示代理权，即代理人履行其明

示代理权限时，享有按照履行该权限的通常方式所必需或附带产生的默示权限[①]。笔者认为，委托制度中也应当有默示权限，若如此，本案中，乙代甲行使的登记申请撤回权，则是乙基于甲的委托行使登记申请权时，附带产生的权利。当然，这需要未来立法予以明确。

案例95　被代理人丧失民事行为能力后，代理人持被代理人有民事行为能力时出具的委托书申请的房屋登记，登记机构可否办理

甲在某小区购买住房一套，在即将接收房屋并申请房屋所有权转移登记时，因受公司指派外出拓展业务，遂以公证委托书的方式委托同事乙，代其接收房屋并申请房屋所有权转移登记。后来，乙持公证委托书、商品房买卖合同等手续代甲申请房屋所有权转移登记时，登记人员询问后得知：甲在工作中因意外事故成为植物人，人民法院已经宣告其为无民事行为能力人。试问：乙代甲申请的房屋所有权转移登记，登记机构可否办理？

有观点认为，《民法典》第二十三条规定，无民事行为能力人、限制民事行为能力人的监护人是其法定代理人。质言之，无民事行为能力人应当由其监护人，即其法定代理人代为实施法律行为。本案中，被代理人甲因意外事故被人民法院宣告为无民事行为能力人，应当由其法定代理人代为申请房屋所有权转移登记，乙是甲的普通同事，不在甲的法定监护人范围内，故甲向乙出具的公证委托书应当失效，换言之，乙代甲申请的房屋所有权转移登记，登记机构应当不予办理。笔者不支持此观点。

一、被代理人失去民事行为能力，不是代理权消灭的情形

《民法典》第一百六十一条第一款规定，民事主体可以通过代理人实施民事法律行为。该法第一百六十二条规定，代理人在代理权限内，以被代理人名义实施的民事法律行为，对被代理人发生效力。据此可知，

[①] 梁慧星：《中国民法典草案建议稿附理由：总则编》，法律出版社2004年版，第201页。

代理人在代理权限内实施的法律行为有效，后果归被代理人。《民法典》第一百七十三条规定："有下列情形之一的，委托代理终止：（一）代理期限届满或者代理事务完成；（二）被代理人取消委托或者代理人辞去委托；（三）代理人丧失民事行为能力；（四）代理人或者被代理人死亡；（五）作为代理人或者被代理人的法人、非法人组织终止。"质言之，法律以具体列举的方式规定了委托代理终止的情形，其中并不包括被代理人失去民事行能力或成为无民事行为能力人，换言之，被代理人失去民事行为能力或成为无民事行为能力人，并不导致被代理人在失去民事行为能力或成为无民事行为能力人前以委托方式赋予代理人的代理权终止。因此，本案中，甲以公证委托书方式赋予乙代其申请房屋所有权转移登记的代理权于法有据，且不因甲被人民法院宣告为无民事行为能力人而终止，乙代甲申请的房屋所有权转移登记系在代理权限内实施的行为，登记机构应当办理。

二、被代理人已委托他人实施的民事行为，在其失去民事行为能力后，应当由受托人继续实施

《民事诉讼法》第一百八十九条第二款规定，人民法院经审理认定申请有事实根据的，判决该公民为无民事行为能力或者限制民事行为能力人；认定申请没有事实根据的，应当判决予以驳回。据此可知，人民法院以判决书的形式确认公民为无民事行为能力人。依该法第一百七十八条规定，审理公民无民事行为能力案件，实行一审终审制。概言之，确认公民为无民事行为能力人的判决书，自判决书作出之日起生效。换言之，被宣告为无民事行为能力的人，自确认判决书生效之日起，才成为无民事行为能力人。申言之，被人民法院宣告为无民事行为能力人，自人民法院判决书生效之日起，其未实施或未委托人实施的法律行为，才由其监护人，即其法定代理人代其实施。因此，在人民法院宣告自然人为无民事行为能力人前，其已经委托受托人实施的民事行为，仍然应当

由受托人代为继续实施。本案中，申请房屋转移登记，系甲在成为无民事行为能力人之前已经委托乙代其实施，不属于由其法定代理人代其实施的行为。

三、若公证委托书被撤销后，已经完成的登记的处理

《公证法》第三十九条规定，当事人、公证事项的利害关系人认为公证书有错误的，可以向出具该公证书的公证机构提出复查。公证书的内容违法或者与事实不符的，公证机构应当撤销该公证书并予以公告，该公证书自始无效。据此可知，本案中，若甲对乙出具的公证委托书具备被撤销的情形，当事人、利害关系人可以申请公证机构复查、撤销，公证委托书被撤销后，该委托行为自始不存在。换言之，甲向乙出具的公证委托书，一旦被撤销，则乙代甲申请房屋所有权转移登记的行为自始不存在。申言之，转移登记到甲名下的房屋所有权系非经申请而记载，有悖于《民法典》《不动产登记暂行条例实施细则》关于因法律行为取得的房屋所有权，非经申请不得登记的规定，据此公证委托书记载在登记簿上的转移登记系错误登记，登记机构应当通过更正登记纠正此错误，将之恢复到错误登记前的状态。

案例 96　代理人超越代理权签订的房屋买卖合同在被代理人未追认前，可否用作转移登记的证据

甲委托乙出卖房屋，出具的公证委托书载明："……委托乙将我的房屋出卖给他人，并代我收取房款和协助买方办理过户登记手续。受托人无转委托权。……"尔后，乙以甲的名义与自己签订买卖合同，购买了甲的房屋。现乙持公证委托书、买卖合同等材料向登记机构申请转移登记。试问：对乙申请的转移登记，登记机构可否办理？

笔者认为，对乙申请的转移登记，登记机构不能办理。

《民法典》第一百六十一条第一款规定，民事主体可以通过代理人实施民事法律行为。该法第一百六十二条规定，代理人在代理权限内，以

被代理人名义实施的民事法律行为,对被代理人发生效力。据此可知,民事主体可以委托代理人实施民事法律行为,且代理人在授权范围内实施民事法律行为产生的后果归委托人。本案中,甲在公证委托书中,明确委托甲将房屋出卖给他人,即乙只能按甲的意思表示,将甲的房屋出卖给除乙之外的第三人,但乙却以甲的名义与自己签订买卖合同,将甲的房屋出卖给自己,违反了甲的意思表示,即乙超越了甲赋予的代理权限,换言之,乙以甲的名义与自己签订买卖合同,将甲的房屋出卖给自己,属于超越代理权限实施民事法律行为的行为。《民法典》第一百七十一条第一款规定,行为人没有代理权、超越代理权或者代理权终止后,仍然实施代理行为,未经被代理人追认的,对被代理人不发生效力。据此可知,代理人超越代理权,以被代理人的名义订立的合同,未经被代理人追认的,对被代理人不发生效力。换言之,代理人超越代理权限以被代理人的名义订立的合同属于效力待定的合同。本案中,乙超越代理权以甲的名义与自己签订的房地产买卖合同,未经被代理人甲追认,对甲不发生效力,即属于未生效的合同,登记机构不能将之用作办理房屋转移登记的证据材料,即对乙申请的转移登记,登记机构不得办理。

如果甲追认了乙将其房屋出卖给自己的买卖合同,则乙出卖甲的房屋的行为形成自己代理。所谓自己代理,是指代理人以被代理人的名义与自己为法律行为的行为。《民法典》第一百六十八条第一款规定,代理人不得以被代理人的名义与自己实施民事法律行为,但是被代理人同意或者追认的除外。据此可知,经被代理人同意或追认的自己代理是有效的。本案中,乙将甲的房屋出卖给自己的买卖合同,若得到了甲的追认,则对甲发生效力,即合同生效,登记机构可以用作办理因买卖产生的转移登记的证据材料,登记机构可以办理由此申请的转移登记。

案例97 隐名共有人去世后产生的遗失补证,登记机构可否直接办理

1993年,甲、乙夫妻共有的一套房屋登记在甲名下,且没有载明共有情况。2012年，乙去世，继承人对乙的遗产没有作继承分割。2019年，登记在甲名下的房产证遗失，甲在登记机构的网站上刊登了遗失声明。2021年1月，甲持遗失声明等材料申请补发不动产权属证书。试问：① 申请人提交的是2019年登载的遗失声明，该遗失声明是否有效？② 甲的配偶已经去世，是否要求其去公证处办理继承权公证后再予以补证？

笔者认为，① 申请人提交的2019年登载的遗失声明可以作为现时补发不动产权属证书的证据材料；② 甲的配偶虽然已经去世，登记机构仍然可以为其办理不动产权属证书补发手续。

一、作为补发不动产权属证书证据的遗失声明的效力无期限限制

在不动产登记实务中，《不动产登记暂行条例实施细则》第二十二条第二款规定，不动产权属证书或者登记证明遗失、灭失，不动产权利人申请补发的，由不动产登记机构在其门户网站上刊发不动产权利人的遗失、灭失声明15个工作日后，予以补发。《不动产登记操作规范（试行）》1.6.3.2条规定，不动产权证书或者不动产登记证明遗失、灭失，不动产权利人申请补发的，由不动产登记机构在其门户网站上刊发不动产权利人的遗失、灭失声明，15个工作日后，打印一份遗失、灭失声明页面存档，并将有关事项记载于不动产登记簿，向申请人补发新的不动产权属证书或者不动产登记证明，并注明"补发"字样。据此可知，权利人作出的不动产权属证书遗失声明，是其申请补证时提交给登记机构的申请材料，属于补证的原因证明，表明权利人持有的不动产权属证书或不动产登记证明确实遗失，不被其掌控，需要补证。申言之，权利人作出的不动产权属证书或不动产登记证明遗失声明，属于启示类文书的一种，就自己的不动产权属证书或不动产登记证明遗失一事，通过声明的方式向社会公众表明自己现时不掌控此不动产权属证书或不动产登记证明，以警示社会公众，若此不动产权属证书或不动产登记证明出现时，持有人不是权利人，小心上当受骗。据此可知，申请人登载的遗失声明属于

其民事行为的体现,法律、行政法规和规章对其效力存续期限没有作限制性的规定。因此,本问中,申请人提交的2019年登载的遗失声明可以作为现时补发不动产权属证书的证据。

二、隐名共有人是不动产登记进程中的遗留问题

隐名共有人,是指没有登记在房屋登记簿上或者没有反映在房屋权属证书上,但根据法律规定,又是法律意义上的房屋所有权人的人。《物权法》于2007年10月1日起实施,之前,房屋登记簿没有建立,房屋所有权是否登记,以所有权人持有合法、有效的房屋所有权证书为准,即《房地产管理法》第六十条规定,国家实行土地使用权和房屋所有权登记发证制度。《城市房屋权属登记管理办法》(建设部令第99号)第五条规定,房屋权属证书是权利人依法拥有房屋所有权并对房屋行使占有、使用、收益和处分权利的唯一合法凭证。按该办法第十一条规定,共有的房屋,由共有人共同申请登记。综合《城市房屋权属登记管理办法》第五条和第十一条的规定可知,没有向登记机构申请所有权登记并持有房屋所(共)有权证书的人,就不是法律意义上的房屋所有权人。换言之,该办法不承认隐名共有人的存在。但是,隐名共有人的存在却得到了同时期的法律的认可,即原《婚姻法》(1980年9月10日颁布)第十三条规定:"夫妻在婚姻关系存续期间所得的财产,归夫妻共同所有,双方另有约定的除外。夫妻对共同所有的财产,有平等的处理权。"质言之,从法律上确立了夫妻在婚姻关系存续期间取得的财产是夫妻共同财产,当然也包括房屋,申言之,房屋所有权即使登记在夫或妻一方名下,另一方也是具有法律意义的共有权人。在同期的司法实务中,《最高人民法院关于人民法院审理离婚案件处理财产分割问题的若干具体意见》(1993年11月3日发布)第六条规定:"一方婚前个人所有的财产,婚后由双方共同使用、经营、管理的,房屋和其他价值较大的生产资料经过8年,贵重的生活资料经过4年,可视为夫妻共同财产。"依据该规定,

夫或妻婚前登记在一方名下的房屋所有权，在婚姻关系存续期间经过8年的，也被视为夫妻共有，即同期的司法解释支持了隐名共有人的存在。本问中，甲、乙夫妻共有的一套房屋于1993年登记在甲名下，甲的配偶乙即该房屋具有法律意义的隐名共有人。因此，隐名共有人是不动产登记进程中的遗留问题，登记机构应当正确对待，即对《物权法》实施前颁发的房屋所有权证，没有载明共有情况的，申请人申请处分房屋产生的登记时，登记机构应当查明是否存在隐名共有人。

三、隐名共有人去世后产生的遗失补证，登记机构可以直接办理

原《物权法》第十七条规定，不动产权属证书记载的事项，应当与不动产登记簿一致（现时的《民法典》第二百一十七条有同样的规定）。在不动产登记实务中，《不动产登记暂行条例实施细则》第二十条第一款规定，不动产登记机构应当根据不动产登记簿，填写并核发不动产权属证书或者不动产登记证明。据此可知，不动产登记机构是基于不动产登记簿的记载向申请人颁发不动产权属证书。申言之，不动产权属证书的补发，登记机构也应当根据申请人的申请，基于登记簿上既有的记载，另行向其发放与遗失声明作废的不动产权属证书记载内容相同的新的不动产权属证书。《不动产登记暂行条例》第三条规定，不动产首次登记、变更登记、转移登记、注销登记、更正登记、异议登记、预告登记、查封登记等，适用本条例。质言之，补发不动产权属证书不属于不动产登记类型。在司法实务中，《最高人民法院关于审理房屋登记案件若干问题的规定》（法释〔2010〕15号）第二条第二款规定，房屋登记机构作出未改变登记内容的换发、补发权属证书、登记证明或者更新登记簿的行为，公民、法人或者其他组织不服提起行政诉讼的，人民法院不予受理。质言之，因补发不动产权属证书产生的行政诉讼，人民法院不予支持。概言之，本问中，虽然作为房屋隐名共有人的乙去世，乙享有的份额产生继承并因此而应当产生继承转移登记，但当事人没有申请继承转移登记，而是由当事人之一的甲申请补发不动产权属证书，补发不动产权属

证书不属于不动产登记类型，登记机构无须要求其办理继承手续后再为其办理补证手续。即使因补发不动产权属证书产生行政诉讼时，人民法院也不会支持原告的诉讼请求，换言之，登记机构不因补办不动产权属证书承担任何不利后果，故甲的配偶虽然已经去世，登记机构仍然可以为其办理不动产权属证书补发手续，但补发的证书的共有情况栏也应当保留空白。

案例 98　他人以不动产权属证书未遗失为由可否阻止已经启动的遗失补证程序

2020 年 10 月，王某向张某借款，将其单独所有的房屋抵押给张某，但没有办理抵押权登记，张某只收执了所有权人为王某的房屋所有权证，房屋所有权证号码：某房权证某字第 669988 号。2021 年 1 月，王某在当地登记机构的网站上刊登遗失声明，声明其持有的某房权证某字第 669988 号房屋所有权证遗失作废。尔后，王某凭补发申请书、身份证明和遗失声明纸质材料等相关材料向登记机构申请补发不动产权属证书。登记机构受理王某的补发申请后，将补发事项记载于登记簿上前，张某持其收执的王某名下的第 669988 号房屋所有权证向登记机构陈述：王某的房屋所有权证并未遗失，而是抵押在他处，请求登记机构终止补发程序。试问：登记机构可否凭张某的陈述及其出示的王某的房屋所有权证而终止已经启动的补证程序？

有观点认为，《不动产登记暂行条例实施细则》第二十二条第二款规定，不动产权属证书或者不动产登记证明遗失、灭失，不动产权利人申请补发的，由不动产登记机构在其门户网站上刊发不动产权利人的遗失、灭失声明 15 个工作日后，予以补发。质言之，权利人只有在不动产权属证书遗失或灭失时，才可以向登记机构申请补发。因此，本案中，王某的房屋所有权证书既未遗失，也未灭失，而是作为债务履行担保由债权人张某收执，不具备申请补发的前提条件，故登记机构应当终止已经启动的补证程序,将补发申请和相关材料退还王某。笔者不支持此观点。

一、对满足程序的不动产权属证书补发申请,登记机构应当支持

《房地产管理法》第六十条规定,国家实行土地使用权和房屋所有权登记发证制度。按《民法典》第二百一十七条规定,不动产权属证书是权利人享有该不动产物权的证明。概言之,我国实行不动产权属登记与发证相配套的制度,不动产权属证书是权利人享有不动产物权的外在表征方式。在不动产登记实务中,《不动产登记暂行条例实施细则》第二十二条第二款规定,不动产权属证书或者不动产登记证明遗失、灭失,不动产权利人申请补发的,由不动产登记机构在其门户网站上刊发不动产权利人的遗失、灭失声明15个工作日后,予以补发。据此可知,载明房屋所有权的不动产权属证书遗失或灭失后,权利人失去了表征其享有房屋所有权的凭证,给自己行使房屋所有权带来不便,为了维护交易秩序,充分保护当事人的合法权益,规章允许权利人在不动产权属证书遗失或灭失后,持登记申请书、申请人或其代理人的身份证明、遗失声明等材料向登记机构申请补发。本案中,王某以房屋所有权证遗失为由申请补发,且按补发要求提交了相关的材料,补发申请于法有据,登记机构应当为其补发不动产权属证书。在司法实务中,《最高人民法院关于审理房屋登记案件若干问题的规定》第二条第二款规定,房屋登记机构作出未改变登记内容的补发权属证书行为,公民、法人或者其他组织不服提起行政诉讼的,人民法院不予受理。据此可知,本案中,登记机构向王某补发不动产权属证书后,张某等相关当事人若对登记机构的补发行为不服,将登记机构作为被告向人民法院起诉的,人民法院将以补发行为未改变房屋权属为由不予受理。换言之,登记机构不会因补发行为承受不利后果。

二、一般情形下,登记机构对不动产权属证书是否遗失的判定以不动产权属证书是否为权利人掌控为准

按《不动产登记暂行条例实施细则》第二十二条第二款规定,不动

产权属证书遗失或灭失，是权利人申请补发的前提，但该实施细则对何为不动产权属证书的遗失或灭失没有作规定。笔者认为，不动产权属证书的遗失，一般情形下，以不动产权属证书不被权利人掌控为准。按相关法律和司法解释规定，因房屋出现抵押、查封等限制处分情形时，限制处分行为应当在登记簿上作记载，即如果登记簿上有对房屋的抵押、查封等限制处分记载的，表明不动产权属证书有可能被相关当事人或机构收执，登记机构对自己在登记簿上作的此类记载必须予以注意，应当函询相关当事人或机构予以核实，根据核实情况决定是否补发。本案中，王某的不动产权属证书因被张某收执而不被其掌控，虽然张某向登记机构陈述其收执王某的不动产权属证书是因抵押担保，但此抵押权在登记簿上没有记载，登记机构无须注意，对王某满足要求的补发申请，登记机构应当支持。

三、申请人不撤回补发申请，登记机构不得径为终止补发程序

《不动产登记暂行条例实施细则》第十三条规定，申请登记的事项记载于不动产登记簿前，全体申请人提出撤回登记申请的，登记机构应当将登记申请书以及相关材料退还申请人。该实施细则第二十二条第三款规定，不动产登记机构补发不动产权属证书或者不动产登记证明的，应当将补发不动产权属证书或者不动产登记证明的事项记载于不动产登记簿，并在不动产权属证书或者不动产登记证明上注明"补发"字样。概言之，补发不动产权属证书虽然不是《不动产登记暂行条例》和《不动产登记暂行条例实施细则》规定的登记类型，但属于《不动产登记暂行条例实施细则》规定的应当在登记簿上记载的事项，且以权利人的申请为前提。在登记机构将补发事项记载于登记簿上前，申请人可以撤回补发申请，登记机构基于此可终止已经启动的补发程序，否则，登记机构不得径为终止已经启动的补发程序。本案中，申请人王某没有撤回不动产权属证书补发申请，登记机构不能凭张某的陈述就终止已经启动的补发程序，更不能擅自将补发申请书及相关材料退还给王某。至于王某和张某间是否存在借款抵押担保关系，由于登记簿上无记载，登记机构无须查考，但登记机构应当告知张某，通过法律途径解决其与王某的纠纷，如先行申请人民法院采取诉前保全措施，查封王某的房屋，然后以还款为由起诉王某等。

案例 99 权利人声明不动产权属证书遗失后，在登记机构于登记簿上作补证记载前，重现的不动产权属证书是否无效

钱某在登记机构的网站上声明其持有的不动产权属证书遗失。15个工作日后，钱某持遗失声明转化的纸质材料等材料向登记机构申请补发不动产权属证书。登记机构受理补证申请后，在将补证事项记载于登记簿上前，被钱某声明作废的不动产权属证书被其找到。试问：被钱某声明作废的不动产权属证书重现后，是否无效？

有观点认为，权利人在登记机构的网站上公开声明其持有的不动产权属证书遗失，是公开向全社会表明其持有的不动产权属证书，因遗失不被其掌控，自己即将向登记机构申请补证，以重新掌控不动产权属证书，故向社会公众声明遗失的不动产权属证书不具有法律上的效力，被权利人宣布失去效力的不动产权属证书重现后，由于其已经是无效证书，为了避免其流入社会造成负面影响，应当由登记机构收回归档，然后，由登记机构按补证程序向权利人补发新的不动产权属证书。笔者不支持此观点。

一、权利人作出的遗失作废声明，不具有使不动产权属证书作废的效力

权利人作出的不动产权属证书遗失声明，属于启示类文书的一种，就自己的不动产权属证书遗失一事，通过声明的方式向社会公众表明自己现时不掌控此不动产权属证书，以警示社会公众，若此不动产权属证书出现时，持有人不是权利人，小心上当受骗。但是，在不动产登记实务中,《不动产登记暂行条例实施细则》第二十条第一款规定,不动产登记机构应当根据不动产登记簿,填写并核发不动产权属证书或者不动产登记证明。据此可知,不动产权属证书是登记机构基于登记簿的记载,向权利人颁发的证明其享有不动产权利的凭证。质言之,不动产权属证书是国家行政机关颁发的具有公信力的权利凭证,其有效或无效,只能由行政行为决定,任何民事行为无权决定。《不动产登记暂行条例实施细则》第二十二条第二款规定,不动产权属证书或者不动产登记证明遗失、灭失,不动产权利人申请补发的,由不动产登记机构在其门户网站上刊发不动产权利人的遗失、灭失声明15个工作日后,予以补发。据此可知,权利人作出的遗失声明,是申请人申请补证时提交给登记机构的申请材料,属于补证的原因证明,表明权利人持有的不动产权属证书确实遗失,需要补证。申言之,权利人作出的遗失声明属于民事主体的民事行为,不具有使不动产权属证书作废的效力。本案中,钱某声明遗失的不动产权属证书重现后,并不因钱某的遗失声明而无效。

二、权利人声明遗失的不动产权属证书自补证事项记载于登记簿上时起才失去效力

《不动产登记暂行条例实施细则》第二十条第一款规定,不动产登记机构应当根据不动产登记簿,填写并核发不动产权属证书或者不动产登记证明。该实施细则第二十二条第三款规定,不动产登记机构补发不动产权属证书或者不动产登记证明的,应当将补发不动产权属证书或者不动产登记证明的事项记载于不动产登记簿,并在不动产权属证书或者不动产登记证明上注明"补发"字样。概言之,因遗失补发不动产权属证书,不属于不动产登记类型,不产生新的不动产权利,是登记机构基于登记簿上现时记载的不动产权利,在登记簿上作"补发"记载后,重新向权利人颁发不动产权属证书,以代替已经遗失的不动产权属证书表征此不动产权利。申言之,自登记机构在登记簿上作"补发"记载时起,权利人声明遗失的不动产权属证书才失效。本案中，钱某虽然声明其持有的不动产权属证书遗失作废，但此不动产权属证书重现于登记机构在登记簿上作"补发"记载之前，应当仍然有效。

三、已经启动的不动产权属证书补发程序的处理

自登记机构受理权利人补证申请并收取补证材料时起，不动产权属证书补发程序启动。但在不动产权属证书补发程序终结前，即登记机构在登记簿上作"补发"记载前，被权利人声明遗失的不动产权属证书重现，已经启动的不动产权属证书补发程序该如何处理？笔者认为，应当终止补发程序，向权利人退还补证材料。如果权利人愿意继续持有重现的不动产权属证书的，自不待言。如果权利不愿意持有重现的不动产权属证书的，因该证书已经被权利人声明遗失，可视为该证书破损，笔者称之为观念上的破损，观念破损的凭证即权利人的遗失声明转化而来的纸质材料，登记机构应当按换证程序为其换发新的不动产权属证书。

案例 100　预购商品房抵押预告登记转房屋抵押权登记，是否受预查封登记的限制

张某在某房地产开发企业以按揭方式购买了商品住宅一套，签订商品房买卖合同后，办理了预购商品房预告登记和预购商品房抵押预告登记。不久，张某与他人发生诉讼，人民法院预查封了张某购买的此套商品住宅并在登记机构办理了预查封登记。预查封期间，房屋竣工。当事人合并申请预购商品房预告登记转房屋所有权转移登记和预购商品房抵押预告登记转房屋抵押权登记。试问：对当事人合并申请的预购商品房预告登记转房屋所有权转移登记和预购商品房抵押预告登记转房屋抵押权登记，登记机构可否办理？

有观点认为：《不动产登记暂行条例实施细则》第八十五条第三款规定，预告登记后，债权未消灭且自能够进行相应的不动产登记之日起 3

个月内，当事人申请不动产登记的，不动产登记机构应当按照预告登记事项办理相应的登记。按《不动产登记操作规范（试行）》1.10.1条之2规定，已设立所有权、抵押预告登记的预购商品房符合相应的房屋登记条件后，对当事人申请的预购商品房预告登记转房屋所有权登记和预购商品房抵押预告登记转房屋抵押权登记，登记机构可以合并办理。概言之，办理了预购商品房预告登记和预购商品房抵押预告登记的房屋竣工后，具备办理房屋所有权转移登记和房屋抵押权首次登记条件的，当事人可以合并申请，登记机构也可以合并办理。因此，本案中，当事人合并申请的预购商品房预告登记转房屋所有权转移登记和预购商品房抵押预告登记转房屋抵押权首次登记，登记机构应当办理，但在房屋所有权转移登记和房屋抵押权首次登记完成后，应当将人民法院的预查封登记转成查封登记。笔者不支持此观点。

一、预查封后，当事人申请的预购商品房预告登记转房屋所有权转移登记，登记机构可以办理

《最高人民法院、国土资源部、建设部关于依法规范人民法院执行和国土资源房地产管理部门协助执行若干问题的通知》（法发〔2004〕5号）第二十二条第一款规定，国土资源、房地产管理部门对被人民法院依法查封、预查封的土地使用权、房屋，在查封、预查封期间不得办理抵押、转让等权属变更、转移登记手续。质言之，人民法院对土地、房屋的查封、预查封，旨在限制权利人申请的因处分被查封、预查封的土地、房屋产生的转移登记和抵押权登记的办理。本案中，当事人申请的预购商品房预告登记转房屋所有权转移登记，是实现被预告登记保全的债权目的，使预购人最终取得预购房屋所有权的一种房屋登记类型，并不因此而使预购房屋的所有权向他人转移。换言之，预购商品房预告登记转房屋所有权转移登记不是预查封对象处分被查封、预查封的房屋产生的房屋所有权转移登记。该通知第十六条规定，土地、房屋权属在预查封期间登记在被执行人名下的，预查封登记自动转为查封登记。质言

之，预查封期间，申请人申请的预购商品房预告登记转房屋所有权转移登记，登记机构可以办理，只是房屋所有权在登记簿上转移登记到预购人名下后，登记簿上原来记载的预查封登记自动转为查封登记。简言之，预查封后，当事人申请的预购商品房预告登记转房屋所有权转移登记，登记机构可以办理。

二、预查封后，当事人申请的预购商品房抵押预告登记转房屋抵押权首次登记，登记机构不可以办理

《最高人民法院、国土资源部、建设部关于依法规范人民法院执行和国土资源房地产管理部门协助执行若干问题的通知》（法发〔2004〕5号）第十六条规定，土地、房屋权属在预查封期间登记在被执行人名下的，预查封登记自动转为查封登记。据此可知，自被预查封的预购商品房的房屋所有权在登记簿上转移登记到预购人名下之时起，此房屋上就有了人民法院的查封登记。按《民法典》第三百九十九条第（五）项规定，被查封的财产不得抵押。在司法实务中，《最高人民法院、国土资源部、建设部关于依法规范人民法院执行和国土资源房地产管理部门协助执行若干问题的通知》（法发〔2004〕5号）第二十二条第一款规定，国土资源、房地产管理部门对被人民法院依法查封、预查封的土地使用权、房屋，在查封、预查封期间不得办理抵押、转让等权属变更、转移登记手续。概言之，被查封的不动产不得抵押，登记机构更不能应当事人的申请为其办理以被查封财产作抵押产生的抵押权登记。在不动产登记实务中，按《不动产登记操作规范（试行）》4.8.2条之9规定，不动产被依法查封期间，权利人处分该不动产申请登记的，属于登记机构不予登记的情形。因此，本案中，预查封期间，房屋所有权转移登记完成后，原预查封登记自动转为查封登记，该查封登记排斥当事人申请的预购商品房抵押预告登记转房屋抵押权首次登记，对此预购商品房抵押预告登记转房屋抵押权首次登记，登记机构不得办理。

第九部分 其 他

三、预购商品房抵押预告登记权利人的利益保护

《民法典》第二百二十一条第一款规定，当事人签订买卖房屋的协议或者签订其他不动产物权的协议，为保障将来实现物权，按照约定可以向登记机构申请预告登记。预告登记后，未经预告登记的权利人同意，处分该不动产的，不发生物权效力。据此可知，预告登记保全的是以取得不动产物权为目的的债权，旨在使债权人在将来确定地取得不动产的物权，即预告登记的对象不是物权，而是债权，但此债权具有排他的效力，申言之，被预告登记保全的债权具有准物权的效力。因此，本案中，预购商品房抵押权预告登记保全的债权，具有准抵押权的效力，权利人的合法利益应当参照抵押权予以保护。在司法实务中，《最高人民法院关于人民法院执行工作若干问题的规定（试行）》（法释〔1998〕15号）第四十条规定，人民法院对被执行人所有的其他人享有抵押权、质押权或留置权的财产，可以采取查封、扣押措施。财产拍卖、变卖后所得价款，应当在抵押权人、质押权人或留置权人优先受偿后，其余额部分用于清偿申请执行人的债权。据此可知，对有抵押权存在的财产，人民法院可以查封，且可以变现，但该财产上既存的抵押权处于优先受偿的顺位。申言之，本案中，由预查封转为查封的房屋上，既存的预购商品房抵押权预告登记的债权应当参照既存的抵押权保护，权利人在预查封登记前享有的债权处于优于预查封登记受偿的顺位，之后发生的债权则不然。因此，尽管预查封转为查封后，预购商品房抵押预告登记不能转为房屋抵押权登记，但预告登记权利人的利益应当受到法律的保护。

案例 101 登记申请撤回权可否被继承

张某将房屋转让给李某，签订房屋转让合同后，李某向张某支付了80%的房款，张某和李某共同申请转让转移登记后，李某向张某付清了房款。在转移登记记载于登记簿上前，张某意外死亡。张某的独子张小某与李某达成返还房屋协议，张小某欲以张某继承人的身份与李某一起申请撤回转让转移登记申请。问：对张小某与李某一起申请的撤回转移

登记申请，登记机构可否准许？

笔者认为，对张小某与李某一起申请的撤回转移登记申请，登记机构不应当准许。

《不动产登记暂行条例实施细则》第十三条规定，申请登记的事项记载于不动产登记簿前，全体申请人提出撤回登记申请的，登记机构应当将登记申请书以及相关材料退还申请人。据此可知，撤回不动产登记申请是基于不动产登记申请权派生的权利，且属于申请人享有的权利，笔者称之为登记申请撤回权。本案中，房屋转让转移登记的申请人是张某和李某，撤回转让转移登记申请，关系到房屋所有权的归属，转让转移登记申请一旦被准许撤回，已经启动的转让转移登记终止办理，房屋所有权不能登记到受让方名下而使其不能取得房屋的所有权。概言之，转让转移登记申请撤回权是与房屋所有权归属相关的权利，张某死亡后，该权利可否由张小某继承？

笔者认为，登记申请撤回权可否被继承，关键是该权利是否属于遗产，即是否属于可以被继承的权利。

《民法典》第一千一百二十二条第一款规定，遗产是自然人死亡时遗留的个人合法财产。据此可知，遗产属于民事实体法上规定的财产性权利，主要包括物权、债权、知识产权等，换言之，不是民事实体法上规定的财产性权利，就不属于遗产范围，也不可以被继承人继承。

《不动产登记操作规范（试行）》1.7.1条第一款规定："依申请的不动产登记应当按下列程序进行：（一）申请；（二）受理；（三）审核；（四）登簿。"据此可知，申请是不动产登记程序中的第一个环节，即申请人一旦行使登记申请权，就启动了不动产登记程序，由于不动产登记属于行政行为，不动产登记程序启动后，申请人与登记机构因建立行政法律关系而成为行政相对人。登记申请权有别于登记请求权。登记申请权，是指当事人根据不动产登记法律、法规和规章的规定，将自己基于法律规定或民事活动取得、设立的不动产物权，申请登记机构予以登记的权利,属于行政程序上的权利。而登记请求权,是权利人基于与他人建立的关于不动产物权归属的法律关系,享有的请求义务人协助、配合办理不动产登记的权利,属于民事实体法上规定的请求权。概言之,登记申请权属于行政程序上的行政相对人行使的权利,申言之,因登记申请权派生的登记申请撤回权也属于行政程序上的权利,行政程序上的权利不是民事实体法上规定的财产性权利,故不可以作为遗产被继承人继承。本案中,张某与李某共同行使了登记申请权,张某死亡后,由该登记申请权派生的登记申请撤回权不能由张小某继承,因此,登记机构对张小某与李某共同提出的撤回转让转移登记申请应当作不予受理处理,已经受理的转让转移登记应当继续进行。

但是,《行政诉讼法》第二十五条第二款规定,有权提起诉讼的公民死亡,其近亲属可以提起诉讼。在司法实务中,《民事诉讼法》第一百五十条规定,在诉讼中,一方当事人死亡,需要等待继承人表明是否参加诉讼的,裁定中止诉讼。人民法院应当及时通知继承人作为当事人承担诉讼,被继承人已经进行的诉讼行为对承担诉讼的继承人有效。据此可知,行政诉讼和民事诉讼上的诉讼权是可以被继承的。然而,诉讼法虽然与行政法同为公法,却是两个不同的部门法,诉讼法上的规定,不适用于行政法,且我国至今没有专门的行政法典,也没有法律、法规和规章对行政程序上的权利是否可以继承作规定,换言之,诉讼法上的诉讼权可以继承,但行政法上的登记申请撤回权不可以继承。

案例102 村民委员会可否作登记簿记载的房地产权利人

王村购买了国有建设用地上的3间房屋,以村委会的名义与卖方签订了买卖合同。现该村村委会与卖方持身份证明、不动产权属证书、房地产买卖合同等材料申请转让转移登记,欲将房屋所有权及房屋占用范围内的国有建设用地使用权转移登记到王村村委会名下。问:房地产权利可否登记在王村村委会名下?

笔者认为，房地产权利不可以登记在王村村委会名下。

按《民法典》第二百六十一条第一款规定，农民集体所有的不动产和动产，属于本集体成员集体所有。据此可知，农村集体所有权，就是指农村集体经济组织成员对于本集体的财产所享有的权利[①]。集体财产都是公有财产[②]，不同于各集体经济组织成员个人的私有财产。概言之，农民集体所有权的权利主体是本集体经济组织全体成员，不是农村集体经济组织，也不是村民委员会、村民小组，更不某个或某些集体经济组织成员。在不动产登记实务中，按《不动产登记暂行条例实施细则》第二十九条规定，集体土地所有权，由集体经济组织代为申请登记，没有集体经济组织的，村民委员会、村民小组代为申请登记。申言之，农民集体享有的不动产物权，均由集体经济组织代为申请登记，没有集体经济组织的，村民委员会、村民小组代为申请登记。据此可知，集体经济组织、村民委员会、村民小组均只是申请农民集体享有的不动产物权登记的代理组织，不是农民集体所有权的权利主体。

在不动产登记实务中，按《国土资源部关于启用不动产登记簿证样式（试行）的通知》（国土资发〔2015〕25号）附《不动产登记簿样式及使用填写说明》规定，集体土地所有权人填写为"××农民集体"。据此可知，本案中，若土地所有权属于王村集体所有，则集体土地所有权人登记为"王村农民集体"，申言之，集体土地使用权为王村集体享有时，集体土地使用权人也应当登记为"王村农民集体"。类推适用，国有建设用地使用权由王村集体享有时，国有建设用地使用权人也应当登记为"王村农民集体"。按《不动产登记暂行条例实施细则》第二条第二款规定，房屋等建筑物、构筑物和森林、林木等定着物应当与其所依附的土地、海域一并登记，保持权利主体一致。据此可知，该实施细则的规定确立了房地主体同一的不动产登记原则。因此，本案中，王村购买所得的房

[①] 王利民、尹飞、程啸：《中国物权法教程》，人民法院出版社2007年版，第192页。
[②] 王利民、尹飞、程啸：《中国物权法教程》，人民法院出版社2007年版，第193页。

屋占用范围内的国有建设用地使用权人若登记为"王村农民集体",则地上房屋所有权人亦应当登记为"王村农民集体",而非王村村委会。

《村民委员会组织法》第十条规定,村民委员会及其成员应当遵守宪法、法律、法规和国家的政策,遵守并组织实施村民自治章程、村规民约,执行村民会议、村民代表会议的决定、决议,办事公道,廉洁奉公,热心为村民服务,接受村民监督。该法第二十三条规定,村民会议审议村民委员会的年度工作报告,评议村民委员会成员的工作;有权撤销或者变更村民委员会不适当的决定;有权撤销或者变更村民代表会议不适当的决定。村民会议可以授权村民代表会议审议村民委员会的年度工作报告,评议村民委员会成员的工作,撤销或者变更村民委员会不适当的决定。据此可知,村委会是村集体经济组织的权力机关村民会议或村民代表会议的执行机构。本案中,房地产买卖合同虽然由王村村委会与卖方签订,如前所述,可视为村委会代集体经济组织实施法律行为,但该法律行为的后果属于集体经济组织,因此,基于该合同购买取得的房地产权利属于集体经济组织,而非村委会。换言之,房地产权利应当转移登记在集体经济组织名下,而非村委会名下。

案例103　仲裁机构是否是房屋所有权和房屋分摊的国有建设用地使用权的确认机构

颜某持身份证、不动产权属证书、仲裁裁决书等材料申请房屋所有权和房屋分摊的国有建设用地使用权转移登记。仲裁裁决书载明:"……原登记在陈某名下的房屋所有权和房屋分摊的国有建设用地使用权属颜某。"登记人员对该申请作不予受理处理,理由:仲裁机构不是房屋所有权和房屋分摊的国有建设用地使用权的确认机构,对房屋所有权和房屋分摊的国有建设用地使用权的归属作出的裁决无效。试问:仲裁机构能否对房屋所有权和房屋分摊的国有建设用地使用权的归属作出裁决?

有观点认为,《民法典》第二百三十四条规定,因物权的归属、内容发生争议的,利害关系人可以请求确认权利。利害关系人向谁请求确认权利？法律没有明确规定。但是，房屋所有权和房屋分摊的国有建设用地使用权是公民基本的财产权利，其归属发生争议时，只能由人民法院的审判权决定，其他机构无权确认。因此，本案中，登记人员对颜某的转移登记申请作不予受理处理值得赞同。笔者不支持此观点。

从理论上看，仲裁是指仲裁机构基于平等主体的申请，根据他们达成的仲裁协议，对他们因合同和财产权益发生的纠纷，居中进行评判、裁决的一种法律制度。因此，仲裁是平等主体间财产性权益纠纷的解决方式之一。从法律规范上看，《仲裁法》第二条规定，平等主体的公民、法人和其他组织之间发生的合同纠纷和其他财产权益纠纷，可以仲裁。据此可知，平等的民事主体间的财产性权益纠纷，属于可以申请仲裁的范围。质言之，作为财产性权益纠纷之一的房屋所有权和房屋分摊的国有建设用地使用权争议当然适用仲裁方式解决。据此可知，仲裁机构是发生争议的房屋所有权和房屋分摊的国有建设用地使用权归属的确认机构之一。

按《仲裁法》第五十一条第二款规定，调解达成协议的，仲裁庭应当制作调解书或者根据协议结果制作裁决书。据此可知，仲裁裁决书和仲裁调解书是《仲裁法》规定的两种仲裁文书。

仲裁裁决书，是指仲裁机构对受理的合同或其他财产性权益纠纷案件进行审查，依据已经查明、认定的事实，适用相关法律，对当事人间的合同或其他财产性权益作出认定的法律文书。按《民法典》第二百二十九条规定，仲裁裁决书是导致物权设立、变更、转让或消灭的法律文书。按《不动产登记暂行条例》第十四条第二款第（三）规定，因仲裁委员会生效的法律文书设立、变更、转让、消灭不动产权利的，可以由当事人单方申请登记。据此可知，本案中，颜某持确认房屋所有权和房屋分摊的国有建设用地使用权归属的仲裁裁决书单方申请转移登记，于法有据，登记人员作不予受理处理不正确。

仲裁调解书，是指以仲裁机构的名义制发的，记载当事人在仲裁机构的调解下，自愿达成的纠纷解决协议内容的法律文书。质言之，仲裁机构对当事人达成的纠纷解决协议予以了确认，仲裁调解书实质上仍然是一种协议。仲裁调解书虽然载明了不动产权利的归属，但它只是基于协议建立的债权，该债权实现后才能转化为物权，因此，仲裁调解书不是前述《民法典》第二百二十九条规定的，能够直接导致物权设立、变更、转让和消灭的法律文书。但是，在司法实务中，《物权法司法解释（一）》第七条规定，人民法院、仲裁委员会在分割共有不动产或者动产等案件中作出并依法生效的改变原有物权关系的判决书、裁决书、调解书，以及人民法院在执行程序中作出的拍卖成交裁定书、以物抵债裁定书，应当认定为物权法第二十八条所称导致物权设立、变更、转让或者消灭的人民法院、仲裁委员会的法律文书。该解释第二十二条规定，本解释自2016年3月1日起施行。质言之，最高人民法院根据法律赋予的权力对《物权法》第二十八条规定做了扩张解释，即自2016年3月1日起立案后，仲裁机构在分割共有不动产等案件中作出并依法生效的改变原有物权关系的仲裁调解书与相应的判决书、裁定书具有同等效力。换言之，基于自2016年3月1日立案后产生的分割共有财产的仲裁调解书导致的不动产转移登记，可以由权利人单方申请，反之，由当事人双方共同申请。

在不动产登记实务中，应当区别非分割共有财产的仲裁调解书的内容处理登记申请。如果仲裁调解书明确由权利人自行申请权利登记的，权利人单方申请的登记，登记机构应当受理；如果仲裁调解书没有明确由权利人自行申请登记，或者明确由对方当事人协助办理登记申请手续的，由当事人双方共同申请的登记，登记机构方可受理。

案例 104　小区配套公建房屋具体该怎样登记

甲房地产开发企业开发建设某小区，其中规划核准有一幢2层的房屋为小区配套公建楼，配套公建楼的房屋实际用途：第1层是超市、小区配电房，第2层为棋牌活动室、医务室、邮政所、社区办公室、小区物业管理办公室。2021年1月，小区竣工后，甲房地产开发企业向乙不动产登记机构申请办理该配套公建楼的所有权首次登记。试问：该配套公建楼可否首次登记给甲？

有观点认为，按《民法典》第二百七十四条规定，建筑区划内的其他公共场所、公用设施和物业服务用房，属于业主共有。因此，既然是小区的配套公建楼，就是小区内的公共场所、公用设施，且其中还有小区物业管理用房，整幢房屋都属于小区全体业主所有，不应当登记给房地产开发企业，应当登记给小区全体业主。笔者不支持此观点。

《城市居住区规划设计规范》2.0.13条规定，配建设施，是指与人口规模或与住宅规模相对应配套建设的公共服务设施、道路和公共绿地的总称。该规范6.0.1条规定，居住区公共服务设施（也称配套公建），应包括：教育、医疗卫生、文化体育、商业服务、金融邮电、社区服务、市政公用和行政管理及其他八类设施。该规范6.0.4.1条规定，根据不同项目的使用性质和居住区的规划布局形式，应采用相对集中与适当分散相结合的方式合理布局。并应利于发挥设施效益，方便经营管理、使用和减少干扰。据此可知，小区内的公建配套房屋属于该小区的公共服务设施，由教育、医疗卫生、文化体育、商业服务、金融邮电、社区服务、市政公用和行政管理等用途的房屋构成，其中有经营性的房屋，也有非经营性的房屋。那么，这些房屋是否都登记给小区业主呢？

按《民法典》第二百七十四条规定，建筑区划内的其他公共场所、公用设施和物业服务用房，属于业主共有。笔者据此认为，界定公共场所和公共设施，首先应当强调其公用性，就是说要区别于仅仅供特定人使用的场所和设施，换言之，专有部分以及合同约定由某个业主专门使用的部分，比如附赠的、供业主单独使用的入户花园，就不能认为是公共场所。其次，所谓公共，要强调其公益性，它是为了满足小区业主共同利益的场所和设施，从而区别于用于营利性的活动场所和设施，公共就意味着没有专门用于营利。简言之，小区内的公共场所、公用设施，是指小区内，供全体业主使用的非营业性场所、设施。换言之，小区内供业主们使用的非营业性场所、设施才依法属于业主,否则不然。但是,供业主们使用的非营业性的房屋欲登记给业主,登记机构的判定标准是什么?

在不动产登记实务中,《不动产登记暂行条例实施细则》第十六条第(一)项规定,办理房屋等建筑物、构筑物所有权首次登记,登记机构应当实地查看房屋坐落及其建造完成等情况。按《不动产登记操作规范(试行)》9.1.3 条规定,申请人申请国有建设用地使用权及房屋所有权首次登记时,建筑物区分所有的,应当向登记机构提交确认建筑区划内属于业主共有的道路、绿地、其他公共场所、公用设施和物业服务用房等材料。据此可知,登记机构办理房屋所有权首次登记时,主要根据规划确定的房屋用途、登记人员实地查看房屋的建造情况和申请人提交的确认建筑区划内属于业主共有的房屋等材料,对欲登记在业主名下的供业主们使用的非营业性的房屋作判定。笔者认为,本公建配套楼中,物业管理用房、配电设施用房等是为全小区业主依法使用房屋直接提供服务的房屋,即供业主们使用的非营业性的房屋,应当登记给"小区全体业主"。而超市、医务室、邮政所、社区办公室、棋牌活动室则不属于直接为业主使用其房屋提供服务的房屋,而是为方便业主日常生活提供服务的房屋,应当基于"谁投资谁所有"的原则,首次登记给房地产开发企业。简言之,为小区业主合法使用房屋直接提供服务的非营利性房屋,属于小区的公共场所和公共设施,应当登记给小区业主,否则,应当登记给房地产开发企业。

案例 105　登记机构尽到了合理审慎注意义务的,产生诉讼时可否免责

1995 年,张某、王某夫妻二人共同建造了一栋房屋并办理了初始登记,所有权人登记为张某。1998 年,张某、王某经人民法院调解离婚,民事调解书载明:登记在张某名下的自建房屋归王某。王某没有办理离婚转移登记。1999年张某、成某登记结婚。2021年1月某日，张某凭其与成某于1999年领取的结婚证，以婚前单独所有的财产为由，将上述房产以市场价格转让给李某，并和李某共同到登记机构申请办理房屋转让转移登记，经审查后，登记机构准予转移登记并为李某颁发了不动产权属证书。现王某以登记机构为张某、李某办理转让转移登记时没有尽到审查责任为由，要求登记机构承担赔偿责任。试问：登记机构要承担赔偿责任吗？

有观点认为，登记机构应负责任，原因是房屋建成于张某与王某婚姻关系存续期间的1995年，张某与王某共同享有房屋所有权，登记机构应当查明张某、成某是否是初婚，才可以判定申请转让转移登记的房屋是否是张某单独所有，才可以决定是否准予张某单独与李某申请的转移登记。因王某有生效的民事调解书在先，故此房应为王某所有，李某应将房屋返还王某，并向张某主张返还购房款。如果王某不能追回损失，可将登记机构作为被告起诉，请求法院判决撤销其为李某办理的转移登记。笔者不支持此观点。

一、《物权法司法解释（一）》实施前，人民法院的民事调解书不是当事人享有不动产物权的权利凭证，而是权源凭证

《民事诉讼法》第九十七条规定，调解达成协议，人民法院应当制作调解书。据此可知，民事调解书虽然属于法律文书，但本质上仍然是一种协议，是一种民事法律行为。从司法实务上看，人民法院在民事调解书尾部的确认意见，一般表述为"当事人达成的上述协议，并不违反法律规定，本院予以确认"。据此可知，人民法院是对当事人在其主持调解下达成解决纠纷的协议内容予以确认。概言之，民事调解书中人民法院确认的是协议债权，而不是与之相关的不动产物权。申言之，一般情形下，生效的民事调解书不是使权利人直接享有物权的法律文书，即人民法院的民事调解书不是当事人享有不动产物权的权利凭证，而是权源凭

证。但是,《民法典》第二百二十九条规定,因人民法院、仲裁机构的法律文书或者人民政府的征收决定等,导致物权设立、变更、转让或者消灭的,自法律文书或者征收决定等生效时发生效力。在司法实务中,《物权法司法解释(一)》第七条规定,人民法院、仲裁委员会在分割共有不动产或者动产等案件中作出并依法生效的改变原有物权关系的判决书、裁决书、调解书,以及人民法院在执行程序中作出的拍卖成交裁定书、以物抵债裁定书,应当认定为物权法第二十八条所称导致物权设立、变更、转让或者消灭的人民法院、仲裁委员会的法律文书。该司法解释第二十二条规定,本解释自2016年3月1日起施行。据此可知,按司法解释的规定,自2016年3月1日起立案后,分割共有不动产并依法生效的改变原有物权关系的调解书也是当事人享有不动产物权的权利凭证,即2016年3月1日立案后产生的分割共有不动产并改变原有物权关系的调解书,自生效时起,当事人据此享有相应的不动产物权。本案中,王某持有的民事调解书生效于《物权法司法解释(一)》实施前的1998年,该民事调解书载明:登记在张某名下的自建房屋归王某。表明王某取得了单独享有登记在张某名下的自建房屋所有权的原因,王某应当凭此离婚民事调解书申请将房屋转移登记到自己名下后,才单独享有房屋的所有权,即房屋才归王某所有。

二、善意取得不动产权利之人的利益应当依法受到保护

按《民法典》第三百一十一条规定:"无处分权人将不动产或者动产转让给受让人的,所有权人有权追回;除法律另有规定外,符合下列情形的,受让人取得该不动产或者动产的所有权:(一)受让人受让该不动产或者动产时是善意;(二)以合理的价格转让;(三)转让的不动产或者动产依照法律规定应当登记的已经登记,不需要登记的已经交付给受让人。受让人依据前款规定取得不动产或者动产的所有权的,原所有权人有权向无处分权人请求损害赔偿"。质言之,善意取得不动产权利之人的利益应当依法受到保护,即善意保护。善意保护,以不动产登记簿为

根据取得的不动产物权,不受任何人追夺。但取得人于取得权利时起知悉权利瑕疵或者登记有异议抗辩的除外[①]。本案中,李某凭张某、成某的结婚证上的登记时间和房屋所有权证的颁发时间,判断自己受让的房屋是张某婚前单独所有的财产,符合社会的一般的认知标准,应当视为善意受让,且李某是以当时市场价格受让该房屋并已经通过合法程序转移登记到自己名下,因此,李某因受让取得原登记在张某名下的房屋所有权,符合法定的善意取得条件,即李某因受让取得原登记在张某名下的房屋所有权系善意取得,李某善意取得的房屋所有权应当依法受到保护,不应当退还王某。王某因此受到的损失应当向张某主张,当然,这属于别的法律关系。

三、登记机构只要尽到了合理审慎的注意义务就不应当承担责任

《民法典》第二百一十一条规定,当事人申请登记,应当根据不同登记事项提供权属证明和不动产界址、面积等必要材料。该法第二百一十二条规定:"登记机构应当履行下列职责:(一)查验申请人提供的权属证明和其他必要材料;(二)就有关登记事项询问申请人;(三)如实、及时登记有关事项;(四)法律、行政法规规定的其他职责。申请登记的不动产的有关情况需要进一步证明的,登记机构可以要求申请人补充材料,必要时可以实地查看。"据此可知,不动产登记,是登记机构应当事人的申请,将其基于法律规定或民事活动取得或设立,并满足登记要求的不动产权利或事项在登记簿上予以记载的行为;不动产登记是登记机构运用行政权力对申请人基于法律规定或民事活动取得的不动产权利或事项予以合理干涉的行为;不动产登记机构判定申请登记的不动产权利或事项可否登记的主要证据是申请人提交的登记申请材料。在司法实务中,《最高人民法院关于审理房屋登记案件若干问题的规定》(法释〔2010〕

[①] 梁慧星:《中国民法典草案建议稿附理由:物权编》,法律出版社2004年版,第30页。

第九部分 其 他

15号）第十二条规定，申请人提供虚假材料办理房屋登记，给原告造成损害，房屋登记机构未尽合理审慎职责的，应当根据其过错程度及其在损害发生中所起作用承担相应的赔偿责任。质言之，登记机构对申请人提交的虚假申请材料，没有尽到合理审慎的注意义务致使登记错误的，应当承担不利后果。所谓合理审慎的注意义务，笔者认为，是指登记机构在现有的设备、设施条件下，以一般社会人的认知标准，对申请人提交的登记申请材料的合法性、真实性和有效性尽到力所能及的注意义务。因此，本案中，登记机构在办理转让转移登记时，凭申请人之一的张某提交的其与成某的合法、真实、有效的结婚证，结合房屋所有权证的颁发时间，判定申请转移登记的房屋为张某婚前单独所有，符合一般社会人的认知标准，如果在张某提交的其与成某的结婚证的基础上延伸审查其是一婚、二婚，超出了合理干涉申请人基于法律规定或民事活动取得的不动产权利或事项的范围，有侵犯申请人隐私权之嫌，故登记机构在为张某和李某办理转让转移登记时，对登记申请材料的审查尽到了合理审慎的注意义务，对申请转移登记的权利的共有情况的判定符合一般社会人的认知标准，尽管登记簿上记载的转移登记损害了王某的利益，但登记机构并无过错，不应当承担不利后果。

主要参考书目

[1] 梁慧星. 中国民法典草案建议稿附理由：物权编[M]. 北京：法律出版社，2004.

[2] 梁慧星. 中国民法典草案建议稿附理由：总则编[M]. 北京：法律出版社，2004.

[3] 梁慧星. 民法总论[M]. 北京：法律出版社，2001.

[4] 王利明. 民法学[M]. 上海：复旦大学出版社，2004.

[5] 王利明. 物权法教程[M]. 北京：中国政法大学出版社，2003.

[6] 王利民，尹飞，程啸. 中国物权法教程[M]. 北京：人民法院出版社，2007.

[7] 谢怀栻. 民法总则讲要[M]. 北京：北京大学出版社，2007.